教育的自性

郭继民 著

图书在版编目（CIP）数据

教育的自性 / 郭继民著. — 北京：商务印书馆，2024
ISBN 978-7-100-23549-5

Ⅰ.①教… Ⅱ.①郭… Ⅲ.①教育－文集 Ⅳ.①G4-53

中国国家版本馆CIP数据核字（2024）第056972号

权利保留，侵权必究。

本书获"广州南方学院科研专项资金（2021博士基金）"资助。

教育的自性

郭继民 著

商 务 印 书 馆 出 版
（北京王府井大街36号 邮政编码100710）
商 务 印 书 馆 发 行
三河市尚艺印装有限公司印刷
ISBN 978-7-100-23549-5

2024年6月第1版　　开本 880×1230 1/32
2024年6月第1次印刷　印张 10

定价：60.00元

自序一　理想中的"大学"

作为序言，本应叙说该书之缘起、结构及书之内容主旨。然而，我平生不愿做重复事（遗憾的是，某些原因又致使书中内容难免有重复之处），故序言姑稍稍离开书之内容，谈一谈"理想中的大学"这个老话题。理想云云，属"应然"或"应当"之层面——其实，"教育自性"的问题即是从应然层面言。鉴于本书主旨围绕"高等教育"（包括研究生教育）立论，故在序文中谈一谈"理想中的大学"亦算不得跑题，甚至算得上是对教育自性的有益补充。

关于"大学"之解，世人见仁见智，姑给出一孔之见，以俟方家。

理想中的大学的一个重要指标在于，大学能否塑造"和谐、健全的理性人格"；笔者以为，此即教育的终极目的或曰教育的自性。《大学》篇云："大学之道，在明明德，在亲民，在止于至善。"古代"大学"同现代大学相比，虽含义大相径庭，但育人目标却存在一致性，即皆定位于"止于至善"。有学者认为，"德育"是小学和幼儿园的事，大学当以知识为重。笔者以为，此论是然却非尽然！大学固然传授知识，但尤须注重道德人格的塑造养成。假若没有良好的人格，其学愈多，其害愈大！关于和谐人格的重要性，大物理学家爱因斯坦曾言：

"要使学生对价值有所理解并产生热烈的感情,那是最基本的。他必须对美和道德上的善有鲜明的辨别力。否则,他——连同他的专业知识——就更像一只受过很好训练的狗,而不像一个和谐发展的人。"[1] 同时,和谐、健全的道德人格即便对科研工作也存在着促进作用,考察人类历史上的大科学家、大发明家,莫不如是。鉴于人格与学术的双重考量,故当今大学仍需将道德人格教育放到重要的位置。当然,"德"(德取广义,即"和谐、健全理性"之人格)是潜移默化的东西,非一日之功,亦不是仅靠大学所能完成,但我们仍然希望大学这座"象牙塔"能以有效的制度和特有的人文底蕴塑造并强化学子的和谐人格。

大学的第二要义在于大学应该重视"想象力"的培养,并围绕想象力的培养建立自己的"智库"。现代意义上的大学,当以追求智慧、创造知识为鹄的,然而假若我们再追问一步,我们何以能创造知识?答曰:在于大学拥有丰富的"想象力"。怀特海在《大学及其作用》中认为,大学存在的理由是:它把年轻人和老年人联合在一起,对学术展开充满想象力的探索,从而在知识和生命热情之间架起桥梁。他进一步指出,"大学组织的全部艺术,就在于供应一支用想象力点燃学问的教师队伍,此乃大学教育所有问题的重中之重"[2]。事实上,确实如此,缺乏想象力的大学无非是知识的"复读机",在知识倍增的今天,仅仅具有"复读机"功能的大学最终避免不了被淘汰的命运。因此,大学必须围绕培养学生的想象力与创造力下功夫,并尽力建立自己的"智库"。以笔者浅见,最基本的智库应该包括"负责任"的老师和一流的图书馆。所谓"负责任"的老师,是指那些能调动并诱发学生想象力的老师,凭借他们的经验、学识和灵活的教学方法,并通过各种

---

[1] 〔美〕爱因斯坦:《爱因斯坦文集》(第三卷),许良英等编译,商务印书馆1979年版,第310页。

[2] 〔英〕怀特海:《教育的目的》,庄莲平、王立中译,文汇出版社2013年版,第130页。

有效的教学方式来激发学生的想象力。所谓一流的图书馆，是指拥有完备"经典"之藏书的图书馆，以供学子从浩瀚的经典中吮吸智慧的琼浆。一如怀特海曾言的那样："你想让你的老师充满想象力吗？那么鼓励他们研究探索吧。"①同理，笔者以为：你想让学生去获取想象力吗？那么让他们去图书馆阅读经典吧。在大学生普遍远离经典的当下，学校尤其要做好这样一种工作，让经典著作"存在"且"流动"起来：存在，言图书馆要有经典；流动，则是要激励学生"走近"并"走进"经典，去到源头上汲取智慧，进而丰沛其想象力，开拓其哲思。如是，大学才可能真正成为"智慧的发源地"，才可能创造知识、引领社会，而不是跟在社会后面。

大学的第三要义在于大学必须是"自由"的，它包括外在的自由和内在的自由。外在的自由是指"客观的自由"，它体现在三个方面，即"教的自由""学的自由"及学术研究的自由。大学不同于中、小学之处就在于大学里的老师不应该将自身定位于"一言堂"之权威，而应成为学生辩论之对手、畅谈之朋友和学术引路人。此言，在不违背法律和公序良俗的前提下，只要本着培养人、塑造人的美好愿望，"教"与"学"在形式上应该是多元的、自由的，而非拘泥于特定的机械模式。大学应该允许不同的学术声音，学术研究是自由的，唯有学术自由，才有可能出现百花齐放、百家争鸣的喜人态势，才可以真正激发学生的想象力——因此学校、社会应尽量保障这种自由。爱因斯坦尤其看重此外部自由环境："我们都赞赏欧洲知识分子的出色成就，并且从中看到我们最高的社会准则。这些成就的基础是思想自由和教学自由，是追求真理的愿望必须优先于其他一切愿望的原则。只有在这一基础上，我们的文明才能在希腊产生，才能歌颂它在意大利文艺

---

① 〔英〕怀特海：《教育的目的》，庄莲平、王立中译，第130页。

复兴时代的再生。"① 爱氏之言，颇值得高校管理层深思。

所谓内在的自由，是指精神自由。用爱因斯坦的话说，精神上的自由在于思想上不受权威和社会偏见的束缚，也不受一般违背哲理的常规和习惯的束缚。内心的自由是大自然馈赠的宝贵礼物，也是值得个人追求的目标。这种内心自由，表现在学术探索上就是纯粹的、无功利的学术兴趣，它不受奖金、待遇、声名之影响，而是顺从内心的召唤，听从兴趣的指引，服从真理的召唤。内在的自由体现了知识分子的节操、尊严和独立人格：此乃当今大学最应该具有的品质。

大学的第四要义在于大学需有自己的个性（特色），没有个性的大学绝不可能成为一流大学。大学的含金量和知名度不在于学校占地多少、高楼多少，不在于是否有博士点、是否"985"与"211"，更不在于固定资产多少，而在于有无学科优势，在于其学科在当今世界上是否处于领先地位，在于它培养的学生有无活力。国际名校如哈佛、剑桥者，其规模甚至比不上国内的二流、三流学校，它的优势在于它的特色，它有自己的看家本领，如哈佛的商科，剑桥的数学和物理。一流的导师，一流的学科，再加上自由的学术气氛和严谨的治学态度使得这两所学校成了"诺贝尔奖"的专业户。中国二十世纪末进行的"联合办学"在一定程度上受了经济联合优势的影响，似乎蛋糕做大自然就有优势，学科越多越大表示综合实力强大。现在看来，"学校合并"并没有从根本上解决问题；相反，在盲目追求"大"与"综合"乃至各种晋级的竞争下，一些本来有特色的学科却在所谓"势均力敌"的重新组合和"综合规划"中被冷落甚至弱化了。如果一所大学没有自己的特色学科，任凭场地再大、高楼再多，仍无济于事。

大学的第五要义在于大学须引领学生追求高远的境界，按法国哲学家德里达的说法，大学的责任在于不惜一切代价，无条件地追求真

---

① 〔美〕爱因斯坦：《爱因斯坦文集》（第三卷），许良英等编译，第48页。

理，而绝非仅仅定位于谋生之层次——谋生当然重要，甚至当下谋生也变得艰难，当然有解决之必要。七十多年前北大校长蔡元培说过："大学学生，当以研究学术为天职，不当以大学为升官发财之阶梯。"[①]至今读来，仍振聋发聩。如果我们的大学招聚天下之英才之目的仅仅停留在"就业"的层次，那么且不言中华民族将始终维持在"温饱"问题上，永无腾飞之日，即便对个人而言，这种追求委实太低了。照直说，它降低了"理性人"的层次。古代"书院"尚以追求大道、成就高尚人格为要旨，今人焉能如此倒退？因此，大学不但要解决现实的衣食住行问题、解决就业问题，更要有开放的眼光和胸襟，大学就是要研究问题的：研究现实的问题，研究人类的问题，研究宇宙的问题；当然也研究人生意义与价值的问题。

一个民族的未来很大程度上依赖教育，今天的学子便是明天的栋梁，学子要在博学的基础上精思深研，要有创新意识和崇高理想，要有担当意识，这样我们才能站得更高，走得更远。一句话，大学应该让学生"学"起来，"思考"起来，要通过大学教育使学生的眼界"高远"起来。

最后，大学应该是英才的所归之地，大学应该是培养英才的摇篮，大学应该是不分等级、贫富和出身而唯以才智、学识和修养为标准接纳之。大学的扩招满足了人们进入大学的愿望，但是大学亦不可以降低门槛而"自毁"（国家可以发展成人继续教育或职业技术学校来满足广大群众的"求知""求职"之需求）；同时，大学收费应与国民收入相匹配，大学高收费虽然为大学短期的发展解了燃眉之急，但是决不能以牺牲大批寒门精英的教育机会为代价。即是说，大学不应该蜕变为以营利为目的的市场行为，而应成为青年才俊发掘潜力、实现梦

[①] 蔡元培：《我在北京大学的经历》，《蔡元培全集》（第7卷），浙江教育出版社1997年版，第501页。

想的清净之地。近年来国家为此做了大量的工作,取得了长足的进步,但各种制度和措施仍需进一步完善。

  愿当今之大学能汇名师,集英才,启民智,求正道,为传承和光大人类文明竭力而行;也愿莘莘学子自强、自立、自信、自主,心怀天下,思接未来,让文明之薪火生生不"熄",永传下去。

自序二 "大师"是怎样炼成的?①

"普及化"的高等教育固然满足了大众"提升学历"的需要,但高等教育亦不可忘记其特殊之使命,即大学存在之意义在于追求真理,在于以先进的学术思想引领社会,包括精神引领与知识引领;否则,"大学"则有蜕变为"职业培训中心"甚或"学历批发中心"之可能。故而,若大学仍然还是"大学"的话,就要担负起培养人才乃至培养"大师"的责任,此亦是教育自性的组成部分②。

诚然,能成为"大师"者,少之又少,但探寻大师成长之路,无论对高等教育之变革还是对大学生之成长,皆有所增益。

大师能成为大师,所需机缘颇多。就主观原因,最为关键的莫过于两点:一是找到与自己相契的领域;二是全身心地投入此领域。类似的话题,儒学宗师熊十力先生亦有论述,他在《戒诸生》中曾感慨道:"中国学人有一至不良的习惯,对于学术根本没有抉择一己所愿学的东西。因之于其所学,无有不顾天不顾地而埋头苦干的精神,亦

---

① 原文发表于《光明日报》2017年5月23日第13版。
② 把被造物的全部自然禀赋(包括理性与智性)充分而完备地发挥出来当是教育的终极目的。其中,"智性"的充分发展实构成"学术大师"的必由之路,亦是教育自性的重要组成部分。

无有甘受世间冷落寂寞而沛然自足于其中的乐趣。"笔者以为，熊氏的"抉择一己所愿学的东西"即所谓的"找到相契的领域"；熊氏的"不顾天不顾地而埋头苦干的精神"即所谓的"全身心地投入"。

先说第一条。一个人活在世上，总该有一个契合自己的"活动领域"，只有在这个领域里，你的生命才可以灿烂、充盈起来；同时，此领域也因为你的加盟而明亮起来。当然，找到此领域不是易事。看看现代大师的成长经历，便可知晓，他们无不经历"领域寻找"之途径。鲁迅先生开始学医，但与其性情理想不契合，后改文学，则如鱼得水；熊十力先生青年时参加辛亥革命，三十八岁时对政治失望乃改途学术，一经进入，生命登时辉煌起来。

当然，对于大众而言，也许我们一辈子都不知道自己的领域在哪里，这一方面由于我们的惰性，根本没有去寻找；一方面是我们缺乏"自觉"之意识。当然，笔者不完全排斥世俗惯常之生活，毕竟并不是每个人都能成为大师，这里要表达的意思是，如果缺乏寻找，我们的生命将会因此逊色不少，亦增添了不少遗憾，因为你的惰性使你错过了生命绽放的机会。

再说第二条，即全身心地投入自己的领域。做到此，须有忘却万物的"恒如一"之精进品质，"一以贯之"的"无执"之"执"。

成就一流的学问，首先需要"执着"，需要"拳拳服膺而弗失之"的执着精神。这种执着在孔子那里表现得尤为鲜明，其自"十有五而志于学"至"七十而从心所欲，不逾矩"，近六十年，始终以"一以贯之"的精神，学之、思之、精进之，乃至临终前夕仍是卷不离手。"北宋五子"之一的张载，寻到自己的"领域"后，同样是废寝忘食，据《横渠先生行状》载，张载晚年，"终日危坐一室，左右简编，俯而读，仰而思，有得则识之。或中夜起坐，取烛以书。其志道精思，未始须臾息，亦未尝须臾忘也"，唯其如此，乃终成一代儒学宗师。德国大哲康德，一生虽活到八十岁，但他不做任何别的事，亦一生没有离开他的家乡，他把一生的精力全部集中于哲学构思，终成哲学大师。

执着的同时，又要"无执"。谈执，是对学术之专心，谈无执同样基于此。"无执"是对学术志业之外的诱惑的态度。譬如，醉心于哲学的斯宾诺莎靠磨镜片谋生，在"磨"够吃饭的费用后，即关门著述，不考虑其余；将整个身心投入哲学中的现代大哲牟宗三先生，对于物质条件亦"无执"，以至于八十多岁还住在出租房里；当然更令人慨叹的是抗战时期"西南联大"的教授，日本人的炸弹随时可能落到头顶，然醉心于学术的教授却仍忘我著述。

同时，"无执"还必须不执着于自己既有的成绩，更不能将"学术志业"当作换取好处的工具——若以学术"做买卖"，以学术论文兑换"好处"，估计虽有所"斩获"亦难以走远。当下其实不乏有资质的"准大师"，然而由于过于看重实惠，而存在着夭折的危险，这虽然与一些体制机制有关，但个人的选择仍是很重要的原因。其道理很简单，心有旁骛，就难以洒脱，做学问要有洒脱的心境，哪能整天牵挂自己之成就或各种具体的好处。

目 录

自序一 理想中的"大学" I
自序二 "大师"是怎样炼成的？ VII

第一编 基础篇 1
  第一章 教育的自性 3
  第二章 教育的节奏 24
  第三章 教师之"说" 53
  第四章 学生之"习" 65

第二编 反思篇 83
  第一章 和谐教育之反思 85
  第二章 教与学的形上之思 98
  第三章 "教"之反思 109
  第四章 "学"之反思 121

第三编　创新篇 131

第一章　研究生培养综论 133
第二章　导师的"导"学之责 146
第三章　研究生的创新教育 156
第四章　研究生的学术品位 167
第五章　研究生的学术研究方法 178

第四编　他山篇 191

第一章　传统书院制度的特征及启示 193
第二章　西南联大的治学之道 206
第三章　佛陀的"圆善教育" 214
第四章　佛教的"立体教育"及启迪 226
第五章　康德的理性教育观 237

附　录

孔子"师德"思想阐微 263

怎样"传道、授业与解惑"？
　　——军校教员队伍存在的问题及成因浅析 274

当前军校教学管理存在的问题浅析 282

高校学术建设问题再审视 291

参考文献 298
后　记 304

第一编　基础篇

玉不琢，不成器；人不学，不知道。是故古之王者，建国君民，教学为先。

——《礼记·学记》

人惟有通过教育才能成为人，除了教育从他身上所造就的东西，他什么也不是。①

——〔德〕康德《教育学》

---

① 〔德〕康德：《康德教育哲学文集（注释版）》，李秋零译，中国人民大学出版社2016年版，第9页。

第一章 教育的自性

"教育自性"乃教育之灵魂与主宰,教育应定位于"人性之提升或曰人的全面发展"的理念之上,围绕真、善、美之具体内容而展开,此大略可视为教育之自性。然而在实用主义、科技理性一统天下的今天,"教育自性"日益面临"蜕变"之危险:民族性的退场、德性教育的弱化、知性的蜕变以及外在诸多干扰教育自主性的因素皆对其构成严峻的挑战。如何回归"真正的教育",回到教育本身,真正促进人性的全面提升,当是"我们"反思的重大课题。

探讨教育的问题,首先应思索"教育的本来面目为何"或曰"教育的自性为何"。欲探寻教育自性,首先要明晓自性。何谓自性呢?魏晋玄学家郭象把自性解释为"物各有性,性各有极";《坛经》慧能大和尚亦多言自性,"菩提自性,本来清净,但用此心,直了成佛"[1],"自性迷即是众生,自性觉即是佛"[2]等等。前者言"物皆有自性",后者则言"自性不可丢(迷失)";实则,二者皆强调"自性"之重要,因为"自性"乃事物存在之根据,它构成某事物的"是其所是"。换言

---

[1] (唐)慧能:《坛经》,山西古籍出版社1999年版,第58页。
[2] 同上书,第103页。

之，我们说某物"存在"，意味着，当且仅当其具备某种不可或缺的品质时，才能表明其"存在"；否则，它不过是"偶然性之暂存"，这样的"存在"是注定要消亡的，是没有生命力的。

所谓教育自性，即为教育的本质属性，它构成教育的"是其所是"，当然也顺理成章地成为人们判断教育是否"合格"的主要标准。

一、教育的自性：成人之教

教育之"自性"并非从概念演绎中来，而是从数千年的教育实践中渐次"呈现"而出。即是说，探讨教育的本质或自性，无须从单纯逻辑推理之概念着手，而应从历史发生学的角度加以探讨①。鉴于此认知，我们可通过审视中外教育发展之轨迹，通过对教育的"要核"进行尝试性地探讨，以期切近教育的本质。

姑以古中国、古西方及古印度的教育为例以探求之。

（一）古中国：以德性为核心的成人之教

中国文化源头《周易》贲卦有"观乎天文，以察时变；观乎人文，以化成天下"之说，所谓"人文化成"即是用"文明"化育百姓，使之知晓"人之为人"的应然道理。古中国，此"化育"过程可理解为原初的教育之义，因为"化育"为文明传播与文化熏染之过程。一般而言，动物不需要教育，因为其依赖先天"获得性遗传"即是一切，无须专门培训；人类文明则须通过后天的"化育"，这种化育或曰教育大抵围绕寻求、追问并"涵养"人之德性为鹄的，围绕以德性为主导的人性之全面提升而展开。

据历史文献记载，中国古代教育的起源可追溯到夏商周以前，"《尚书·舜典》记载，虞时即设有学官，管理教育事务，如命契为司徒'敬敷五教'，即负责对人民进行父义、母慈、兄友、弟恭、子孝

---

① 当然从理性推理的角度亦是探讨教育本质的有效途径，譬如康德即作如是观。

诸种伦理的教育，命夔典乐，即负责对人民进行音乐和诗歌教育。"① 此种以人伦为主的教育实则是成人之教。先秦著名教育家孔子收徒的前提条件是：弟子要具备一定的德性。按《论语》的说法，即是"弟子，入则孝，出则悌，谨而信，泛爱众而亲仁。行有余力，则以学文"②；其教授内容"六艺"（《诗》《书》《礼》《易》《乐》《春秋》）亦以达成人性之完满为主。自西汉至晚明，几乎历朝历代均设有高等教育机构：西汉有"明经修行"为旨要的太学；晋代有国子学和太学（前者为贵族教育，后者为平民教育）；唐朝有国子监，宋代有书院；明代中央有国子监及宗学（贵族学校）等。清以降，我国的教育建制则又发生巨大的变化。

通观我国教育之变迁，虽然其名有别，但其为学之要义却大致相类，皆围绕"圣贤书"以德性发现（自觉）、德性巩固及道德文化之弘扬（文明传承）而展开。诚然，古代教育也开设关乎技术与美（艺术）的教育，然其学习技与美（艺术）的目的仍在于求道与体道，孔子主张的"志于道，据于德，依于仁，游于艺"③一语道出其中原委。如此看来，德性的"发现"或"自觉"即是古人所谓的"求道"，至于德性之巩固则须依靠礼、乐（艺术）之熏染与其经典文献（知识）之传播，此在事实上当然地构成了"文明传承"与古代教育的重要内容。换言之，对古人来说，唯有借助于成型的/成熟的文献、典章之"规范"与外在礼、乐之熏陶，人方可挺立于世间。

《礼记·学记》将教育之功用概括为"化民成俗，其必由学"与"建国君民，教学为先"④。"化民成俗"是从文化交流与习惯养成的角度强调人之内在德性的重要性，因为"化民成俗"的主要内容是关乎德

---

① 张岱年、方克立主编：《中国文化概论》，北京师范大学出版社1994年版，第188页。
② 杨伯峻：《论语译注》，中华书局2019年版，第6页。
③ 杨伯峻：《论语译注》，第8页。
④ 《礼记·学记》，中华书局2007年版，第115页。

性的知识;"建国君民"则从国家治理(虽然是外在的,但由此可塑造一个民族性格的东西)的层面而论。由此可见,教育根底在于"成人"(成人之学),在于"德性"的自觉和阐扬。《礼记·大学》"大学之道,在明明德,在亲民,在止于至善"之论更是一语中的,后世诸贤追求的"大道"亦大抵将其定位于良知之自觉,程朱理学如是,陆王心学亦如是。正是在追求"大道"(主要是德性)的过程中,集真、善、美于一体的完满人性才逐渐丰满起来。

(二)古西方:以"智性"为主要特征的成人之教

谈及西方古代的教育,人们一般将其定位于"求智"的层面上,这当然有相当的道理,但我们且不可因此就认为西方教育是不重视德性的"片面性"教育。恰恰相反,从古希腊尤其自苏格拉底至文艺复兴,其高等教育大体亦是以德性为核心的、人之全面发展的教育,即关于真、善、美的教育。人们之所以认为"西方人重智",实在于人们对"智"的理解与定位不同。以古希腊的"哲学三圣"为例,苏格拉底有"知识即德性"之论:既然渊博的知识(智)是通往德性的必由之路,那么"重智"即意味着"重德"。换言之,西方人亦重德性,只不过其将德性定位于智之层面而已。苏氏之前的智者学派以追求"辩论"(纯粹的修辞之术)为目的,故当苏氏将哲学从宇宙"拉回"人间时,"至善"则成为教育的目标;并且,苏格拉底对"知识就是德性"这个命题给予了较充分的证明。(1)前提性证明。欲成为有德性之人,他首先须具备关乎德性的知识;若缺乏此前提,即便其行为符合世俗的道德,但其行为终究是懵懂的、偶然性行为,算不上真正的德性。(2)工具性证明。正如只有具备精湛医术的医生才有可能成为有德性医生一样,精湛的专业知识是成就德性的重要工具。此足见,苏格拉底的"重智"的外衣下实则蕴含着"重德"。

苏格拉底的弟子柏拉图围绕着"哲学王"所进行的教育则是自由"七艺",其内容包括文法、修辞、逻辑、算术、几何、天文、音乐等。

其中，前三者由智者学派开创。柏拉图认为仅仅进行"辩论的教育"是远远不够的，故而他又将后四者纳入其中，以达到其"以体操锻炼身体，以音乐陶冶心灵"的效果。他认为，个体只有在真、善、美全面发展的根基上不断精进，方可逐步达到"哲学王"的完美境界，否则，就不能出现完美的人格。亚里士多德的教育观基本承袭乃师柏拉图，不同的是，他将人的灵魂分为三部分：植物部分，即身体生理部分；非理性部分，即动物性部分（本能、欲望、情感）；理性部分，即真正的人性部分。为此，他主张应该开设三种教育：体育，为了身体、生理的健康；德育，为了非理性的灵魂；智育，为了理性的灵魂。只有三者协调一致，才可能培育出完满的人性。综上可知，古希腊"哲学三圣"总体持"真善美"全面发展的教育观，而非持片面的"智性论"。

接续"古希腊"而来是古罗马时代，其所主张的高等教育基本上囊括并综合了智者学派与苏氏师徒的教育思想，只是不同时期各有侧重而已。及至中世纪，高等教育的主要阵地则是大学，此时经院哲学成为大学教育的主要内容，其教育思想依然标榜柏拉图的理念论，围绕着人性之完美而展开，但总体偏向于宗教道德。经院哲学教育也涉及诸如逻辑学、物理学、动物学、植物学、天文学等学科，但诸学科的目的在于论证上帝的完美，在于为人类达到完满之"神性"服务。不过，后期的基督教教育则走向了反面，又相当程度地束缚了人性。文艺复兴之后的西方高等教育，由于其既受古希腊"知识即德性"之感召，又受培根的"知识就是力量"之影响，其教育内容始转向以智性为主的"知识论立场"。

由此看来，古西方的教育固然重"智"，然人们须明了其"智"之指向：在他们看来，提升以知识为核心的"智性教育"，某种程度上也意味着人的德性的完满，因为知识是通往道德的基石（正如苏格拉底所言，一个压根儿不懂善恶的人又如何能成为有德之人）。以此观之，其智性教育最终仍指向人的全面发展，仍然属于"成人之教"；所不同的是，它们以"知识论"的面目表现出来而已。

（三）古印度：以"真如"为核心的成人之教

古印度教育之目的同样以德教为主。譬如，古印度吠陀时期的教育即以诵读"吠陀"为主；随着时人对教育认知的不断深入尤其随着论证经义的经典著作——奥义书——的出现，婆罗门时期的学校更是开设了包括语音学、韵律学、文法学、字源学、天文学和祭礼等主要内容在内的"六科"之学。开设"六科"之学固然在于为理解"吠陀""奥义"等经典著作打基础，但由于"六科"之学包含了相当丰富的人文思想与道德实践，故而客观上也有助于人性的全面发展与提升。事实上，印度的高等教育即是奥义书时期的产物，因为此时从事经典研究的学者主要集中于贵族阶层的"婆罗门"。婆罗门研究经典的目的，在于他们试图通过深奥学术之探讨，去体验神秘的"梵我合一"并以此将世俗之人性升华至完满之神（佛）性。抛却神秘的因素，单就人性提升的角度看，婆罗门所从事的"高等教育"总体上也是围绕"真善美"三驾马车而展开，当然也属于"成人之学"了。

至于尾随婆罗门教之后的佛教，它本身虽植根于婆罗门教，但其受众却不再局限于贵族阶层，而是面向大众的平等教育。其教育场所主要集中于"精舍"与寺院，教育内容除佛经外还广涉哲学、艺术、文字、科学等。其教育目的则在于通过特定的教育手段来摆脱人间由于"动物性的贪欲"带来的种种苦难，以期脱离苦海进入寂静涅槃的佛之境界。质言之，佛教教育同样是围绕着人之全面提升的"成人之教"。

通过对古中国、古西方（主要是希腊）和古印度的教育史尤其高等教育史之概略追溯，可知，三者皆将教育定位于人性的提升或曰人的全面发展的根基上，且它们总体上皆围绕真、善、美的内容而展开，故而，"围绕真善美，以提升人性的全面发展"亦历史地构成教育自性的主要内容（由于文明的差异，未免又使得"成人之教"的具体内容打上民族性的烙印)。

当然,围绕着人之德性之提升即"教育的自性"这一轴心,笔者以为现代高等教育还应涵盖以下诸内容,即高等教育还应包括:(1)教育汇集精英人才来探究高深道理(学术),并以此高深道理(学术)来引领、影响社会。如古印度对梵或真如的探究,古希腊对"至善"(苏格拉底)或"理念"(柏拉图)的追寻,古中国对"天道"的体悟均标明此义。(2)教育当传承人类文明,但其根基首先在于弘扬本民族的优秀文化。因各民族文化即为人类总体文明之重要组成部分,古印度之佛学经典、西方古希腊之哲学精华、中国的"经史子集"等皆有"民族性"烙印,同时它们也是人类的"共命慧",皆值得后人学习、借鉴。(3)教育当为"自由的教育"。此自由既蕴含人所追求的终极自由,无论中国古人的"游于道"、古印度的"梵我合一"还是西方的"哲学王",均表证人们对一种本体自由的追求;亦有教育自身的自由,即教育应始终保持其自性而不被外物所束缚、控制。

二、教育自性之蜕变

诚如上文所论,教育的自性在于成就"德性完满之人",而非将人看作物,更不可将人"异化"为物;按德国哲学家康德的说法,教育应将人视为目的,而非工具。然而,正如马克思所言,"在我们这个时代,每一种事物好像都包含有自己的反面"[①],教育自诞生起,一种脱离其"自性"的反向力量也在不断滋生。两千多年前,孔子就曾因为"为己之学"和"为人之学"而慨叹,老子亦因"为道"与"为学"之错位而感喟;西方中世纪的教育存有"倒向上帝"的偏颇,古印度教育的严格"禁欲"之规定则未免有走向忽视人性全面发展之歧途。中世纪之后,纵观教育发展之历程,教育在某特殊时期虽有自性之"复

---

① 《马克思恩格斯选集》(第1卷),人民出版社1995年版,第775页。

归",但总体呈现出"异化"之趋势,此种状况于今尤甚,兹简述之。

(一)德性教育(人格教育)的缺失

教育自性要求以完善"完美之人格"为第一要务,完美人格之塑造自然离不开"德性之教"。然而,当下"德性之教"远不如人意。在评价当下我国道德教育之前,我们非常有必要了解一下发达国家由于道德教育失衡所造成的后果。20世纪末,美国学者威尔森曾这样指出:"今天美国正规学校关注的焦点乃是向学生传授计算机时代复杂工作所需要的技巧与知识,而道德教育则被忽略。……在40年代和50年代,学校行政人员面临的问题是不按秩序抢先讲话、嚼口香糖、制造噪音、在室内奔跑、不好好排队、服装不合规定以及乱扔纸屑等。到了90年代,学校的问题则包括滥用毒品、喝酒、怀孕、自杀、强奸、抢劫与人身伤害。"[①]不幸的是,威尔森描述的那些不良现象似乎正在我国发生。前些年发生的马加爵残忍杀害同学的极端个案姑且不论,就当今大学校园出现的诸如谩骂、殴打、偷窃、欺骗、考试作弊、多角恋,以及自私等陋习足以让人担忧,以至于不少老教授们痛心疾首地发出"现在大学生迫切之需不是关乎知识的教育,而是幼儿阶段的道德常识"之感叹。

毋庸置疑,造成道德教育弱化的原因是多方面的,其主要原因在于人们受"实用主义""功利主义"思潮的影响,采取急功近利之立场,不假思索地将动物界所遵循的"适者生存"之法则简单地移置于人类社会中。固然,在崇尚竞争、崇尚效率的工业社会,竞争所激发的"动力"(甚至"盲动力")及"高科技"对人之生存的便利,对于社会发展与稳定确有其必要性与合理性;然而问题在于,倘若缺乏健全德性的内在约束,倘若失却人文理性"规定的"人类发展之应然方向,这种动力和"便利"又将把人类社会推向何处呢?由是,我们仍

[①] 〔美〕A. 威尔森:《美国道德教育危机的教训》,《国外社会科学》2000年第2期。

然要反思"教育自性"这个古老问题，须知，教育的自性首先在于成就完美的人，正如翻译家傅雷先生所言："我始终认为弄学问也好，弄艺术也好，顶要紧的是人，要把一个'人'尽量发展，没成为××家××家之前，先要学做人；否则那种××家无论如何高明也不会对人类有多大的贡献。"① 爱因斯坦也说："学校的目标始终应当是：青年人离开学校时，是作为一个和谐的人，而不是作为一个专家。照我的理解，在某种意义上，即对技术学校来说，这也是正确的。"② 二位先生虽分属不同国籍，从事不同的专业，但对道德的重视并无二致。

就当下的中国教育而言，当下的大学教育不再是精英教育，但总体而言，大学生仍然是国家的主要生力军，其个人素质影响甚至规定着未来中国的前途和命运。如果我们的大学教育仍然不注重德性之教，如果我们的大学不复有"温、良、恭、俭、让"等传统之美德，我们失去的岂止是"礼仪之邦""文明古国"的称号？

（二）民族性③ 的退场

正如笔者在上文所言，作为教育自性的"成人之教"不可避免地带有民族性，因此"成人之教"也总是和本民族的传统文化、价值取向乃至风俗习惯息息相关，且"教育"也总是首先要服务于本民族的④。西方、印度的教育理念建基于其各自的文明土壤之中，同样中国的教育亦不可须臾离开此古老文明之热土。然而，在科技理性、工业文明一统天下的时代，在西方强势文化的"进攻"下，古老的传统

---

① 傅雷：《傅雷家书》，生活·读书·新知三联书店1995年版，第50页。
② 〔美〕爱因斯坦：《爱因斯坦文集》（第三卷），许良英等编译，商务印书馆1979年版，第70页。
③ 这里的"民族性"乃广义的优秀的传统文化和民族文化，它既包括我们所用的语言文字，也包含风俗习惯和价值取向。笔者并不持狭隘的民族性立场，举凡人类所有的优秀文化，我们皆需继承、传播之。
④ 笔者并非持民族主义的狭隘立场，但亦不可否认民族主义尚有其必要性，尤其在人类文明尚未达到"天下大同"的阶段，更有其必要性，此其一；其二，本文所言的"民族性"，主要指涉文明，每一个民族皆有其独特之文明，优秀的、有益于"他者"的文明显然是值得继承与弘扬的。

文化、风俗习惯乃至价值取向似乎正处于淡化甚至消失的过程中：我们诸多曾经被广为传诵的经典被束之高阁，只有专门的研究人士才偶尔光顾；我们的母语——汉字日渐成为第二种语言，很多大学生可以说流利的英语，写漂亮的英文，但却只能用蹩脚的甚至词不达意的汉字来写"电报体"的家信，错字、别字在大学里似乎已成为家常便饭……今天，无论城市还是乡村，当下的我们被炫目的霓虹灯、瀑布似的彩挂、蠕动的车辆、卡拉OK厅、立交桥、麦当劳等现代空间物象所包围。吃着麦当劳、看着美国大片成长起来的一代俨然成了"外黄内白"的"香蕉人"①，这种丢失了民族身份的人又怎能成为一个"文化意义上的"中国人？民族的东西虽然还存在，如层出不穷的历史片、庙堂音乐、仿古建筑以及兜售旅游纪念品的仿古宫廷侍者，但它已经完全改变了内涵，纯粹作为一种经济手段或者作为讨好消费者的"策略"而出现。

　　民族传统文化教育的"退场"所带来的问题，除了上述表现出的不和谐的文化音符外，更有实质性的损失，它直接造成了一流人才的流失：每年我国都有相当数量的重点高校毕业生涌向西方，中国的高校（尤其是某些重点高校）甚至成了西方科技人才的培训基地。针对人才流失之现象，杨叔子（1933—2022）院士痛心地指出，要培养"中国的大学生"，而不是"在中国的大学生"。这里所言的"中国的大学生"，意指由中国大学培养且服务于中国的大学生。杨先生的痛心之言，既是对漠视民族传统教育现象的提醒，亦是对"（我们自己培养出的）一流人才出国并服务于西方"之现象的严厉批评。

　　近年来，国人似乎习惯并满足于"中国制造"的宣传，殊不知，

---

① 杨叔子先生曾辛辣又不失幽默地评论"香蕉人"现象，他认为，所谓的"香蕉人"是"外黄内不白"，因为他们既不懂得中国文化也不懂得西方文化，既然没有白心，故而称不上"香蕉人"。当然，就人类的未来发展而言，也许民族的烙印逐渐衰减，但当下谈"趋同性"，尚为时过早。又，我们在"痛心"人才流失的同时，也要反思其原因。

"中国制造"背后隐含着几多无奈。这其中就包括"教育自性的蜕变":我们培养出来的一流人才出国为"他人"创造,而我们的企业却只能"制造"。无疑,要变"中国制造"为"中国创造",关键在于如何留住一流的创造型人才。此固然需要逐步完善硬件设施,需要营造一种宽松学术氛围,同时亦需要一种民族精神、民族认同的熏染与感召。当年,钱学森、钱三强、华罗庚等老一辈科学泰斗之所以毅然离开科研设备精良、待遇丰厚的外国而甘愿回到一穷二白的中国,凭的就是一腔爱国之情——一个人只有首先属于民族,方能属于世界①。这种对祖国深厚感情的培养即存在于"优秀民族文化的教育"之中,存在于优秀传统文化的熏陶之中。可见,加强民族优秀文化的教育既是当下人才培养之必需,亦是教育自性之内在要求。此言,如果说"德性之教"在于让人成为人,那么根植于古老中国文化之上的教育还应贴上"民族的标签",使其成为"真正的中国人"。

(三)知性的误区

在古人视野下,求学在于"问道",问道主要表现为孔子所谓人之行为应当自然而然地合乎天道、"不逾矩",这当然是终极教育之理想。我们姑且回到"求道"的具体途径即知性的层面上来审视当下教育之现状。

即使在求知的层面上,我们的教育同样存在着"自性"之迷失。

其一,人文教育与科技教育的失衡,重理轻文的现象依然普遍存在。目前,相当多的理工科学生除了本专业的知识外,对历史、文学、

---

① 关于"一个人只有首先属于民族,方能属于世界"之论,并非绝对之定言。譬如,马克思、爱因斯坦等一流人物并非首先属于其民族;似乎应该"倒过来"才符合事实,他们首先属于世界,而后才为本民族(国家)认可——二者曾遭本民族(国家)之"驱逐"。笔者本文所强调的民族性,实基于历史发展的阶段性及文化传统之二重立场。就阶段言,目前世界远未到达"大同盛世",故在祖国最需要人才的时候,有志之士当思为国效力;至于未来的大同世界,因民族、世界已然一体,自不必论。克就文化传统言,即便马克思、爱因斯坦因政治原因离开祖国,但其思想深处依然流淌着犹太民族的文化因子,此足见民族文化之影响。下文所言的"民族性标签"等观点,读者亦应做此理解。

哲学、艺术等人文学科几乎一无所知。此种状况，颇不利于其本学科的深层探索，亦不利于完满人格之养成。原因在于，首先，科学探索与哲学、艺术等人文学科息息相关；准确地说，人文学科有利于促进科技的深度发展。我国20世纪50年代的高校院系调整中，有的大学立志于实现"工程师的摇篮"，硬性取消了文科；但后来的实践证明，这些大学很少培养出大师级的科学家，充其量不过训练了一批工匠式的技术专家而已。须知，历史上真正在科学上取得重大突破的大科学家都是具有开放性思维的"通才"，譬如，杨振宁、李政道、吴健雄、吴文俊、"三钱"等大师级的科学家均有着深厚的人文素养。其道理在于，艺术思维可以激发灵感。日本著名物理学家汤川秀树曾坦言其灵感来自于老庄哲学的启发；钱学森先生多次强调"科技人员要懂一点艺术"。其次，就人格完善层面言，人文教育的价值表现在：（1）就个体而言，个体应追求集真、善、美为一体的"完满人格"，而不可沦为"技"之维度的"单向度的人"；（2）就其对社会的影响而言，科技的力量若离开人文精神的约束，有可能导致灾难性的后果。奥波特·斯皮尔在《第三国的内幕》一书中曾就"离开探索社会问题和伦理问题而孤立学习技术的危险"之论题进行探讨，受其影响，柏林工业大学不顾时人之反对，毅然设立人文学科，其目标就是把学生培养成为"有教养的、符合伦理道德的高质量工程师"[①]。个中意味，颇值得我们深思。

其二，科技知识的支离破碎。如果说人文、科技的失衡根底上是实证主义及其所引起的"实用主义"所致，那么所谓知识的"支离破碎"则因科技知识本身的裂变而致。社会的分工导致学科的分工，且这种分工越来越早，亦越来越精微，最终导致知识的支离破碎。关于学科的分工，美国社会科学家贝尔曾有预言："科学有一个特征。它同

---

① 外国教育丛书编辑组：《高等教育与社会发展》，人民教育出版社1980年版，第158页。

几乎所有有组织的人类活动一样,在每一个知识领域内经历着日益增长的割裂、分化和专门化。"① 他还以化学为例,进一步指出:"化学曾经被分成分析化学、有机化学、无机化学和物理化学,最近一种报表上又细分为碳水化合物化学、甾类化合物化学、核化学、石油化学和固体化学。"② 无疑,在知识裂变的今天,当下的化学领域肯定又生出我们闻所未闻的"极其精微的新学科"。学科的过度分裂不但导致了"只见树木,不见森林"的狭隘视野,而且还生出一种怪现象,即一些所谓的新学科并非科学自身规律使然,而是受制于外在"利益"(使用)之驱动。对此,存在主义大师海德格尔曾有过入木三分的评价:"各门科学千差万别,它们探讨对象的方式根本不同。这许多支离破碎的学科,在今天只是被各大学科系的技术组织维系在一起,并且只有靠各学科的实际应用目的而保持其意义。反之,各门科学的根株在其本质深处则已经死亡了。"③

若对"支离破碎"之现象进行溯因,其原因大致有二,一则在于人们反倒是崇尚海德格尔所批评的那种"实用主义","实用"确实能带来立竿见影的好处,然而殊不知,其危害也同样巨大;二则在于人们对分析性思维的崇尚和偏好,须知,分析思维恰恰是"技术理性"的根基。譬如,在"科技主义"视野下,若认识一个人,须经层层解剖,首先是组织,其次是器官、细胞,再其次是核子、遗传物质 DNA……具有讽刺意味的是,当把一个"人"完全肢解开来时,呈现在我们面前的是一堆化学元素,而活生生的人却不见了。邓晓芒先生在讲授分析哲学时曾对分析思维进行类似之批判,他认为,分析哲学就像剥葱,剥到最后,葱却不见了。确实,分析思维不但限制并割裂了学科的自

---

① 〔美〕D. 贝尔:《资本主义文化矛盾》,赵一凡等译,生活·读书·新知三联书店 1989 年版,第 172 页。
② 同上书,第 172 页。
③ 洪谦:《西方现代资产阶级哲学论著选辑》,商务印书馆 1964 年版,第 343 页。

身的规律,它还通过现实的分工最终将人割裂、肢解开来,进一步导致了人的异化与迷失。

当下,我们不少的科技精英,被束缚、限制在极其狭小的领域内,处于所谓"精英不精,博士不博"的尴尬局面,其症结固然与社会层面过度分工所导致的"异化"有关,同时亦与我们高等教育过早分科(分专业)而导致的基础薄弱、视野狭窄有关。今天,我们多数的工科院校基本上在新生入校前就"预制"了专业,学生在专业基础不甚牢固的情况下又匆匆进入更为狭窄的"专业"。此种现象,即便在研究生教育中也或多或少地存在。且不言狭隘的视野与相对薄弱的基础不利于学生的全面发展,即便对于学生从事的"专业教育"也存在诸多欠缺。欲改变此状,笔者以为,工科院校的本科教育(包括部分从事基础研究的研究生教育)须重视学生基本理论的学习,不宜过早地划分专业;须打破专业壁垒,开阔学生的学术视野,不能自我设限;需打破固化的分析思维习惯,加强综合性、整合性思维方式的训练,以提升其宏观分析问题的能力。

其三,知识自身的"蜕变"。自20世纪80年代以来,"知识爆炸""信息膨胀"业已成为客观存在的现实;尤其在"后现代社会"的语境下,与传统社会相比,无论知识结构还是知识功能,均发生了巨大的变化。法国后现代哲学家利奥塔(1924—1998)曾经就前现代与后现代的知识状况进行比较,他认为,在前现代社会里,知识一分为二:科学和学问。科学求"真",探讨宇宙间万物变化之规律;学问求"我",追求的是个体的自由和解放。在前现代,无论科学家和教师都是知识的"言说"者,享有绝对的权威,因为知识的所指不外乎人们公认的"真善美"。然而,在"后现代社会"(信息化时代)语境下,无论"求真"的科学还是追求"自由"的学问(道德),均发生了蜕变:科学知识的目的不再是追求真理,它探求的对象不是"已知"而是"未知"。科学知识追寻的是"它有什么用吗?""它可以出卖吗？""它的功效如何？"① 这种追求使得"科学技术成为一种游戏，它不追求真实、公正、美丽，而为的是效率。从这个意义上讲，科学知识已演变成一种生产力或资本流通过程中的动力，它被打上了商品的烙印"②。就学问（道德）而言，亦正在发生诸多变化：一是，随着知识—信息商品化趋势的日益加强，学校教育从以学问为主变成主要培养学生应付世界的竞争能力。具体来说，学校尤其高校注重的是技能的训练，而非对人性、学问的探索，正如利奥塔所言，"知识的传播不再是被设计为培养引导国家走向自由解放的精英，而是为所依存的社会体制提供能够按照规则圆满承担生活语用交际任务的'选手'（player）"③。

二是，作为知识的承载者——教师，也不再拥有"话语权"，其地位由知识的启蒙者蜕变为"信息的编排者"甚至"复读者"，教师所应有的传道、授业、解惑之功能逐渐被电脑信息库所代替；学生亦非"社会解放的自由精英分子，而是终端机前获取新类型知识的聆听者"。当然，解构主义者走得更远，他们甚至认为"真理已经不存在了"，如果真理不存在，那么"知识"的可靠性又有多少呢，人性之善、恶又有什么意义呢？这种思潮更是从根本上予"教育自性"以釜底抽薪之致命打击；不少大学生信奉的"游戏人生""游戏知识"之信条，均与此有相当的关联。

（四）"自由教育"的弱化

本书讨论的教育，应当建立在自性教育的前提下；既然教育有其自性，那么"应然之教"需循着"教育自性"不受干扰、自由地进行。然而，问题在于，人类的教育自诞生起就处于不断被干扰的境遇

---

① 参见 Lyotard, *The Postmodern Condition: A Report on Knowledge*, University of Minnesota Press, 1984, p. 1.
② Ibid., p. 44.
③ Ibid., p. 48.

中，这首先与"求学者"追求的"为稻粱谋""学而优则仕"以及"显亲扬名、出人头地"的为学动机有关；同时，它还受到外界诸多因素之干扰。目前的外界干扰因素主要包括行政管理系统的"管理过度"及不规范的"市场式教育"之影响。诚然，适当的行政指令和计划当然是必要的，因为教育之宗旨乃通过提升国民素质进而首先服务于国家与民族，但若外在的"行政命令"违背了教育自性，违背了教育规律，那么遭受损失的则不仅仅是教育。"十年动乱"期间一切"唯行政命令是举"的教育理念毁灭的绝对不仅仅是教育，它几乎让中华文明处于崩溃的边缘，此沉重之代价足以让后人引以为戒。当下的行政干预与"文革"毁灭性的破坏自然不可同日而语，但问题在于，即便是"热心的行政管理"也未必有益于教育，因为"好心未必就办成好事"。如，近年来在全国高校进行的"教育质量评估制度"就是典型事例。评估的出发点当然是好的，客观上也对"后进的学校"起到一定的鞭策作用。但同时，其造成的负面影响亦不可小觑，且不说"评估制度"的实施造成了大量人力、物力之浪费，更重要的是它干扰了学校的正常秩序，且不同程度助长了造假、欺骗之陋习，此严重违背了教育当培养完美人格的自性之旨。又则，评估的量化标准在某种程度上束缚了高校学术的自由发展。譬如，为了完成论文数，校长压院长，院长压教研室主任，主任压教员，层层定额，层层加压，一切都是为了数量；不管你有无兴趣，不管使用如何"手法"（如买版面），结果数字上来了，但质量却一落千丈，严肃而高尚的学术研究竟然蜕变为"数字化游戏"。更不幸的是，教育评估过后，所谓的量化制度已经定型，并以此来考核教员的授课质量与研究水平。经过此种"数字化"模式之改造，全国院校几乎一个模式，管理千篇一律，授课模式千篇一律，教员在失去了教之自由的同时亦失去了探索的自由与兴趣，几近蜕变成为"扬声器"，"行政干扰"对教育自性之影响由此可见一斑！

不规范的"市场化教育"①对教育的冲击亦不可谓不大。市场经济作为经济领域的内在规律自然不容违背，但教育以传承文明、塑造人之品格为鹄的，而非纯粹为了经济，故不可轻言市场化。康德曾为知识与信仰划分界限，以防止"二律背反"之悖论；当下我们须将教育与经济划清界限，教育自身不应进入市场，因为市场追求的是利润，而教育传播的是文明②，二者当有不同的评判标准。遗憾的是，我们的教育事业在市场经济面前似乎很难挺立其自性，前几年的"教育产业化"即为典型例子。事实证明，教育产业化导致了诸多的负面影响：其一，教育的产业化破坏了学校特有的纯洁、肃穆氛围，学校日益蜕变为"加工厂"，师生关系有蜕变为卖方和买方"商品关系"的嫌疑；教师和院长的关系则似乎成为打工仔和老板的关系，关系的世俗化、庸俗化正逐步把天下最神圣的事业解构掉。其二，"教育产业化"将高校推向市场，各高校为争夺生源以获得生存的地位而拼命扩大地盘，于是具有中国特色的"合校运动""圈地运动"及"更名运动"应运而生。"大学城"正是产生于此背景下，各高校似乎皆以"规模大、学科全"为发展目标，并借此来吸引生源。但遗憾的是我们的高校尽管有超大校园，有豪华建筑，却唯独没有特色。其三，市场经济唯效益独尊的管理模式将教师日益改造为"传话筒"式的机器。一些学校（尤其是民办高校）为了降低成本、追求利益最大化，多采用"满负荷工作法"，不少教师一周的课时量竟达到二十多节，几乎变成"复读机"，哪里还有思考的时间，更遑论学术的创造性了。

---

① 西方的名校多为私立学校，固然是市场经济的产物，但在教育系统内部，譬如在教师与学生之间仍是传统的教学关系；并且，西方市场经济下的高校是成熟的，有一套相对完备、科学的管理体系。故笔者并非绝对地反对"教育市场"，而是反对不成熟、混乱的市场，尤其反对"把学校变成赤裸裸的经济行为"。

② 当然，人是须臾不可离开经济而生存的。笔者意义上的教育不应产业化，是指不应经济利益作为评判学校成功与否标准，而应把人才的培养放在首位。

三、教育自性之回归

我们探讨教育自性及其迷失,并非完全否定现代教育体制,而是对当下教育存在的诸多弊端深感忧虑,此既是出于一个教育工作者的义务,亦是每个公民应尽之责任,因为它牵涉到民族乃至整个人类文明的发展与进步。

本文倡导的"教育自性之回归"绝非要将现代教育完全恢复到孔子式的"求学问道"之传统模式上去,因为人类社会之发展是不以人之主观意志为转移的"历史性展开",因此教育在不同时代当应以其适当的方式/模式(包括办学模式和管理制度等)出现;但无论如何,教育至少应守住"借助真、善、美之路径来完美人性"这一个轴心,守住"自由教育"之底线。质言之,教育要守住"自性",否则,我们的教育就真的失去自性而蜕变为"器"材的培训。以实用主义著称的美国教育并非以培养"器"材为目标,美国第二十八届总统伍德罗·威尔逊(1856—1924)在百多年前(1907)就曾对美国的教育进行规划,在他看来,美国大学的目的不是学术,而是教育:这种教育是在最高意义上、最悉心讲究地向年轻人传授:

> 区分良善理性与恶劣理性的能力,教会他们吸收和理解证据,使他们养成广开视听的习惯和不偏不倚的倾向,令他们依赖清晰而符合逻辑的思维过程,又不失与生俱来的阐释事物的渴望,而不是拘泥于字词层面的推理论证,使他们形成对知识的品位,以及对人类心灵正直诚实的深切敬意。①

无疑,伍德罗·威尔逊的教育构想同样是集真、善、美三位一体

---

① "The Spirit of Learning", in Woodrow Wilson, *College and State: Educational, Literary and Political Papers, 1875-1913*, ed. by Ray Stannard Baker and William E. Dodd, New York and London, 1925, pp. 109-110.

的全面教育，是符合教育自性的。美国密歇根大学原校长詹姆斯·杜德斯达在《21世纪的大学》中亦写道："我们必须坚信，大学教育更深层次的目标虽历经千年却从未改变，从未消失，因为它的意义至关重要。大学扩展并发掘了人类的潜力，使人类的智慧与文化代代相传，并创造出影响未来的知识。"[①] 詹姆斯·杜德斯达对大学教育的定位固然偏重于"求真"（依然传承古希腊的求智之传统），但其谓"虽经千年却从未改变"的大学的"深层目标"或"核心理念"，乃是教育"是其所是"的东西，即本文所言的"教育的自性"。

在"全球一体化""信息瞬时化"的今天，在科技理性、实用主义一统天下的"地球村"里，践行"教育自性"尤其倡导德性教育之回归，无疑存在着诸多困难，生存压力、就业压力、竞争压力皆是横在"教育自性"面前的难题，如何妥善处理德性与知性、器与道、大众与精英、长远目标与近期目标、民族与国际、传统文化与现代文明等诸关系，考验着人们的智慧。同时，我们亦须看到，以上诸关系或矛盾并非完全对立、不可调和的，在究极处，它们有着内在的一致性、协同性。以当下最现实的就业问题为例：无疑，精良的技艺乃寻找职位的"敲门砖"，然而，一个人（技艺尚可）若缺乏最基本的道德素养，即使轻易地找到职位亦很难在职场立足；尤其在人才供过于求的当下，即便从"实用主义"的立场看，"德才兼备"仍是人们的首选。

针对当下教育之现状，若我们"反其义"而思之、为之，兴许能让教育回归其应然之轨道，比如：在学校开展"传世经典"的学习；把德育纳入国民教育体系；把通识教育真正落到实处；扩大文、理科的交流；给学校以"自主"身份，给教师较充裕的"自由空间"等等。事实上，不少高校已经开始这样做了。当然，整改措施若仅仅停留于此"头痛医头，脚痛医脚"的修补层次还远远不够，因为在教育自性

[①] 〔美〕詹姆斯·杜德斯达：《21世纪的大学》，刘彤主译，北京大学出版社2007年版，第67页。

迷失的背后涉及一系列配套机制的完善与改革,如果我们不能对诸如高校选拔制度、教师任用机制、教师职称晋升机制、学术评审机制、考核制度及相关的管理体制进行系统的完善与变革,教育自性的复归很可能沦为一句空话。

我们仍然回到"理想化的教育自性"的问题上,不消说,笔者探讨的自性——成人之教——始终是作为终极的、理想之教育,教育自身的本质属性规定了它将是一个动态的、长期的渐进过程,因为它追求的"人性完满"本身就属于"渐近性"目标,它只能无限接近(绝对完满的人性即是"神性"),当然也始终是一个"过程量"。因此,我们除了在制度、体制以及可操作的诸环节付诸努力外,尤其要树立起一种"历时性"的大教育观。这种大教育观至少可归纳为三层含义:其一,就范围而言,这种教育应为全民性教育,它并非局限于学校,更要扩展到整个社会。在资讯如此发达的今天,并非难事;其二,就时间维度而言,教育应为终身教育,此既是个体求道、修身之追求,亦为信息社会之必需;其三,就形式而言,此教育应为开放式教育,凡能促人以善、育人以真、启人之美的教育方式均可采取。譬如,一则声情并茂的公益广告、一段针砭时弊的相声乃至一部启人心智的电影均可看作"生活化的教育"或"艺术性的教育"。当下影响人们生活的各种媒体尤其手机中的短视频等更应该担当起"育人以善"的职责,不可一味"无厘头"地将人"娱乐至死"。

理论上探寻教育自性并非难事,然而让教育在实践中保持自性,断然非一篇文章所能解决。20世纪20年代末,曾任大学校长的蒋梦麟先生(1886—1964)在上海演讲题为《我们教育的出产品》时谈道:"据我个人的观念,我们以前所产的'主人翁','枯草',和所产的宰相圣贤,都是不对。我们要产的物品,是须具有三个条件的人。"① 这里的三个条

---

① 张春田编:《民国人文讲演集》,南京大学出版社2015年版,第103页。

件，即是"活泼泼的个人""能改良社会的个人""能生产的个人"①。其中"活泼泼的个人"是有活力的，大略对应于"美"；"能改良社会的个人"，主要对应于"善"，大学生当用"新道德"引领"旧风尚"；"能生产的个人"，主要涉及"真"的领域。大学生当拥有科学知识尤其要具备创造知识的能力，借此去生产、创造，为大众谋福利。近一百年过去，今天我们却依然停留在"自性"的讨论上。关于教育自性，也许我们"说"（抱怨）的太多，"做"的太少。今天，是行动的时候了。

---

① 张春田编：《民国人文讲演集》，第103页。

第二章 教育的节奏

"教育的自性"重在探讨教育之目的,教育的节奏重在探求教育的方法。"教育节奏"一词,源自英国哲学家怀特海,本意为知识层面的"浪漫—精确—综合运用"之训练,怀氏之论自有其重要价值。然"教育的节奏"并不局限于此,若以哲学视野观之,"节奏"意味着周期性、规律性:它既关乎生命的固有节奏,又关涉教育自身之规律。因此,探讨教育的节奏,当综合考量上述两种因素;同时,教育涉及"教""学"两个方面,故教育节奏之探讨亦应从教、学分别论之。探讨教育节奏,目的在于探索教育规律,提高教育质量。

一、"节奏的普适性"及"教育的节奏"
(一)节奏及其普适性

"节奏"一词,常见于音乐、舞蹈等动态的艺术活动中,当然在上述诸活动中,节奏更多地被称之为韵律。其实,无论节奏还是韵律,皆表征某种"周期性的活动",唯有当"外在"与"内在"协调一致,方可达成彼此的共振,即合节奏性。譬如,当演奏者(外在)符合音乐本身之内在节奏时,方呈现出优美旋律、韵律,否则,则可能制造出不谐之音,甚至是噪音。不独艺术活动有其节奏,世间诸物皆有其独特节奏,只是不为人所关注罢了。

概略说来，节奏可分为两种："先天固有的周期律动（内在节奏）"及"后天创造出的周期性律动（创造性节奏）"；或曰"固有节奏"与"创造性节奏"。

固有节奏。由于人们生活的星球本身即进行着周期性律动（地球围绕太阳运动，月球围绕地球运动），故造就春夏秋冬四季之轮回，造成潮涨潮落之周期性运动，此为本原之律动。受此"大环境"之影响，有机体（动物与植物）生命之展开亦必然地呈现出节律性的变化，无论是生命过程中呈现出的"婴、幼、少、青、壮、老"，还是就生命总体所呈现的"生、老、病、死"之现象，实则是"周期性的变化"，亦属固有之节奏：生命呈现的周期性无非是它符合了宇宙的本原周期（指星球的周期性运动）。此节奏或律动，任何人都无法避免，英国哲学家怀特海（1861—1947）认为，"实际存在物在微观世界中重复着宏观世界中的宇宙。它是从一种状态到另一种状态的过程，每一种状态都是其后继者完成继续前进的实在基础"[①]，怀氏所言甚是。从较长的时间看，人类的活动韵律不外乎星球周期性运动对人类的根源性影响及投射。其间，无论是本原的"周期性律动"还是由此带来的顺应周期性之节奏，皆凸显时间之因素，"时间在我们的基因里留下了深深的烙印，细胞是进化过程中的奇迹，是构成生命的基本物质，它有着众多神奇的功能，最令人称奇的就是它们可以感知时间"[②]。正是有了时间的感知，尤其对时间周期性的感知，人类才学会有意识地安排生活，使自己的生命、生活与自然的律动相匹配。譬如两千多年前的《月令》给出的"春生、夏长、秋收、冬藏"的生产性总原则（后人亦将此视为养生的原则），《黄帝内经》给出"顺应四时"的预防疾病的养生原则等等，皆建基于感知时间节奏的基础上。

---

① 〔英〕怀特海：《过程与实在》，杨富斌译，中国城市出版社2003年版，第392页。
② 〔英〕福斯特、克赖茨曼：《生命的节奏》，郑磊译，当代中国出版社2004年版，第IX页。

创造性节奏。"创造性节奏"则指主体（理性之人）运用特有之理性"创作"或探索出来的具有节奏性的理论或活动。就理论言，它包含自然规律的建构（严格地讲是对自然规律性的认知与描摹，科学家利用符号来描述自然规律，亦算得上是一种创造性的建构），也包括诸文艺理论之阐发。公式是自然界运行规律的摹本或节奏，因为它本身就是周期性的象征，不同数值之代入即表明其运行的周期性，何况有些公式本身就带有周期性，如正、余弦函数等。文艺创作中，诗歌当然是讲究节奏的典范，自不待言；其实，戏剧、小说乃至散文、书法也讲究节奏①。

节奏性明显的艺术活动，当以音乐与舞蹈为代表。譬如，作曲家创作的曲子，也许在大自然中压根不存在，然而作曲家却能借助想象力将和谐的节奏（或旋律）通过特殊的符码呈现出来；又如，舞蹈家抒发情感，可通过肢体的律动展现之。上述诸节奏皆非生命内在之固有，而是由科学家、艺术家创造出的（当然含有模拟的成分），故称之为"创造性节奏"。

节奏或韵律（规律）普遍存在于世界上，即便微观世界中貌似混沌、无序之运动，人们仍能从中勾勒出规律性（节奏性）的东西，若不然，人类就不可能认知世界；人类之所以能够认识世界，就在于其有序性、规律性（固有节奏与创造性节奏）。

一般而言，世间的活动大致分属两种节奏之一种或兼而有之。接下来要探讨的教育即是融两类节奏为一体的活动，因为它既关涉人的自然成长（生命节律），亦关乎人的创造性（即教育节奏）之培育。关于教育规律的问题，人们已从心理学、生理学、管理学等维度对教育的规律或教学原则进行过卓有成效的探讨；但是，以"教育的节奏"

---

① 因本文主旨在于探讨"教育的节奏"，故对作为创造性的节奏，如自然科学规律及文学、艺术理论等，仅作说明，不再进行严格论证。

为主题进行深入探讨者尚不多见。就国内而言，仅有的数篇还是以诠释怀特海的理论为主。鉴于"教育的节奏"对教育事业颇有助益，且其又不完全等同于宏观的教育规律，故而值得进一步关注、探讨。

（二）教育的节奏

"教育的节奏"（rhythm of education）概念之提出，首见于英国哲学家怀特海所著《教育的目的》。该著由怀氏的七篇讲座连缀而成，书稿虽短，但对教育提出了诸多富有启迪性的真知灼见，影响颇大。其中，"教育的节奏"即为其中最具创见性与影响力的观点。

何为教育的节奏？怀特海认为："所谓教育的节奏（rhythm of education），我指的是一个为每一个有教育经验的人所熟悉并在实际中要用的原则。"[①] 单从此综括性的定义看，怀氏之论似无新意，因所谓的节奏，本质上不过是教育应遵循的规律或原则而已。然怀氏的创新之处在于其内容的展开，其将黑格尔的正（thesis）、反（antithesis）、合（synthesis）辩证法过程同教育理论结合起来，且根据学生智力发展之过程，创造性地提出教育中的三个阶段，即"浪漫（romance）阶段、精确（precision）阶段和综合（generlisation）阶段"[②]。具体含义为：浪漫阶段是学生开始有所领悟的阶段，学生因对知识发生兴趣故涉猎广泛且对某方面有所领悟，但因缺乏系统化的理解，顶多表现为因对知识的兴奋而形成的片段记忆；精确阶段代表了知识的积累，"知识的广泛性居于次要地位，从属于系统阐述的准确性"[③]；综合阶段则有两层含义[④]，第一层是综合运用的能力，将准确的知识运用到具体问题中去，第二层含义则是"黑格尔意义上的理论综合，这是在增加了分类概念和有关

---

① 〔英〕怀特海：《教育的目的》，庄莲平、王立中译，文汇出版社 2013 年版，第 23 页。
② 同上书，第 27 页。
③ 同上书，第 28 页。
④ 关于"综合阶段"的内容，怀特海有不同的表述，笔者将此进行了整合。

技能之后重又回归浪漫。这是精确训练的目的。这是最后的成功"①。三个阶段,并非一次完结,而是反复循环,进行周期性的重复,此构成"教育节奏"的主要内容。当然,在高年级及大学教育中,教育尚涉及自由与训练的节奏。怀氏颇看重之,他认为,"通往智慧的唯一途径是在知识面前享有绝对的自由;但是通往知识的唯一途径是在获取有条理的事实方面的训练,自由和训练是教育的两个要素"②,好的教育应按照"自由—训练—自由"的周期有节奏地运行。并且,"自由—训练—自由"的节奏不是孤立的,而是同"教育三阶段"密切关联:自由与训练的节奏建立在"浪漫阶段—精确阶段—运用阶段"的基础之上,并与三阶段进行结合。正如怀氏所言,"我称第一个自由阶段为'浪漫阶段',称中间的阶段为'精确阶段',称最后的自由阶段为'综合运用阶段'(指训练阶段,作者自注)"③。

若对怀特海所持的"教育的节奏"进行分析,其所谓的节奏可归属于上文提出的"固有节奏"与"创造性节奏"。所谓教育的固有节奏,是指人类固有的认知规律,它同生命相关,只有教育符合人类本有的认知节奏,教育方能取得良好的效果;所谓教育的"创造性节奏",乃是教育家根据教学特点并结合学生的智力水平创造出的教育原则。

鉴于"教育的节奏"包含"施教者"与"受教者",故关于教育节奏之探讨当分别从"教之节奏"与"学之节奏"进行展开。

二、"教"之节奏

"教"之节奏,乃从施教者(主要是教师)的视角,去考察"教"应遵循的规律及原则。根据上述两种节奏之划分,相应地,"教之节

---

① 〔英〕怀特海:《教育的目的》,庄莲平、王立中译,第29页。
② 同上书,第43页。
③ 同上书,第44页。

奏"之探讨亦从两个层面进行。

（一）教之节奏应遵循人类"内在生命成长律"（指身体、心智发育规律[①]）

所谓"内在生命成长律"，是指个体在身体、心智等发育、成长过程中所表现出的共性特点。从教者若能洞悉生命成长规律，进而施以相应方法，使学生的身心成长与教育"若合符节"，或曰外在教育符合生命的内在节奏，则堪称"完美的自然教育"。美国著名哲学家、教育学家杜威在阐发卢梭的"自然的教育思想"时指出，"教育不是依靠外力把什么东西强加给儿童和青年，而是让人类与生俱来的各种能力得到成长"[②]。好的教育莫过于"让外部教育符合生命内在规律性"的自然教育，此为教育界之共识。譬如，意大利著名教育家蒙台梭利即认为，幼儿在特定时期存在令人惊赞的敏感力，"孩子在他们的敏感期，会表现出惊人的能力"[③]；现代心理学表明，3—6岁的孩子记忆力处于黄金时期，此时若能引导孩子记诵经典或学习语言自然非常有效。相比之下，成年人的记忆力、敏感力皆有所下降，但其抽象思维力、理解力则日益成熟。故好的教育，当遵循生命之自然节奏；反之，若让三四岁的幼童学习逻辑，让年长之人去记诵大段诗文，或者让老者学习瑜伽等，皆违背生命内在律，显然不合时宜。古人对此亦有心得。孔子晚年曾言，"吾十有五而志于学，三十而立，四十而不惑，五十而知天命，六十而耳顺，七十而从心所欲，不逾矩"[④]，此论固为夫子生命历程之总结；然换个角度，其中亦暗含"教育应符合生命节奏"之思路。

[①] 教育既包含心智教育如知识教育、情感教育等，亦包括身体教育如体育、体型塑造及肢体表达（如舞蹈）等。
[②] 〔美〕杜威：《杜威全集》（第八卷），华东师范大学出版社2012年版，第168页。
[③] 〔意〕蒙台梭利：《童年的秘密》，成墨初、芮青蓝编译，中国妇女出版社2011年版，第41页。
[④] 杨伯峻：《论语译注》，第16页。

试想，让十五岁的少年去知"天命"，或者让少年做到"从心所欲，不逾矩"，岂非笑谈！现代哲学家更是明确指出生命成长与教育关系的重要性，怀特海就明确指出，"生活与所有智力或情感认知能力的某种基本特征存在着关系，如果你不能成功地展示出这种存在的关系，那么，你就不可能把生活嵌入到任何普通教育的计划之中"①，此间就强调了生命成长与教育之间所存在的密切关系。

从"内在节奏"即生命律言，从教者当具备以下基本素质。

（1）要具备关乎生命成长、心理认知的科学知识。教师及教育主管部门应尊重生命，尊重生命科学，尤其要熟悉包括"教育心理学""心理认知""心智成长"及关乎生命成长的科学知识。如此，方有利于教师按照生命的固有节奏，合理地展开教学。古人对此已有所觉察，《周易》蒙卦卦辞"蒙：亨。匪我求童蒙，童蒙求我。初筮告，再三渎，渎则不告。利贞"②，即是例证。仅就卦辞内容看，描述的是"老师"不允许蒙童的反复追问与质疑，否则将亵渎"师道尊严"（"再三渎"）。然若换个角度，童子因"蒙"发问，"蒙"代表驱动好奇心的动力，"'蒙'而生的好奇心是求知的动力。因陌生蒙昧而生好奇，因好奇而欲求知，这是人类与生俱来的天性"③。如此解读，《蒙》卦实则符合了现代认知心理学，算得上中国最早探讨认知心理的尝试了。其后的历代经典中，不乏类似文献，但就心理学维度系统探讨教育与认知的阐述而言，我国古代乃至近代皆付阙如。

关于教育心理、认知心理等学科，西方成果更为丰厚。如果说苏格拉底的"助产术"思想尚属教育心理学之"萌芽"，那么，18世纪德国教育学家赫尔巴特的《普通心理学》则属"成熟的果实"了。赫

---

① 〔英〕怀特海：《教育的目的》，庄莲平、王立中译，第12页。
② （明）来知德：《周易集注》，胡真点校，上海古籍出版社2013年版，第33页。
③ 廖亦冰：《易经解密》，上海辞书出版社2012年版，第251页。

尔巴特（1776—1841）是世界上明确提出将心理学作为教育学理论基础的第一人，其著对教育实践影响颇大。此后教育心理学著作更是硕果累累：譬如 19 世纪俄国学者乌申斯基、卡普捷列夫开始系统地将心理学用于教育，19 世纪末 20 世纪初德国的莫依曼和拉伊分别就儿童心理进行了系统的研究；自 20 世纪中期以来，认知心理学、认知哲学等更是得到长足发展，美国学者罗杰斯提出"以学生为中心"的人本主义说、苏联的巴甫洛夫发现"条件反射"、皮亚杰给出"认知结构说"等等，皆对教育实践具有广泛的影响。亦因此，西方发达国家的中、小学师资在"专业性"方面（懂得教育心理规律）要求颇高，硕士、博士进小学任教不足为奇。此中缘由，诚如美国著名哲学家杜威（1859—1952）解释的那样："为什么教师要研究心理学、教育史、各科教学法一类的科目呢？有两个理由：一、有了这类知识，他能够观察和了解儿童心智的反应——否则便易于忽略。二、懂得了别人用过有效的方法，他能给予儿童以正当的指导。"①

当下，我国中小学的师资水平固然有了相当大的进步，但与发达国家相比，无论在"专业性"还是在综合素质方面，尚有一定差距。如此看来，教师除了具有必备的专业知识外，尚应自觉、主动地学习并借鉴教育心理学、认知心理学等举凡关乎生命成长的前沿科学知识及相关方法（如现象学方法），择其"善"而用之于教育实践，以便使教育更符合人的生命节律。

（2）要善于"识"人。生命的趋同性固然表现出类的规律性，此为"教"之总体设计提供了可能。但从教者，亦须知晓不同的个体之间在智力、性情、偏好等层面各有不同，甚至存在较大差异，亦因此，孔子甚至说出"唯上智与下愚不移"②的话。孔子之言也许过于绝对，

---

① 〔美〕杜威：《思维与教学》，孟宪承、俞庆棠译，商务印书馆 1936 年版，第 248 页。
② 杨伯峻：《论语译注》，第 253 页。

但从教者切不可否认先天因素对教育的影响。故而，好的老师当能识人，以便发挥出更大的作用。爱因斯坦对此颇有明见："你应该设法记住，一个尽职的教师是一位可贵的来自过去的信使，也会是送你到未来的护送者。"① 怀特海亦言："在教学中，一旦你忘记了你的学生是有血肉的，那么你就会遭遇悲惨的失败。"② 唯有知晓每个有血有肉的生命，知晓其接受能力，知晓其对知识的掌控程度，方能因材施教，成为护送学生走向未来的信使；否则将导致《学记》所言的四失："学者有四失，教者必知之。人之学也，或失则多，或失则寡，或失则易，或失则止。此四者，心之莫同也。"③ 此凸显了识人的重要性。

孔子可谓"识"人之典范，弟子性情不同，故其对同一问题的回答亦因人而异："孟懿子问孝。子曰：'无违'。……孟武伯问孝。子曰：'父母唯其疾之忧。'子游问孝。子曰：'今之孝者，是谓能养。至于犬马，皆能有养；不敬，何以别乎？'"④ 孔子所论固然是关于伦理、道德的问题，其实即便关乎科学问题，亦应因人而异：这一则在于，对某特定问题，不同阶段当有不同解答，譬如小学、中学与大学对同一问题的理解并不尽同，何况知识本身亦处于"变动不居"的发展之中，岂有一成不变的标准答案？二则，人的接受能力不同，智力一般者，举一答一，思维活跃者，举一反三，老师的解读当然应具有权变性、启发性。

当下"识人"颇有难度。古代社会的私塾、学堂或书院，由于学生人数少，且师生几乎朝夕相处，毫无距离感，老师对学生的禀赋、偏好及性情等了如指掌，故能较好地展开"因材施教"（孔子即为其卓

---

① 〔美〕艾利斯·卡拉普赖斯编：《新爱因斯坦语录》（上），范岱年译，上海科技出版社2008年版，第73页。
② 〔英〕怀特海：《教育的目的》，庄莲平、王立中译，第67页。
③ 《礼记·学记》，第122页。
④ 杨伯峻：《论语译注》，第17—19页。

越代表)。现代教育则否,某种意义上,将现代大学比为"知识培训流水线"并不为过。姑不论老师与学生的相处时间短——基本以一学期为限;且学生人数众多,动辄上百人(公修课尤其如此),一学期下来,老师甚至叫不出学生的名字,何谈识人?何谈因材施教?硕士、博士阶段,情况似有好转,大部分导师尚能了解学生的性情、追求,但受众毕竟过小,且学生的学习习惯(尤其博士生)已然养成,教师的作用并不明显。因此,理想的模式莫过于本科教育阶段实行"导师制"或"小班教学"。比如,牛津大学的"导师制"(最初为"一对一"或"一对二")已沿袭八百多年,至今仍然继续沿用;当然,限于经费紧张,当下牛津大学的"学术研讨班一般而言已至10至12人"[①]。即便如此,"导师制"下的"学术讨论班"亦有利于导师"识人",益于因材施教:导师对学生的不同的辅导阶段(前、中、后)皆有针对性的指导,使学生的学习符合生命之节奏(与其能力、兴趣相匹配)。牛津大学取得了举世瞩目的辉煌成绩,自不必言。另一显著例证则是西南联大的小班教学,据杨振宁先生回忆,当时物理系"共有约10位教员、10位助教、几位研究生和一些本科生,本科生每班不到20人"[②],此颇有助于老师"识人"与"因材施教",无怪乎西南联大创造了中国教育史的奇迹。

(3)"施教者"当重视中小学教育。鉴于我国在本科阶段实行"导师制"及"小班教学"颇不现实,故而,当重视中学阶段的"因材施教",发挥中小学教育的识人优势。因为中小学的老师与学生接触时间长,老师基本上对学生有一个较全面的了解,此时若能针对学生的智力水平、兴趣爱好进行评估后给予分门别类之指导,并借此培养其自

---

① 〔英〕大卫·帕尔菲曼编:《高等教育何以为"高"》,冯青来译,北京大学出版社2011年版,第3页。
② 杨振宁:《曙光集》,生活·读书·新知三联书店2018年版,第196页。

学能力，颇能弥补大学教育"识人"短板带来的不足。更何况，中学阶段可塑性强，正是培养兴趣与良好习惯的大好时机，故切不可忽视中学教育的影响。爱因斯坦就认为，"我一直没有机会教青少年，真遗憾。实际上，我很喜欢在中学教书①"；教育家夏丏尊先生在春晖中学任教期间，"曾有大学请他任教，被他谢绝，他认为中小学教育更能影响一个人的一生"②。英国著名思想家以赛亚·伯林（1909—1997）同样肯定了中小学教师的重要作用："一个有才华、有热情、有爱心的中小学老师，在某个非正式场合闲谈几句，就可能对学生产生积极或消极的影响，这个道理众人皆知。"③当然，更有说服力的则是曾任诺丁汉大学校长的杨福家先生（复旦大学原校长），作为教育家的杨福家先生，尤其看重中小学教育，"学生有没有创造力，关键在中小学，中小学关键在教师，教师会启发学生很重要"④。方家之谈，尤值得重视。

（4）善于知"时"、用"时"。知"时"建立在"识人"的基础之上。正如每朵注定绽放之花有其内在节律一样，每一个体同样有自己成长之"时"。优秀的教师，须懂教育之"时"。孔子识"人"，故能因材施教；孔子知"时"，方可能培养出一大批著名弟子。知"时"，意指教师在教之过程中能拿捏到分寸与火候，火候不到，则"引而不发"；火候到了，轻轻一点，问题迎刃而解。孔子擅长此道，所谓"不愤不启，不悱不发。举一隅不以三隅反，则不复也"⑤，可谓典范，难怪孟子谓"孔子，圣之时者也"⑥！其实，以"得天下英才而教育之"⑦为

---

① 〔美〕艾利斯·卡拉普赖斯编：《新爱因斯坦语录》（上），范岱年译，第73页。
② 张清平：《一钩新月水如天》，《读书》2004年第5期。
③ 〔英〕以赛亚·伯林：《观念的力量》，胡自信、魏钊凌译，译林出版社2019年版，第326页。
④ 杨福家：《从复旦到诺丁汉》，上海交通大学出版社2013年版，第129页。
⑤ 杨伯峻：《论语译注》，第68页。
⑥ 杨伯峻：《孟子译注》，中华书局2018年版，第257页。
⑦ 同上书，第344页。

乐事的孟子亦知"时",否则他不能说出"君子引而不发,跃如也"[①]这样的话来。另,《学记》中有颇多知"时"的系统论述:"记问之学,不足以为人师。必也其听语乎!力不能问,然后语之;语之而不知,虽舍之可也。"[②]意为:当知识超越了学生的接受能力,则应及时终止(舍之),可谓知"时"!《学记》又言:"大学之法,禁于未发之谓豫,当其可之谓时,不陵节而施之谓孙,相观而谓善之谓摩,此四者,教之所由兴也。"[③]其中所言的"豫""时""孙"针对学前、学中等学之顺序进行说明,皆因时而论,意在强调老师的指导之"时";"摩"即观摩、学习他人优点,更好地掌握教之节奏("时")。

用"时",意指教师在充分掌握学生性情、能力的基础上,训练其"学以致用"的能力。俗语云,"打铁要趁热",学生在掌握了"精确知识"后,教师应指导学生适时实践、应用之:学生掌握了几何的公理、定理后,应能证明相关的几何问题;学生掌握了新词汇,应尝试着进行造句……"就精确知识言,秘诀就是速度,速度,还是速度。迅速地学习知识,然后加以运用。如果你能得心应手地运用知识,你便牢牢地掌握它了。"[④]孔子言"学而时习之","时习"之"习",绝非单纯的记诵式"复习",更意味着实践与运用。当然,用"时",在怀特海"知识节奏"中表现为"浪漫阶段—精确阶段—综合运用"之程序中的最后一环,即"综合运用"所学知识以解决问题。完成一个阶段的周期后,则进入下一个周期,如此周而复始。

为了更好地知时、用时,势必要求教师练就掌握火候、判断节奏的"火眼真睛"。由是,建立一套行之有效的"沟通—反馈"机制就显得特别重要。

---

① 杨伯峻:《孟子译注》,第358页。
② 《礼记·学记》,第126页。
③ 同上书,第120页。
④ 〔英〕怀特海:《教育的目的》,庄莲平、王立中译,第50页。

（5）建立有效的"沟通—反馈"机制。有效的"沟通—反馈"机制能让老师及时掌握学生的学习情况并及时做出调整。通常运用的沟通—反馈机制主要包含以下内容：a. 座谈。授课老师邀请不同层级（指"接受能力"及成绩不同）的同学座谈，以便了解同学掌握知识的现状及教学中存在的问题。b. 问卷调查。此配合座谈之不足，因"面对面"的座谈，有些问题学生或不便说出或对问题有所遗漏，故教师可针对课程进度、内容难易度、教学方法及同学掌握程度等方面设计问卷进行调查，根据反馈意见适当调整教学节奏。c. 单元测试。此方案可完善座谈与问卷调查之不足，譬如，"知识的掌握程度"单纯用"好"或"一般"皆过于模糊，如进行水平测试，则更精准；若同学普遍掌握较好，则按照既有的节奏继续进行；若否，则应及时调整，以适应学生的学习节奏。这里须指出，考卷一定由任课老师自己命题，如此方能确保教师知晓学生的实际状况，因为"所有用来考察单个学生情况为目的的外部考试制度，都不可能有效，而只能造成教育的浪费"[1]，那样的考试是不能起到应有作用的。d. 现场提问。若是小班教学，如研究生教育，则可采用现场提问的方式，此法更为高效，能帮助教师直接发现问题。为了获得精准的信息，上述"沟通—反馈"机制或方法，当根据情况综合运用之。

（二）"教之节奏"应围绕"教育规律"（创造性规律）而展开

教育是人类特有的创造性活动，在数千年的教育实践中，尤其随着认知科学、心理学的发展，人们对教育的目的及教育自身特有的规律有了深入的认知，故而，教育实践要有合理的安排，教育实践应符合教育自身之规律。

（1）课程的总体安排应体现教育之目的[2]，教师施教与课程规划亦

---

[1] 〔英〕怀特海：《教育的目的》，庄莲平、王立中译，第19页。

[2] 关于教育的目的，尽管不同教育家的论述各有侧重，但亦有其共性，即皆包含"教育将培养健全、和谐的人格"之内容，详见第一章"教育的自性"。

应配合之。关于教育目的之探讨，尽管众说纷纭，但总体看来，人们倾向于将其定位于围绕"人的全面发展"（爱因斯坦所谓"和谐的人"）而展开；相应地，课程的总体安排应凸显此义。当然，不同性质的学校，课程安排当有所侧重，比如，小学不同于大学，职业学院不同于一般院校。

我国古代教育的课程设置存在着"重德轻智（知）""重文轻理"之弊端，尤其明清时期，以"四书五经"取士的科举制度禁锢了国人的思维与视野，故造成自然知识层面上（自然科学）的能力缺失。1898年始建立具有现代大学性质的"京师大学堂"（1905年废止科举制度），方开启了"以人的均衡发展"为目的的课程设置；新中国成立后，教育目标又历经由"三好"（德、智、体）向"五好"（德、智、体、美、劳）之转变，课程设置亦日益合理。百年来，课程设置虽有辗转甚至曲折，但总体向好，围绕"以人为本"（人是目的）、"人的全面发展"之轴心展开。

然而，课程落实层面尚有不足，主要表现为：a. 某些"非主流""非考试"的课程得不到应有的重视。如音乐、美术等课几乎形同虚设，足见国人的"实用性"观念之强大。b. 课程的不切实际的盲目推广。如在某些偏远地区不切实际地盲目推广"慕课""网课"等等。c. 中小学普遍存在"副科"为"主科"让步，主课之间相互竞争之不良状况。前者不利于学生的全面发展，后者易打破学生的学习节奏。怀特海在20世纪20年代末就指出其弊端："我们要避免在发展循环周期的同一时段进行不同科目的竞争，旧教育的弊端在于对单一的无明显特征的科目给予无节奏的关注。"[①] 此种现象在当下依然存在，值得注意。d. 课程考试过于密集，学生疲惫不堪。其实，考试没必要那么频繁，有些科目，只要学生达到了教育目标，就没必要考来考去。杨福

---

① 〔英〕怀特海：《教育的目的》，庄莲平、王立中译，第31页。

家院士甚至建议，即便高考，也没必要考全科，"以后招生考试就考语文、数学和外语就行了"①。杨院士的建议也许有"超前"之嫌，但颇值得参考。

上述问题之存在，除了"功利性思维"外，尚在于部分施教者未必清楚课程安排的真正目的。培根在四百年前就给出答案："史学使人睿智，诗歌使人聪慧，数学使人缜密，自然科学使人深刻，伦理学使人庄重，逻辑和修辞使人善辩。"②此言，不同课程之设置皆在于培养学生不同的能力，课程的总体设置体现教育的根本目：培养"集真、善、美为一体"的和谐人格。顺便指出，培根所言的逻辑之功用不仅仅在于善辩，它更是人们认识世界的有力工具。施教者不可不察！

（2）教学展开应遵循知识体系自身之节奏。任何具体科学知识都有自己的内在规律，教学进程应合乎规律地展开。就教育的总体规划而言，应大致按基础课、专业基础课、专业课的次序展开。具体到教学实践中，课程的展开方式大概可划分为：a.合乎逻辑地展开。以几何学为例，有公理、有定理、有推论。正常的学习方法应该是先公理，后定理，然后在此基础上得出"推论"，而不是相反。b.合乎人的认知习惯，即应按难易程度而展开。正如英国思想家赫伯特·斯宾塞（1820—1903）认为的那样："掌握每门学科必须通过一条从简单观念逐渐到复杂观念的道路。通过逐步吸收这些观念就形成了一些相应的能力；要真正能被吸收，这些观念就非按照正常的次序注入人心智不可。"③知识之传授大多按难易程度展开，由浅入深，既符合人们的认知习惯，亦符合知识自身之发展规律，中小学教育尤须如此。c.合乎优选方案地进行。此方案是对 b 方案的有效补充。以数学教育为例，似

---

① 杨福家：《从复旦到诺丁汉》，第134页。
② 〔英〕培根：《培根论人生》，王旭译，海峡文艺出版社2019年版，第207页。
③ 〔英〕赫伯特·斯宾塞：《教育论》，胡毅译，人民教育出版社1962年版，第54页。

乎应该先加减后乘除,先简单后复杂,然而"在复杂的教育实践中,把较难的内容往后放并不是解决问题的有效方法"①,因为数学学习最难的部分是代数的原理,但这部分却要放在相对比较简单的微积分之前学习,这样更符合认知节奏。总之,无论采取何种方式,皆应遵循知识自身的"发生"规律,不可"一刀切",尊重知识自身的规律即是最好的教育规律。

(3)教学过程中应处理好"张弛"之节奏,避免出现"过松"与"过紧"的极端状况。具体而言,大至学期课程之安排,中至章节、单元之进度,小至"课堂"上的分寸之掌控,皆应符合"张弛"节奏。以学期课程安排为例,学校应根据学生的接受能力合理排课,且不可太多②。现在大学排课的主要问题就是排课太多,导致学生学习兴趣尽失。梁启超在百年前就指出其弊端:"若在一个时期内,同时做十来种的功课,走马观花,应接不暇,初时或者惹起多方面的趣味,结果任何方面的趣味都不能养成。那么教育效率可以等于零。"③况且,太多的课程也不利于深度学习,爱因斯坦认为,太多的学科或课程将导致青年人的负担过大,是不利于独立思考的,"负担过重必导致肤浅。教育应当使所提供的东西让学生作为一种宝贵的礼物来领受,而不是作为一种艰苦的任务要他去负担"④。至于为"学分而学分"的排课,无疑会造成教育精力的极大浪费,那着实令人遗憾。

课程的单元、章节之学习,自然要涉及考核或训练的问题。训练于中小学生言,则是做题;对大学生言,则是"实践"(如"调查实作"、实验)或"思想实验"(论文或报告)。训练固然重要,但一定要

---

① 〔英〕怀特海:《教育的目的》,庄莲平、王立中译,第 24 页。
② 就目前现状言,普通高校的课程普遍设置过多,一学期安排十余门课程的并不少见,美国高校一学期一般开设五门课。
③ 梁启超:《拈花笑佛》,陕西师范大学出版社 2007 年版,第 276 页。
④ 〔美〕爱因斯坦:《爱因斯坦文集》(第三卷),许良英等编译,第 310 页。

调整好自由与训练的节奏,切记:训练不过度。适当的训练当然有益于知识的巩固与应用,但过度的训练会导致学生的紧张,甚至引起逆反心理或厌学心理,那绝对是得不偿失的。怀特海亦有此见:"教育中过分严格的训练是极其有害的。积极而富有创新精神的思维习惯,只有在充分自由的环境下才能产生。不加区别的严格的训练使心智迟钝,反而实现不了自身的目标。"[1] 不消说,怀特海给出的"自由—训练—自由"的节奏是值得借鉴的。

在教育的最小单位——堂课——中,老师亦应掌控好内容难易的节奏,尽量避免出现因"过难"或"过易"而导致学生积极性降低、注意力转移的状况。若然,老师应及时调整内容,以便保持"教""学"之间的必要张力("张弛节奏");又,若学生因对艰深内容或因其他因素而呈现出过于紧张或过于松弛的情绪,老师应当适当停顿,及时调整节奏(包括语速、内容等),改变气氛,力求保持堂课的活力与引力。

三、"学"之节奏

正如"教"有其规律一样,"学"同样有其规律或节奏,尤其今天的教育正在发生重要转变,"从强调传授知识和技能转到重视学生的主动学习"[2]。"在一个知识驱动的世界里,学习不会再被看作是一次就足够或者是一个断断续续的过程。人们需要不断地学习以使他们的知识和技能与时代合拍。"[3] 终身学习的理念与"虚拟大学""网上课堂"的出现,日益突显了"学"之重要性。某种程度上,学会"学习",已构成21世纪教育之主旨。

对于"学"之探讨,古今中外皆重视之。《学记》云,"虽有嘉肴,

---

[1] 〔英〕怀特海:《教育的目的》,庄莲平、王立中译,第45页。
[2] 〔美〕詹姆斯·杜德斯达:《21世纪的大学》,刘彤主译,第81页。
[3] 同上书,第83页。

弗食，不知其旨也；虽有至道，弗学，不知其善也"①，足见古人对学之重视；《学记》又云，"善学者，师逸而功倍，又从而庸之。不善学者，师勤而功半，又从而怨之"②，则强调了学习方法的重要性。善学，则言学习应符合规律，"所学"当符合趣味，如此则"师逸而功倍"。牛津大学法学院士彼得·墨菲尔德指出，"学习什么内容不重要，怎样去学习它才至为关键"③，即强调"学会学习"的重要性。德国哲学家海德格尔在分析"知"之概念时，更是从哲学角度探讨了"学"的重要性，他认为，单纯有知识，并不是知，"尽管一个人可能拥有上述知识的同时还有几手实际技能，但他仍然茫然无知，仍然必不可免地是个半瓶醋。为什么呢？因为他没有知，而所谓的知就是：能够学习"④。此益发强调了学之重要性。

"学"之节奏依然从生命固有节奏及"学习规律"展开探讨。

（一）"学"须遵从生命律

与"教"一样，"学"同样要遵从生命固有之节律，符合生命节拍，否则外在之"学"很难进入灵魂，即便进入，也会很快遗忘。

（1）"学"最终须找寻到能与生命相应和的、挠到生命痒处的"所学"，即所谓的"兴趣之学"。科学发展史表明，举凡能在学术领域做出一定贡献者，其研究领域当为其兴趣之所在；同理，若要"学"至佳处，亦需对"所学"持有强烈之兴趣。由此可知，发现自己的兴趣就显得十分重要。低年级学生兴趣之发现，多依赖老师及家长的观察——在老师、家长的鼓励下，甚至低年级的"好奇"亦能培养成终生之兴趣。诚如爱氏所言："一定不要忽视学生对特殊专业的爱好，特别是这些爱好自身通常是早年就显示出来，这是由个人的天赋、家庭

---

① 《礼记·学记》，第115页。
② 同上书，第125页。
③ 〔英〕大卫·帕尔菲曼编：《高等教育何以为"高"》，冯青来译，第97页。
④ 〔德〕海德格尔：《形而上学导论》，熊伟、王庆节译，商务印书馆2012年版，第23页。

成员的榜样及其它各种机缘所促成的。"①然而，鉴于当下小学低年级学生"兴趣班"培训过度等状况，非但很难断定其兴趣所在，甚至过于频繁的培训会毁掉学生的兴趣。因此，兴趣的发现亦应付出耐心；至于对兴趣之培养尤应顺势而为，不可揠苗助长。

对于理智健全的中学生尤其高年级学生言，真正的兴趣与爱好实可通过自省、自察而获知：姑不论它源于天生还是由后天培养，倘感到某种学科、某种学问与生命相契合，甚至有"须臾不可或缺"之感，此即为真正兴趣之所在。按现代大哲牟宗三（1909—1995）先生的话讲，"这一门学问究竟能不能够进到你的生命核心里面去，究竟能不能够将来从这个生命的核心里发出一种力量来吸收到这个东西"②。若能找到这个感兴趣的东西，尚须"通过自我对话和行动煽旺火焰，每天为好奇心的火焰添柴加薪"③，这样的"学"不再是一种负担，而是一种快乐与享受，自然也会学得更久，钻得更深。

必须强调，学生兴趣的发现与培养最好在进入大学前完成，这样学生能怀揣梦想去实现自己的理想，否则，将造成不必要的浪费。因为一则"学"终将有所聚焦，"即使最有天赋的学生，由于人生时间有限，也不可能在每一方面都全面发展。因此学习必须有所侧重"④；二则，大学教育绝非仅限于"接受"固有之知识，更在于年轻人迸发出思想的火花与探索真理、开拓未来的勇气，此尤其彰显兴趣的重要。诚如诺贝尔物理学奖获得者 N. F. 莫特（Nevill Francis Mott, 1905—1996）认为的那样，"大学的任务是刷新它们（基础研究、应用研究和技术）之中的任一领域，让有才能的工作者追求他对所选择课题的兴

---

① 〔美〕艾利斯·卡拉普赖斯编：《新爱因斯坦语录》（上），范岱年译，第69页。
② 牟宗三：《生命的学问》，广西师范大学出版社2005年版，第101页。
③ 〔美〕艾丽卡·安德森：《学习力》，林梅、蔡东明译，电子工业出版社2018年版，第164页。
④ 〔英〕怀特海：《教育的目的》，庄莲平、王立中译，第65页。

趣"①；否则，大学将蜕变为"知识复读机"，变成"就业培训中心"。

九十多年前（1929），怀特海对当时教育现状批评道："在最近的三十年里，英国的中学一直在向大学输送大批令人失望的年轻人。这些人就像接种了预防智力热情蔓延的疫苗，拒绝任何智慧的火花迸发。"②言外之意，大学生很少能找到自己的兴趣，故不利于"智慧火花的迸发"。遗憾的是，此现象在当下之中国亦普遍存在，即是说，大学生普遍没有或不能发现自己的兴趣，此种情况应引起人们的重视。

（2）合理调配、调整时间，使"学"与人之智力发展及生物韵律（包括记忆、情志等）相适应。怀特海认为，智力发展的过程显示出一种节奏性，教育质量必须要适应学生智力发展的相应阶段。善学者当尽可能使智力发展水平与"学"协调起来；善学者，即便是兴趣之学，亦要合理安排，不可让不合时宜的学习败坏了兴趣。怀氏进一步指出智力发展的黄金期，"我们必须要记住：自我发展才是最有价值的智力发展，这种发展通常是在16岁和30岁之间发生"③；他还将智力发展的节奏进行相应划分：浪漫阶段从童年一直延伸到14岁；14—18岁的中学时期则属精确阶段，18—22岁的大学时期属综合运用阶段。孔夫子的"十五志于学"，亦暗含智力发展之节奏。既然智力发展有其内在节奏，那么"学"者应在宏观上把握此规律，在适合的年龄段做合适的事，让能力与内容相匹配，如此之"学"才符合教育规律。

在微观层次，"学"应符合大脑运作规律。大量的教育实践表明，人在早上6—7时与晚上9—10时记忆力最好，上午8—10时思维较敏捷，下午2—4时理解力较好。学校排课一般遵循"大概率的生物钟"：如，早上安排晨读，上午一二节一般安排自然科学类，下午多为人

---

① 阎康年：《卡文迪许实验室——现代科学革命的圣地》，河北大学出版社2000年版，第390页。
② 〔英〕怀特海：《教育的目的》，庄莲平、王立中译，第52页。
③ 同上书，第1页。

文社科类。具体到个人的学习，尤其自学时间，善学者当知晓自己的"生物钟"：一天中，哪个时段适合记忆力，哪个时段适合读哲学，哪个时段适合做数学，作为高年级学生应该心中有数并能自觉调整，尽可能地让"学"与生命的内在节奏协同起来。

心志（智）、情绪对"学"影响颇大，善学者应觉察之。古人对此亦有所感悟，如清代张潮在《幽梦影》有言："读经宜冬，其神专也；读史宜夏，其时久也；读诸子宜秋，其致别也；读诸集宜春，其机畅也"①；钱大昕曾撰对联"刚日读史，柔日读经"，亦言心志与学习的关系。曾任英国牛津大学新学院院长的 A. H. 史密斯颇重视大学生心智的稳定性："没有人能够否认或者忽视这样一种心智品质在人们生活中的重要性，也无法估量拥有这种心智品质的人所产生的深远影响。"②

当然，现代认知科学尚注重情绪对学习的影响，如加拿大学者保罗·萨伽德指出，"学习可以是一种高度情绪化的体验，想想有多少次你曾被乏味的讲座折腾得昏昏欲睡，或者因一位充满活力的老师而备受鼓舞和激励"③，就能切实地感到情绪对学习状态的影响④。关于情绪与学习的相关性，目前学界尚无权威之定论。但心志、情绪与学习确实存在重要关联，则是毫无疑问的。因此善于学习者，应学会调整自己的心智与情绪。尽量将其调整至稳定状态，如果情绪实在不在状态，则宁愿停下来。因为即便最感兴趣的学科，长时间紧张的学习也会让人兴味索然，何况在情绪不佳的状态下以"忍受的姿态"去学！

除了把握上述的节奏外，还应在张弛有度的自我调节中"体会"

---

① （清）张潮：《幽梦影》，吉林文史出版社 1999 年版，第 1 页。
② 〔英〕A. H. 史密斯：《大学里的学习》，载〔英〕大卫·帕尔菲曼编：《高等教育何以为"高"》，冯青译，第 242 页。
③ 〔加〕保罗·萨伽德：《心智：认知科学导论》，陈梦雅译，上海辞书出版社 2012 年版，第 186 页。
④ 美国学者 K. T. 斯托曼是较早重视"情绪心理学"的，著有《情绪心理学》，值得从事教育工作者参阅。

灵感之时机。"灵感"是生命的机遇,是上苍的馈赠;当然只有深思者、善思者才有获取的资格。灵感之出现固无必然之律,但仍有迹可循。正如战场中的突然沉寂往往预示着一次更加猛烈的战斗一样,大脑长时间高度紧张之后的"偶然"放松,很可能预告着灵感的到来。因为灵感总是产生于紧张与松弛的间隙——沃森与克里克就是在散步中得到了 DNA 分子结构,并因此获得诺贝尔生物学奖。故善学者,当把握节奏,张弛有度,既要提高学习效率,又要学会放松,尤其不放过任何一次闪光的"灵感"。

(3)根据学科的性质,处理好兴趣与创造的关系,使之符合生命的节拍。就教育的一般目标言,"学"在于获取知识,但学习知识的深层目的则在于培养创造力、在于创造新知识。故而,"学"者应明晓不同领域的知识创造与生命成长的相关性。

科学发明史表明,在数学、物理基础科学[①]及自然科学领域,人一生中最富有创造性的黄金年龄在 30 岁左右。譬如,牛顿发明微积分时 22 岁,居里夫人发现镭时 31 岁,爱因斯坦最重要的三篇论文是在 24 岁完成的、26 岁因"光电效应"获诺奖,发现"弱作用中的宇称不守恒"而获诺奖的李政道、杨振宁其时分别是 31 岁、35 岁,丘成桐获得费尔兹奖时年仅 33 岁……目前诺奖最年轻纪录保持者是英国的小布拉格,在 1915 年获诺奖时仅 25 岁,做出贡献时尚是剑桥大学的学生[②]。在自然科学领域,40 岁已成为"老人"了,因为自然科学除了必要的基础知识外,更需丰富的想象力、大胆的假设与无畏的质疑精神,此皆充满活力的年轻生命之专利。故若从事此领域的学习与研究,当抓住生命中的"黄金年龄",孜孜以求,"猛着精彩",试图完成理论的创

---

① 一般认为数学、物理属于基础学科,西方学者亦有人认为数学属于逻辑学,如罗素、胡塞尔等。

② 该数据源于杨福家著《从复旦到诺丁汉》(第 29 页)及杨振宁著《曙光集》(第 288 页)。

造甚至突破。

对于哲学社会科学，则否。因为该领域属积累性的，既需必要的知识积累，更需丰富的经验、深厚的学养及切己的体悟（智慧），否则，难有质的突破。观此领域的经典著作，可知此言不虚：柏拉图完成《理想国》时约52岁，康德完成"第一批判"时57岁，马克思完成《资本论》第一卷时49岁，孔子对《周易》的经典论述（如帛书《要》篇）至少在60岁之后……故而，欲获深刻之思、圆融之智，除了必要之天赋，尚须"实践"与"时间"的双重打磨。孔子言"五十知天命"，牟宗三先生则言"五十岁之前的著作是作不得数的"，皆非戏言。当然，也有例外，譬如23岁英年早逝的王弼留下了《老子注》《周易注》，维特根斯坦29岁完成《逻辑哲学论》；但天才毕竟是极少数，退一步言，若天才加上"历史、实践"沉淀后的智慧，其著作可能更厚重，更深刻！明乎此，从事哲学社科领域者，当及时调整学习节奏，注重积累，以便为将来的创造做好准备。

（二）"学"当遵循学习自身之规律

（1）善"学"者应尽可能遵循"教"之规律。教育的总体规律要求"学""教"应彼此匹配、协调一致，此谓之教育的"合节奏性"、合规律性。《学记》云："学者有四失，教者必知之。人之学也，或失则多，或失则寡，或失则易，或失则止。此四者，心之莫同也。"[①]《学记》所论固然对教师而言，但对学生同样重要。因此，作为学生尤其中小学的学生应调整自我节奏，在多、寡、易、止上有一个清晰的认知，力求最大限度地配合"教"。对于以接受知识为目标的低年级学生来说，尤其如此。因为理想之"教"，本身就应该符合教育的一般规律；若"教""学"节奏能协调一致，当然在整体上能收到良好的教育效果；至若达到同频共振，则近乎是教师的奢望。顺便指出，关于教、

[①] 《礼记·学记》，第120页。

学匹配的主要内容，大略概括为：a. 教学目的（目标）的相应；b. 教学进度的匹配；c. 教学思路的契合；d. 教学内容的相应。

在具体的教学中，仍有特殊个体甚至极个别的"天才"存在着与上述教学内容或部分或整体不匹配的情况，虽为少数，亦值得认真对待。须知，人们从实践中总结、发明的"教育律"是针对大众而言，对于天才则未必如此（创造性的天才是可遇不可求的）。故而，学生又不可拘泥于"教"之规律。如果有学生感觉自己"所知"远超老师之"所教"，甚至其知识水平已超过老师，那么就无必要亦步亦趋地配合"教"，而应在教师的协助下，调整目标，向更高的阶段发展；相反，若个别学生不能跟上教师的节奏，则最好多用功，做足功课，力求与"教"之节奏相匹配，以便达到理想的教育效果。

对大学生而言，虽然提倡教学并重，但主角实际上是"学"，此要求学生更应注重自己的学习节奏，善"教"者应积极配合学生的节奏，而不是相反。

（2）处理好浅层学习与深层学习的关系，力求从浅层学习"跃迁"至深层学习的状态。所谓浅层学习，是指能准确掌握大纲规定的整体框架内容，相当于怀特海所言的"精确知识阶段"。所谓深层学习，则不仅要准确掌握整个知识体系及重要细节，不仅要着手于"综合运用"，还要透彻思考每个概念，考虑整个知识框架的来源，考证它们的可信度和逻辑上的连贯性——此实则为"批判性思维"之表现。幸运的话，也许还能由此而提出有价值的问题，殊不知，科学上的诸多突破就萌芽于深层学习的过程中。深层学习，按《周易·系辞》言，即为"极深而研几"，学问要深（极深），深尤其见之于"细节"（几），如此之"学"，其效显著，"唯深也，故能通天下之志；唯几也，故能成天下之务"[①]。怀特海也认为："在教育中，研究普遍的科学是不可能

---

① （明）来知德：《周易集注》，第317页。

的,所能做的就是学习两三相关科学。"①怀氏所谓"关注两三门相关科学"实则强调了"深度学习"的重要性。其实,自然科学领域的创造、发明即是深度学习的结果。

对于能力一般的同学而言,也许达到"浅层知识"已筋疲力尽,然对感兴趣的"善学者"来说,则须"一门深入",力求突破浅层学习的边界,进入深层学习——自主探讨式学习。深层学习者要善于在必要的时候及时请教老师,当下,虽然可借助"谷歌""百度"等现代资讯渠道获其所需,但无论信息如何发达——即便你获得的信息超过老师,也不能代替专业老师的指导,正如"一名网球运动员可以达到其教练无法企及的水准,但是他的教练知道为什么做某件事很重要,并且知道做得好的话会有什么样的结果"②。这实则触及"问"的问题。

(3)问"学"的节奏与区分。"问"于"学"功用极大,某种程度上,"学"之核心在于学会"问"。老师之"教",固在于"传道、授业",更在于"解惑",而解惑的前提在于"问",学生不"问",所谓"解惑",则可能沦为空谈。古人特别重视"问",《学记》云:"善待问者如撞钟,叩之以小者则小鸣,叩之以大者则大鸣"③;清人刘开在《孟涂文集·问说》亦言,"问与学,相辅而行者也,非学无以致疑,非问无以广识"④,可见"问"之重要。更何况,"疑问"(指问题)尚是学术进步的根本动力。因此,学会"问"(包括"自问"),尤其把握好"问"之节奏,对于提升学习效能功莫大焉!

根据"问"之内容及是否值得深思的性质进行综合区分,"问"大略可分层。其一,为常识之问。如问询"某历史事件发生的时间""谁

---

① 〔英〕怀特海:《教育的目的》,庄莲平、王立中译,第66页。
② 〔英〕艾伦·赖安:《自由教育:并不排斥科学》,载〔英〕大卫·帕尔菲曼编:《高等教育何以为"高"》,冯青来译,第242页。
③ 《礼记·学记》,第125页。
④ 陈启福主编:《儒道佛名言辞典》,河南人民出版社1994年版,第216页。

是原子的第一发现者"及关乎"规定性的法令条例"等问题,只需告知答案即可,无须深思,因问题本身如此。其二,为关于原理、规律的深层之问。此类问题不是给出答案就能解决的,如关于一道复杂的代数题,仅获知最后的结果是没有任何意义的。因为它涉及原理、规律、思路、解题技巧等诸多因素。对此类问题,首先不要着急去"问",而是学会坐下来思考。正如孔子"不悱不发"一样,"问"亦如此,思考再三而不得解,方去问。此时所"问",亦分层次,不可直奔答案,而是先问询思路;经努力仍思而未得,复求启示;如是者三,直到彻底解决问题。如此之问较之不思而问,其效果自不可同日而语。其三,为开放性(创造性)问题的"无定"之问。对于开放性问题,"问"本身就是创造,因为疑问本身就意味着提供了另一种可能性的思考路向与解答方案。"无定"之问尚包括"联想性的深度拓展",能将此"无定性问题"进行拓展、发挥,自问自答给出多种尝试性解答,类似颜回的举一反三、闻一知十,此种"问"对学之助益甚高。其四,为系统之问。此"问"不局限于某问题本身,而是跳出问题,就问题的归属、性质、范围及解答的可能性方法进行追"问",无疑,系统之"问"建基于深层学习的基础之上。

如此看来,"问"既是学的基本功,也是评价"学"之成效的一项重要指标。"善问者,如攻坚木,先其易者,后其节目,及其久也,相说以解,不善于问者,反此。"[①] 善"学"者,应选择最适合自己的方法,根据不同科目、不同问题及适合自己的方式适时发"问"。此外,"问"尚要注意"问的回旋",不要有疑就问,应对问题有所区分,对感兴趣且值得研究的问题,应让其在大脑中萦绕、回旋,力求自己解决之;倘若尽力而不能得解,则问之于人。要之,"问"同样具有节奏:不同的问题,问法有别,时机相异,善学者当善思之。

---

① 《礼记·学记》,第125页。

四、保障节奏的条件

好的教育，一定是符合节奏的教育；教育符合其应有节奏，则可跃迁至艺术的境界，即人们所言的"教育的艺术"。古希腊的柏拉图深谙此道："节奏与乐调有最强烈的力量浸入心灵的最深处，如果教育的方式适合，它们就会拿美来浸润心灵，使它也因此美化。"① 战国时期的庄子亦深谙此道，他借庖丁之口道出由"技"至"艺"之原委，凡解牛遵循"因其固然"之理者，则能进入艺术乃至"道"的境界："手之所触，肩之所倚，足之所履，膝之所踦，砉然向然，奏刀騞然，莫不中音。合于《桑林》之舞，乃中《经首》之会。"② 从教者，应尽力将任务性、技术性的教育提升至"合节奏"的艺术性的教育。

诚然，达到艺术的境界并非一蹴而就之事，因为除了懂得教育规律并力求使教育"符合节奏"外，还应知晓"应变""坚持"与"养成"。

先言"应变"。不同阶段的教育，其具体要求当然有所不同，故"教育节奏"亦非一成不变，而应因地制宜。例如，"初等教育和中等教育应该集中发展语言和定量推理等方面的基本技能。本科生教育应使学生做好终生学习的准备，同时传授给他们技能，以使他们能在岗位上游刃有余"③。另外，随着社会的变迁、技术的进步与人类认知能力的提升，原有的"教育节奏"（包括教与学）当在遵循教育总目的（即"培养健全和谐的人格"）前提下，对教育任务、教育手段、教育方法适时地做出必要之调整。譬如，在就业压力倍增且成为"刚需"的态势下，大学教育暂时偏向于技术培训也是允许的；在互联网技术日益成熟的当下，"线上授课"（包括 Mooc）有利于实现优质资源共享，此种远距离授课的教学节奏之掌控不同于传统的模式，当然需要调整；

---

① 〔古希腊〕柏拉图：《文艺对话集》，朱光潜译，人民文学出版社 1963 年版，第 62 页。
② （清）王先谦：《庄子集解》，三秦出版社 1998 年版，第 45 页。
③ 〔美〕詹姆斯·杜德斯达：《21 世纪的大学》，刘彤主译，第 82 页。

假若人类的认知取得大的进展，甚至突破了原来的认知框架，那么教育理应在新的理论框架下做出相应调整。

次言"坚持"。由于教育不是孤立的系统，它势必会受到外来非教育因素（如行政、经济乃至文化风俗等）的影响，这就需要教师保持"定力"：对有悖于教育规律的不合理要求，须敢于发声、敢于批评与抵制。譬如，在形式主义的驱动下，在各种"考核""业绩"的驱使下，中小学常要求师生参与各式各样的"竞赛与表演"，此势必打破教育的进度；又如，不懂教育规律、对课程设置进行盲目之调整的行为，亦将直接影响"教学的节奏"。此外，尚有间接因素，如有些地区将发表论文视为中小学老师晋级的硬性规定等，此势必影响老师的教学"节奏"。

高校年轻教师，更是面临"非升即走"的考核压力；当然，"非升即走"是全球性的问题。譬如，美国学者詹姆斯·杜德斯达指出美国高校的现状，"长期以来，关于科研对教学的负面影响的争论突出了大学教师'不发表就完蛋'的压力"[1]；美国教育家德里克·博克亦有"要么发表，要么走人"[2]的讨论。要求年轻人在规定期限内既要产出高质量科研成果，又要其高质量地完成教学任务，以求"双赢"；而事实上，它从根本上违背了教育规律，亦不利于科研创造，可能导致"双输"。

面对上述诸多有悖于教育规律的操作，"从教者"一定要在坚持职业操守、遵循教育规律的基础上，保持"定力"，尽可能通过各种有效途径进行沟通、协商，以求将外在的干扰与影响降至最低限度。当然，此亦需要主管教育的决策部门在制定规划、政策时，一定要懂教育、知科学，因地制宜，实行人性化管理，不可"一刀切"，更不可盲目制

---

[1] 〔美〕詹姆斯·杜德斯达：《21世纪的大学》，刘彤主译，第147页。
[2] 〔美〕德里克·博克：《大学的未来》，曲强译，中国人民大学出版社2017年版，第314页。

定、推行不合理的制度。

最后，尚需"师生"皆有一个好的习惯之养成，这个"养成"指的是"不轻易为外部干扰因素所动摇的心智"。任何事业若做到极致，皆需此特殊之心智。英国牛津大学新学院院长 A. H. 史密斯尤其强调宁静心智的重要，"在我看来，那些世人皆需却很难拥有的品质就是那种超然的宁静心智，不为频频滋生的焦虑所困扰，相反却有一种内心的安乐感，或者说一种精神和气质"[①]，"坚持不懈的研究需要以心无挂碍的自由境界为前提条件，至少这一点是很明显的"[②]。确实，超然宁静的心智不仅是治学之必备，亦是坚持教育理念、保持教育节奏之所需。倘若不能达此宁静之心态，则易于为外界因素干扰，势必定力不足，容易随波逐流，何谈坚持？当然，欲达此超然宁静之心智亦非易事，否则老子就不会生出"孰能浊以静之徐清，孰能安以动之徐生"[③]的感叹。此固然要求从教者对教育有浓厚的兴趣乃至完美之追求，更要求政府与社会应最大限度地减少对教育的干扰，以保障教育按其节奏"艺术地"进行。

---

① 〔英〕大卫·帕尔菲曼编：《高等教育何以为"高"》，冯青来译，第 242 页。
② 同上书，第 244 页。
③ （三国魏）王弼：《老子注》，中华书局 1980 年版，第 34 页。

第三章 教师之"说"[①]

作为教师,就传授知识而言,离不开"说",某种程度上,"说"即意味着教。然而,无论在"说什么"还是在"怎样说"的问题上,我们皆缺乏对"说"的反思与追问。追溯大师之"说",尤其通过追溯孔子、苏格拉底及释迦牟尼的经典之"说",思索他们的"说什么"与"怎样说",也许能给今天的从教者带来更多的思考与启迪。不消说,作为教师,应做到"说什么"和"怎么说"的统一,且此"统一"须建基于"说"的内容之上。

作为教师,最显著的特点在于"说",韩愈所谓"师道"之传道、授业、解惑三方面内容皆不能离开"说"。其实,自有人类始,人类就没有离开"说"。也许"说"对于我们来说,太过于古老,太过于习以为常和司空见惯,以至于人们仅仅倾向于将"说"作为人类的一种本能或标志,但却忽视了对"说"本身进行必要的反思和追问。无疑,漠视"对'说'的反思或追问"的行为,与人类形上之特质是不相宜的。更何况,漠视对"说"的反思也不利于人们更好地"说"。

由于对一般"说"(即普遍意义上的言说)的追问,会导致问题过

[①] 本章内容原载于《中国大学教学》2011年第8期。

于复杂，它将涉及哲学、语言学、社会学等诸多学科，并非一章文字所能说清，因此，本章姑且开一个通孔，从老师的角度去追问"说"，以期通过对"说"之追问、反思与回顾，既对其进行一定程度的剖析，也希望能对"老师如何说"这一问题有所探讨。

一、"老师说"的含义

作为教师，碰到的第一个问题则是："老师说"究竟意味着什么？

老师"说"，意味着老师在"教"，这无疑是有道理的。作为老师，尤其当下的老师，由于受技术主义、功利主义的影响，传播知识俨然成为主要任务（而传统的"传道"功能在强大的实用主义面前日益弱化甚至濒临绝迹的边缘了），因此，"老师之教"的主要内容是在"说知识"。知识似乎也只有依靠"说"才能传播开来，否则，老师也就不必滔滔不绝地说个不休。诚然，我们不否认，就教之层面而言，也有坚持不"说"的，如禅宗就有不立文字的传统；但是，为了达到不立文字之目的，禅宗也不得不在外围说了很多，这其实涉及说的方式，即"如何说"的问题——因为禅宗的"不说"最终也不过是"说"的一种方式、一种策略而已。

我们探究老师之说，应聚焦于老师"说了什么"和"如何说"，只有将二者有机结合起来，才算得上严格意义上的"教"。"说什么"属于说的内容，"如何说"则属于说的方式。"如何说"和"说什么"，对于老师而言，并不陌生，把现有的知识借助现代高科技产品（如多媒体）无一遗漏地说（描述）出来不就是尽了老师的职责吗？当下做教师的十有八九会如此回答并如此操作。然而，问题在于，老师能不能将知识无一遗漏地说出来？如何才能将知识无一遗漏地说出来呢？[①] 说

[①] 笔者曾在《教与学的形上之思》中，对此问题有初步的探讨。见本书第二编第二章，原载于《中国地质大学学报（社会科学版）》2007年第4期。

（教）什么和怎么说（教）又当如何统一？这些问题对以授业（传授知识）为主的现代老师而言，依然缺乏必要的追问和反思。

对于"说"的内容即知识，当下老师显然缺乏真诚的"体认"态度。我们知道，佛教中有"信、愿、行"的修持路线，亦即对佛法首先要信任，其次要"发大愿"，再次要去行动，去实践"所愿"。其中发愿和"行"是建立在信念的基础之上，而"行"则是"证成"，去证成其愿。缺乏证成（实践），信、愿则落空；若无"信"为根基，则永远无法证成。同样，作为知识的传授者（老师）而言，对其所要"说"的知识也应当做到三点：一要信。如果作为传播知识的"说者"自身都不相信，又如何让学生相信并领会呢？二要真。提倡信，绝非倡导盲信虚无的东西，更非不要怀疑精神，而是说老师对知识的信念应建立在知识为真的根基之上，即言求真的精神。若从纯粹传播客观知识的角度言，有此两点足矣！但是，真正为师者不能停留在简单说教层次上，"其对知识还需要第三点态度，即证成、实践"[①]。对自然科学知识，固然需要试验和论证；对于偏重于思想领域的人文社科类知识同样需要证成——人文领域的证成带有特殊性，很大程度上属于"体认"或体悟性的东西。倘若师者对知识不能有所体认和证成，其所"说"仍然隔了一层，言说的分量自然不够，这当然算不上真正意义上的"说"（教）。

至于"说"的方式，同样重要，说的方式不只属于技巧，而是同其对知识的信念、对学生（受众）的态度密切相关。在讨论这个问题前，我们先追溯历史上的大师之说。

二、大师如何说

在教育史上，来自不同文化系统的三位大师对人类教育的影响可

---

① 洪汉鼎：《现象学十四讲》，人民出版社2008年版，第62页。

谓深远矣！他们分别是古希腊的苏格拉底、中国春秋时期的孔子和古印度的释迦牟尼。我们姑且探寻三位大师是如何"说"的。

（一）苏格拉底之"说"——反诘与追问

苏格拉底作为古希腊最重要的哲学家之一，其"说"的方式尤为奇特。苏格拉底之"说"，不是在传授现成的知识，而是从无知出发——苏格拉底自称其无知，通过与听众的对话、辩论，将说者与听众引向一个陌生的"本真"（知识）领域。言其"陌生"，在于苏格拉底在"说"之前，对讨论的问题并无现成、固定之答案，而是循着思辨的路线通过追问逐渐走向"幽深处"，这个幽深处既非己知，亦非"他知"，故而是陌生的；同时此幽深处又是本真的，言其本真，在于苏格拉底在与学生的对话中，抛去枝端末节的意见、搁置外在变动不居的现象，用思辨的辩证方式通过层层追问，最终止于如如不动的本质（知识）处。

譬如，苏格拉底曾经和一位名叫欧提德谟的人讨论关于正义的问题。欧提德谟首先提出虚伪、欺骗、偷盗、奴役等是非正义。苏格拉底反问道，如果一个统帅带领自己的军队和一些非正义的敌人作战并把他们沦为奴隶，在战争中欺骗敌人、劫夺敌人的财产，能说这些事是非正义的吗？欧提德谟只得修正自己的看法，认为对敌人这样做是正义的，但是对朋友这样做就是非正义的。苏格拉底继续问道，如果一个将军为了鼓舞他的军队的士兵，对他们撒谎说援军正在赶来；一个父亲为了让生病的儿子服药，骗他说这药是好吃的食物；一个人从朋友手中夺去他准备自杀的武器等等，这些行为难道也是非正义的吗？这样的谈话继续进行下去，迫使欧提德谟不断修改自己的看法，最后只得承认自己对于什么是正义和非正义毫无所知。这时苏格拉底通过上述正反追问、反驳、归纳等方式，最终将正义与非正义的本质接引出来，此谓之"精神助产术"。

很明显，苏格拉底言说之方式，乃是靠"追问和反诘"而"说"，此言说方式与其对知识的态度密切有关：苏格拉底对知识的看法有二，一则自称其"无知"；二则认为知识就是回忆（知识内在于每个人的灵魂深处）。因为无知，所以需要追问；因为知识就是回忆，所以可通过追问唤醒记忆而得到真知。他曾夸口，可以通过追问的方式，从一个无知的孩童那里问出毕达哥拉斯定理（勾股定理）：这充分体现出其言说（追问）方式乃建基于知识信念的基础之上。

（二）孔子之"说"——启发与体认

作为大教育家的孔子，虽然"弟子三千，成名七十二"，然而，孔子"说"的并不多。这亦与其所持的知识信念有关。如果说，对苏格拉底而言，"知识就是德性"，那么对孔子而言，德性才是最完美的知识，且关乎德性的知识不是靠"说"，而是靠"做"。顺便提及，品德高尚甚至是进入孔门学习的重要考核标准："弟子，入则孝，出则悌，谨而信，泛爱众而亲仁。行有余力，则以学文。"① 当然，孔子不排斥技术性知识，并且其所教的内容就今天看来也是非常全面的，"礼、乐、射、御、书、数"，孔子可谓样样精通。但是，总体而言，孔子开设上述六门功课大抵围绕培养人的德性而展开——这显然与孔子所持的知识态度（德性取向）有关。基于孔子的知识（体认）态度，孔子对涉及知识核心的问题——"天道"（仁）——保持了沉默："天何言哉！四时行焉，百物生焉。天何言哉！"② 在孔子视野中，"天道"之所以不可说，并不是因为"天道"多么神秘，而是在于"天道"（仁）是一种生命体认（体证）和德性实践。如果一个人不能通过自己的生命实践去体认天道（仁），那么说得再多，又有何益？

孔子对"知识"的体认偏向和实践的态度，决定了其"说"不同于苏格拉底式的追问和反诘，而是以长者身份（以体悟者的身份）循

---

① 杨伯峻：《论语译注》，第6页。
② 同上书，第261页。

循善诱地启发与诱导,所谓"不愤不启,不悱不发"。这种启发与诱导式的"说",虽惜墨如金,只言片语,但却打蛇七寸,挠到痒处。悉心体悟《论语》之总体内容,当知此言不虚。

孔子之"说",固然多为经验(体悟)之说,但孔子绝非拘泥于经验的陈述,他同时重视思的效用,"学而不思则罔,思而不学则殆"[①]。由于将体悟(实践)的东西说出来很难——难在他人缺乏亲身的体悟——所以孔子之"说"颇具特色,"叩其两端"、不愤不启、不悱不发,是指话要说到刀刃上;"有教无类"则是因人而"说",如弟子问"仁",孔子因人而异,给出的答案并非相同。此表明孔子既看重说的内容,又注重说的方式和对象,做到了"说什么"和"如何说"的统一。

(三) 释迦牟尼之"说"——譬喻说与"方便说"

释迦牟尼对知识同样持体证和实践的态度,这决定了其同样将"做"放到第一位。然而,由于释迦牟尼的"知识"不同于一般的客观知识,而是关于人间最高智慧的宗教知识,甚至是神秘的宗教体验,这种体验知识的特质就是"不可说"。无论作为宗教家、心灵学家还是人间导师的教育家,释迦牟尼都必须把不可说的最高知识说出来。因此,如何把"不可说"的知识说出来,无疑是摆在释迦牟尼面前的重要话题。

把不可说的东西说出来,首先要对"不可说"的终极知识抱有坚定的信念;否则,"不可说"之物将永远不能被说出。无疑,释迦牟尼对人类终极知识(如涅槃、菩提)有着极为虔诚的信念,这种信念既基于其对自身体悟(体证)的坚信不疑,又基于其救世的良知和责任。在双重信念的"促逼"下,释迦牟尼开始了四十九年的言说之路。

坚定的信念和切身的体悟已经为其说"不可说"打下了牢固的根

---

① 杨伯峻:《论语译注》,第24页。

基,而且,释迦牟尼还尤其注重说的技巧。就技巧而言,其言说的特点有二:一是譬喻说。譬喻说,是从言说的方式或技巧而言。由于最高的智慧(佛法)不可说,于是,释迦牟尼就采用间接的形象方式去说,利用种种譬喻(包括寓言故事),将难以言说的东西说出来,《百喻经》可谓其典型代表。二为方便说。方便说,是从听众的角度而言,颇类似孔子的"因材施教"。针对弟子的智力、品性、职业、生活习惯乃至性别之不同,释迦牟尼采用种种方便,为其言"说"。对悟性高的人说大乘般若经,对根器一般的人说"四谛""十二因缘",对平民百姓说方便法门(如净土),对知识分子则不惜进行长篇累牍的论证(如法相唯识),对在家女居士讲《胜鬘经》,对在家男居士说《维摩诘经》,等等。种种"说"法,其目的在于将最高的"神秘知识"流布人间,以启人心智。

比之于孔子与苏格拉底的"诘问说"与"启发说",释迦牟尼的"方便说"受众最多,这当然与其宗教传播的特殊路径有关,亦与其"怎么说"的言说方式有关。但不论怎样,释迦牟尼做到了"说什么"与"怎么说"的统一。

三位大师除了基于知识与信仰相统一的理念给出独特的言说方式外,还有一种共性——"不说之说",即现身说法的"身教"。无疑,在特定氛围、特定阶段,"不说之说"之身教胜过"说了很多",故而"身教之说"同样具有启迪意义。

三、知识能"说"出来吗

毋庸置疑,上述三位大师对知识的客观存在是持明确态度的:尽管对苏格拉底而言,客观知识是思辨的,对孔子和释迦牟尼而言,知识则是践行与体证的。虽然三位大师"说"的方式不同,但他们都在"说",而在"说"的同时,他们竟然不约而同地传递出这样一个"悖论式"的话题,即人们苦心孤诣所追求的"真知识"并不能"说"出来。对苏格拉底而言，知识是回忆，更是灵魂的自我复归，灵魂的复归不是靠简单的说教就完成的，亦需有深沉乃至神秘的体悟；可见，后人将苏格拉底看作神秘主义绝非空穴来风。对孔子而言，最高的知识"仁与天道"则靠人与天的神秘遥契，靠体悟、体认方可获得，靠"说"是不能契入的（体认、体悟皆带有个人的独特性）。对释迦牟尼而言，菩提同样是一种修证境界，亦非靠"说"解决问题。基于此故，佛陀才有"讲经四十九年，但什么也没有说"的感慨。这无非表明：作为他们心目中的终极知识是不能靠语言"说"出来的。

三位大师之所以不停地"说"，并非在于其能够"说"出终极的知识，而是通过"说"达成两种愿望：一则是通过"说"来提供一种方法，一种导引，一个方向。他们的"说"让受众处于追问、反思的路上，处于体悟、实践的路上。唯有在"说"的感召下，弟子才有可能循着他们感悟、体证的"知识路向"迈进，进而在独自的习练与体悟中获得并证成知识；并且，不独关乎人生宇宙的终极知识需要体证，即便关于自然科学的知识也须体证（证成）后方可言之——表面的复述，甚至严密的逻辑推理，如果没有主体的契入与体证，所得来的知识仍然浮光掠影，不能入心。老师课堂上传播的知识，即使学生听懂，也难以继续推进。只有经过对"外在知识"（听来的知识）进行反思、追问进而最终得以体悟或证成，知识方可与主体打成一片。也只有经过此番内化之过程，我们才能获得真正的知识，成为"知识分子"，而不会沦为"信息储存器"式的"知道分子"。

二则在于三位大师通过"说"提供给学生"有待探索的知识"，即有用的信息，或曰现成的知识。任何探索、追问都须建立于材料（信息、质料）的根基之上，否则，所谓的怀疑精神、探索精神、追问精神、开拓精神都将失去意义。但是，材料本身是死的，学生绝不可仅仅停留于所获得的现有材料上，因为材料本身并不是目的，它仅是导向真理的"过程量"，是一种手段。

这样看来，我们与其把老师之"说"看作传播知识的过程，不如将之视为引导学生切近知识的过程更为熨帖。其实，这种看法并非新鲜，古人所谓的"授人以鱼，不如授人以渔"说的就是这个道理；当然即使对"渔"亦须进行反思。不幸的是，今天的"我们"对此淡忘了。

如果循着这个思路思考下去，当下的老师又当如何去"说"呢？

四、我们如何说

比之于大师之"说"，当下的老师对"说什么"和"怎么说"，似乎变得日益困惑。

对于"说什么"的困惑，主要来自于知识自身的不确定性以及知识的信仰危机。关于知识的不确定性问题，美国哲学家乔姆斯基曾谈到两个根本问题，一个是"柏拉图问题"：为什么我们所拥有的材料如此之少而产生的知识却如此之多？另一个问题是"奥威尔"问题：为什么材料如此之多而我们的知识却如此之少？[①] 大师的时代，虽然材料不多，但他们凭借对知识的信仰来保证知识的确定性，身体力行地追问、反思和体证终极的知识，并凭借"言说"开拓出丰富的知识领域。在当下的信息时代，新材料、新信息铺天盖地，呈几何级数增长；甚至，所谓的新材料、新信息还来不及处理就被另一轮更新的材料、信息覆盖而过，我们不能确证哪一种信息是可靠和有效的，也很难判断哪一种材料可以导向真正的"知识"。在长期的信息轰炸下，人们对知识的信念逐渐淡化，以至于知识也简化成一种信息和语言游戏。因此，在"说什么"的问题上，常常出现我们说了很多，却感到什么也没有说；因为我们的所说并非导向真知识的路标，而是一些处于信息流变中的枝端末节，甚至是错误的表象。这种现象不仅仅发生在人文社科领域，即便在自然科学领域中也时有发生：此谓信息时代的悖论。

---

① Chomsk, *Knowledge of Language: Its Nature, Origin, and Use*, New York, 1986, p. 14.

与知识的不确定性相关联的，则是知识信仰的危机。后现代主义思想家利奥塔对此深有洞见，他认为，当代社会，科学知识的目的不再是寻求真理，科学知识追求的是"它有什么用？""它可以出卖吗？""它功效如何？"[①]一句话，科学知识已演变为生产力或资本流通过程中的一种动力，它被打上了商品的烙印。"知识的传播不再是被设计为培养引导国家走向自由解放的精英，而是为所依存的社会体制提供能够按照规则圆满承担生活语用交际任务的'选手'（player）。"[②]老师不过是信息传播中一个环节而已，教书几乎纯粹沦为谋生的手段，昔日人们对知识所抱有的坚定信念已是明日黄花。这种境遇下的"说"到底还能说出什么东西呢？

　　更让人遗憾的是，现代教学评价体系中，又常常把教师授课信息量的多少作为重要的评价标准，似乎信息量越大，教学质量就越高。岂不知，缺乏反思与整理的信息绝不是知识。正如曾任康奈尔大学校长的弗兰克·H. T. 罗德斯所言："信息本身——无论是多么广泛而新鲜的信息，无论是否经过注释、整理、分类、上传和证实——不是知识。信息转化为知识，要经过消化和吸收，经过个人理解力的整理，经过深思熟虑的修改、分类和组织，再通过判断力将其与旧有的知识建立联系。"[③]不消说，信息时代人们日益缺乏反思追问的能力，并导致一种简单思维，此尤其应引起从教者的重视。

　　对于"怎么说"的问题，同样让老师（"说"者）感到困惑。现代化的设备，固然可以通过声、光、电、磁、影直接刺激人的各种感官，调动起受众的情绪；专业的培训似乎让老师具备演讲家的激情、政治

[①] Lyotard, *The Postmodern Condition: A Report on Knowledge*, University of Minnesota Press, 1984, p. 4.

[②] Ibid., p. 48.

[③] 〔美〕弗兰克·H. T. 罗德斯：《创造未来：美国大学的作用》，王晓阳、蓝劲松等译，清华大学出版社 2007 年版，第 98 页。

家的煽动乃至逻辑家的论辩:老师竭尽所能围绕受众而努力,似乎应该更加有利于受众接受知识。而事实上并非如此!缺乏反思、追问之逻辑理路的"信息拼盘"虽然能扩大信息量,抑扬顿挫的语调和演讲的激情固然也能调动学生的情绪,但缺乏坚定信念的信息传播却难以让学生有深刻的领悟和回味。这种快餐式的"说"很大程度上对老师而言更多意味着完成授课量;对学生而言,则是完成其学分,并无实质性的知识开拓。当然,话说回来,当下的老师即使能做到稍有新意的"信息拼盘"也相当困难,在互联网时代,老师很难占有"独家新闻"①。此种境遇下,老师应该"说什么"和"怎么说"在信息时代面临着极大的压力和挑战。

其实,压力和挑战很大程度上来源于"说者"自身对知识本身的态度、认知和责任的模糊认识。如果老师对知识缺乏起码的敬畏态度,那么"说者"即使表演得天花乱坠,顶多不过是一场"语言游戏"而已,这种态势下,就谈不上反思和追问了。即使对知识有了敬畏的态度,如果不能理清知识中各种芜杂的关系,对知识缺乏必要的认知,缺乏反省、追问,缺乏清晰的理解,自然也很难"说"得出来;即使强行说出,因其不能提供一种"思"的路向,故而其"所说"也多落入尴尬的结局:或者在知识核心的外围兜圈子,或者把缠绕在自己头脑中那团乱麻缠得更乱、更糟。至于言说者的责任,则与其对知识的态度息息相关,对知识持敬畏之心的说者而言,传播知识乃是其义不容辞的使命和责任。其最大愿望乃是像三位大师一样,或诘问、或启发、或譬喻,极尽方便之能事,尽其所能地引导更多学子通往知识之路、智慧之门。

也许当下,我们对老师的要求很高,要求其有哲学家的思辨、演

---

① 随着强人工智能 ChatGPT 的出现,"信息拼盘"式的言说已经失效,因为 ChatGPT 已经具备了"生成能力"。故而老师如果还想继续"说"下去,除了提升自身的创新能力外,别无他途。

讲家的煽情、政治家的煽动乃至科学家的严谨,然而,这些要求归根结底是表达层面的要求,是"如何说"的要求。故而,从"说什么"的意义而言,我们对老师的要求又太低。此折射出当代教育"急功近利"的浮躁倾向。

真正的"如何说"必须首要地建立并统一在"说什么"和"为谁说"的基础之上。作为老师,其根本任务是要"说"出切近客观知识的路径,以让其"后学"循着一条反思、理性之路去探求、开拓并体证知识。即使言"说"非启发性的知识,老师亦需"说"被自己"真正消化了的知识"(即体证、证成的知识,即便是一种猜想,亦须通过自己的脑子),万不可照本宣科地浮在表面。

探索教师"如何说",并非让老师滔滔不绝地"说",而是让其"说"得恰如其分,恰到好处,做到"好钢用到刀刃上"。我们固然不能做到让每位老师都成为大师,但对知识抱有深沉的敬畏之心,对知识的追求、探索抱有浓厚的兴趣,对学子(受众)抱有高度的责任,并能够身体力行,这无疑是为师者的基本素养,更是"知行合一"这一古老德目的内在要求。如果为师者能具有这样的品质,那么在这个瞬息万变的信息时代,"如何说"和"说什么"就不足以构成挑战和压力。因为"真正的知识"连同探索未知世界的(反思、追问)精神是永远具有生命力的,在某种意义上,它具有永恒价值。

第四章　学生之"习"[①]

对于大学教育而言,"学"大于"教"。"学"固然要学习固有知识,更要习得"创造知识"的能力。欲获得"创造知识"的能力,对当下的学生而言,顶重要的事体莫过于提高其思维品质。思维品质当然包括诸如归纳、演绎、类比等具体的思维方法,但又不可仅限于此。概括说来,思维品质当是集运思自信、思维方法、心智自由、问题意识、思辨能力、思之韧性等各种因素于一体的"思维平台"。大学生若能具备此优良的思维品质或曰思维平台,且能对所关注的科研问题持之以恒,其学习能力、科研创新能力当能得到切实提升。

作为学生,固然要"学",但是若大学生仅仅局限于固有知识之习得,则是远远不够的;大学生还应学会"如何学"。关于"如何学"的话题,"教育的节奏"中固然探讨了作为"符合学习节奏性"的学之方法,但对学生所需的思维能力并未进行展开。其实,现代的大学生更应注重思维能力的培养与提升。因为在"多变"的信息时代,知识更新、迭代是如此之频繁,没有谁能依靠大学所学的知识来应付哪怕是五年后的世界。不过,在"变"中尚有"不变",虽然知识、信息更新

[①] 本章缩写版《培养学生创新能力应提升思维品质》刊发于《中国教育报》2019年5月27日。

频繁，但理性之人所具有的处理和应对知识信息的"思维能力"则是相对稳定的，它甚至伴随人的一生。如此看来，"习"得良好的思维能力，对大学生来说，就显得极为重要。

思维能力的重要性，历来为人所重，大哲康德将思维能力比作学者的"营养"，他认为，"对于一个学者来说，思维是一种营养，离开这种营养，当他清醒且独处时，他就不能生活。这种营养或许就在于学习（读书），或者在于构思（沉思和发现）"①。德国哲学家黑格尔同样重视思维的作用，在他看来，思维本身不仅是认识世界的工具，且本身尚是真理的有机组成部分——因为作为真理的"绝对理念"实则是思维的高级阶段。具体到教育，在某种意义上，可以说，教育的本质就是培养学生的思维。诚如英国著名思想家以赛亚·伯林认为的那样，"无论教育以什么为目的，它绝不能限制学生的思维与想象力，绝不能使他们的这些能力随着时间的推移而变得越来越弱"②。因此之故，当今国际社会尤其重视培养学生的思维能力。2012年，世界经济合作与发展组织曾发布题为《为21世纪培育教师、提高学校领导力：来自世界的经验》的报告，该报告指出："21世纪我们要培养学生的基本技能，必须培养学生的批判性思维、创造性思维及生活方式等。"③由此可见，培养思维能力是何等重要！

具体到"如何提升大学生创新思维能力"的问题，目前学界已有不少理论成果，且达成一定的共识。譬如，老师大多重视诸如归纳、演绎、正向、逆向、发散、收敛、类比等具体思维方法之训练，皆肯定思维方法的重要性。况且，大学生本人已经受过十数年的教育，高年级学生甚至接受了三四年的高等教育，在老师的熏陶、训练及自学

---

① 〔德〕康德：《历史理性批判文集》，何兆武译，商务印书馆2017年版，第81页。
② 〔英〕以赛亚·伯林：《观念的力量》，胡自信、魏钊凌译，第316页。
③ 转引自顾明远：《教育的本质是培养思维，培养思维的最好场所是课堂》，(2020-6-29) https://www.sohu.com/a/404701061_443696。

中，潜移默化地形成自己偏爱的一些思维方法。然而，年轻的大学生毕竟缺乏实践经验，所谓的"思维方法"多从知识论的角度去理解——他们对具体的思维方法说起来也许头头是道，却未必真的能够运用；即是说，他们学会了很多关于游泳的知识，然而还未曾真正下水。鉴于此状况，笔者以为，欲提升思维能力，不可"就方法论方法"，而应跳出狭隘的"方法论"，从宏观的"思维品质"上下功夫。

何为思维品质呢？思维品质是指人们运思的潜质或曰"运思平台"：它虽不能直接提供方法，但却是创新思维（包括思维方法）和学术创新的母体和孵化器。唯有具备了较高的思维品质，大学生的思维能力、创新能力方能得到切实之提升。

思维品质的主体内容，主要包括运思自信、逻辑思辨力、思维方法[①]、兼综的视野、心智自由和好奇心的维持、问题意识（包括批判性思维）的养成及思的韧性等内容。

一、培养运思自信

就思维品质的构成要素言，思维自信当具有基础性地位。缺乏思维自信的人势必缺乏怀疑精神，不能直面问题，不敢提出问题，甚至不能真正地思考，当然也谈不上深入探索与创新了。倘若我们的大学生处于如此境地，又遑论学术创新？故而，培养学生的运思自信具有基础性的地位！况且，"培养运思自信"并非空洞说辞，而是有赖于一定途径所能达成之愿景。

首先，要发挥教师的激励与引燃作用。一则，教师可通过古今中外学术史上经典案例（如数学家华罗庚等，几乎靠自学成才），激发学生的学术兴趣，培养其思维自信。譬如，现代科技诞生于西方，中华

---

① 关于诸如归纳、演绎、发散、正向、逆向等具体的思维方法，鉴于学界讨论较多且达成共识，故本文从略。

民族引入西方现代科学亦不过在 20 世纪之初，中国第一个物理学博士王守竞在 1927 年（哥伦比亚大学）获得博士学位，而在 1965 年华裔科学家李政道、杨振宁就获得了诺奖。正如杨振宁先生所言，"中国人对自己追求近代科学的能力有过怀疑。但是今天中国人民已相信近代科学并不是白种人才能做到的"①。二则，教师可通过近百年来尤其四十年来中华民族在航天、计算机、生物技术等领域取得的一系列重大成就来激发学生的学术自信、思维自信。固然，在某些领域，我们存在着不少短板亦是理之常情；但同时，更须知晓，中华民族能在引入自然科学的第一个百年即能达到今天的科技水平，足以表明，"我们"不比他人差：西方人能做到的，东方人也可以做到；别人敢于思考的问题，"我"同样也能思考，"我"同样能做到。三则，教师（尤其老师）要善于"现身说法"，将自身成功的思维经验（包括思维困惑）与同学分享，以激发、引燃学生的思维自信。

其次，要善于激发学生的学术担当感、责任感，以此培育学生的思维自信。学术自信与责任感、担当感密切相关，强烈的责任感、担当感可促进学术自信力的提升。就此而言，德国人的学术自信颇值得国人借鉴。姑以德国的"哲学自信"为例述之：黑格尔在 1818 年曾这样讲道："哲学这门科学已经转移到我们日耳曼人这里了，并且还要继续生活在日耳曼人之中。保存这神圣的光明的责任已经托付给我们了，我们的使命就是在于爱护它、培育它，并小心护持，不要使人类所具有的最高的光明，对人的本质的自觉熄灭了，沦落了。"② 黑格尔的"哲学宣言"颇具历史担当之精神。不止黑格尔如此，德国一流的哲学家如康德、费希特、胡塞尔、海德格尔皆说过类似的话，他们自觉地拥有一种"舍我其谁"的哲学担当意识、责任意识；虽然其中不乏傲慢

---

① 杨振宁：《曙光集》，第 288 页。
② 〔德〕黑格尔：《小逻辑》，贺麟译，商务印书馆 2004 年版，第 33 页。

之态度，但责任感、担当感却由此造就了德国的文化自信、运思自信，并因此将日耳曼民族锤炼为思维缜密、勇于创新的民族。譬如，诺贝尔奖获得者中，德国籍科学家竟高达二百人，德国民族足以引以为傲。今天，中华民族伟大复兴的重任已经历史地落到年轻的大学生肩上——更何况，目前我们在科技领域尤其在原创性的理论上，同发达国家相比尚有不小的差距，年轻学子更应自觉地担负起此伟大之使命。唯有自觉地具备此担当感、使命感，方能以"敢为天下先"的姿态大胆去探索，去思考前人未思的东西；唯有具备学术担当感、责任感，其从事学术研究才有动力。

最后，要督促学生打下扎实的专业基础，此乃培养思维自信之基。扎实的专业知识乃运思自信之根本。践行真正的"运思"，提出真正有价值的问题，绝非靠"眼珠一转，计上心来"的小聪明，而须具备扎实的专业知识。客观地讲，高年级大学生经过了几年的学习，具备了初步的专业理论知识。但就创新能力的较高要求而言，大学四年的知识储备无论在深度、广度还是实践层面而言，欠缺尚多，此皆限制了大学生的运思。须知，自信的运思建立在扎实的专业知识之上。故而，大学生尤其低年级的大学生当在基础理论上下苦功夫，在老师的指导下进行系统的学习、思考，夯实专业基础。同时，老师还要对大学生进行"针对性的问题训练"：针对大学生的具体情况，给大学生布置与其能力相匹配的课题（问题），让学生在"给定的问题"中习得解决问题的能力。如此循序渐进，当能培养其运思自信之品质。

二、强化问题意识，培养质疑精神和批判性思维

在运思自信的基础上，要深化学生的问题意识，渐次实现从"学生解答老师提出的问题"向"学生解答自己提出问题"的转变。须知，思维并非天马行空的幻想，而须围绕某问题而思，或曰，大学生须重视问题意识的培养。科学哲学家波普尔认为"问题是科学探索的

逻辑起点"，即强调了问题意识的重要性。其实，问题不但为科学探索的起点，同时亦是提升思维品质的最好渠道。姑以人文学科为例，譬如，牟宗三先生通过对比中西哲学发展之理论，认为西方哲学家大抵从问题入手，没有一个从考据、读历史文献等路子入手的，他们"当然并非不读书，但读书不是为的博雅，而是重在义理问题之提出与解答。光是博雅，而无思考之轨道，则是所谓杂乱无统，这于哲学是无助的。"[1] 对于自然科学就更是如此了，自然科学上的突破实质上是针对某问题突破，牛顿力学对前人的突破，爱因斯坦对牛顿力学的突破，哥德尔对传统数学的突破，皆如此。可以肯定地说，离开了问题的牵引，科学将止步不前。

问题意识不仅是科学发现的前提，同时也是鉴别学者创造力的重要指标，爱因斯坦认为，提出一个问题往往比解决一个问题更为重要，事实上亦然。一流学者的价值并不在于他们解决了什么问题，而在于他们能否提出有价值、有挑战性的问题，唯有提出"有价值的问题"，才能激发"后来者"的创造能力，并使科学探索持续下去。对于年轻的大学生来说，固然不能苛求他（她）们都能具备爱因斯坦那样的天才，不能苛求他们一上来就提出极具挑战性的学术问题，但是，只要学生肯下功夫、用心思考，火候到了，他们就必然能在某领域提出自己的看法，或曰至少具备了问题意识。

与"问题意识之培养"密切关联的，则是"质疑精神"与建基其上的"批判性思维"。

质疑精神是培养问题意识和创新能力的引擎。道理很简单，若无怀疑精神，一切唯前人是从、唯权威是从，即便学富五车，其最大效用不过在于传承与普及，因为他不能提出挑战性的问题。相反，若有了怀疑精神，则定然能对前人的理论有所省察，看出其存在的矛盾进

---

[1] 牟宗三：《中西哲学之会通十四讲》，上海古籍出版社2008年版，第206页。

而提出有价值的问题，推动学术的进步。回顾人类学术史，举凡具有创造性的学者莫不看重怀疑精神：法国大哲学家笛卡尔因为怀疑而提出著名的"我思故我在"的伟大命题，极大地影响了西方哲学的进程；瑞典著名科学家林奈亦言："当我首次研究大自然的时候，我就发现它和所谓的'一切是上帝的造物'是矛盾的。于是，我抛弃了成见，成为一名怀疑主义者，我怀疑一切。那时，我的眼睛才第一次睁开，并且第一次看到了真理。"① 因此之故，西方高校普遍重视质疑精神的培养，哈佛的校训"与柏拉图为友，与亚里士多德为友，更要与真理为友"即为质疑精神之代表；牛津大学亦大致如此，该校教授艾伦·赖安甚至认为，"如果你不希望自己的信念受到质疑，就不要去大学"②。

具体到"质疑思维"的培养途径，方法很多，其中颇值得一提的是"经典案例剖析法"，即通过对科学史、学术史上的重大案例进行剖析，以寻找其方法。譬如，通过对诸如爱因斯坦的"相对论"对经典力学的挑战、波普"证伪理论"对常规科学理论的挑战、库恩"范式理论"对常规科学发展理论的挑战、费耶阿本德对一切学术权威的"颠覆"、马克思的实践哲学对德国传统思辨哲学的挑战等经典命题之剖析，激发并培育大学生的质疑精神，此不失为一条有效的途径。

质疑精神是问题意识的引擎，"批判性思维"则是践行怀疑精神的具体展开。我们倡导的质疑精神实赖"批判性思维"之具体落实而展开；否则，质疑就有可能蜕变为情绪化的"无端质疑与猜忌"。牛津大学教授大卫·帕尔菲曼（David Palfreyman）认为批判性思维主要包含"重视问题的提出多于问题的解答，批判地去阅读、写作、倾听他人意见及发表个人意见，质疑他人的思考并期望自己的想法能遭到他人

---

① 〔苏联〕叶·谢·利希滕施泰因主编：《科学家名言集》，印佳翔等译，上海科学技术出版社1986年版，第16页。
② 〔英〕大卫·帕尔菲曼编：《高等教育何以为"高"》，冯青来译，第16页。

的质疑"①等内容；无疑，就核心要旨而言，批判性思维在于培养和塑造理性的怀疑精神。借用康德的语调，批判性思维意味着一切所谓的"权威性知识"皆须在理性的法庭上接受理性的审判，故而批判性思维排斥盲从，它不崇拜权威，只服从理性，服从逻辑，服从真理。就当下而言，我国教育仍然普遍采用"填鸭式"的方式，此方式极不利于学生养成独立思考的能力，不利于培养批判性思维。耶鲁大学校长理查德·莱文曾指出，"大学教师的主要工作应该是教会学生如何独立思考，要让大学生尤其是本科生具备批判性思维，如此，我们才会拥有创新活力。"②

若从根本上转变此模式，无疑是一个宏大的系统工程，当然也是一漫长的过程，因为它牵涉到诸如传统观念、文化架构、地域环境乃至诸多非教育因素。但是，我们仍然可以寻求到有效的方法。以笔者浅见，就当下而言，提高大学生批判性思维的最有效方法莫过于进行"逻辑的训练"。③逻辑学是"规范"思维尤其是提高批判性思维品质的行之有效的方法。我们知道，知识无非是一种判断，而判断的正确与否取决于逻辑的前提与逻辑推理过程。当学生具备了逻辑学的训练，则能自觉地将所谓权威的结论进行审慎的思考，譬如：所谓权威的结论之根据何在？其逻辑起点是什么？推演过程是否周延？其命题的适用范围何在？……究极地讲，逻辑不能代替一切，也不能穷尽一切，哥德尔曾经提出"真＞证明"的伟大思想。但是，我们绝不可因此而小觑逻辑的力量，因为就学术研究、科学探索而言，逻辑甚至表征了理性自身。基于此故，笔者提出"通过逻辑的学习来强化批判性思维"的观点，并建议有条件的大学开设逻辑学的系列讲座，以此来强化学

---

① 〔英〕大卫·帕尔菲曼编：《高等教育何以为"高"》，冯青来译，第75—76页。
② 转引自《需培养大学生的批判性思维》，《新民晚报》2006年7月18日A12。
③ 我国高校学生除逻辑学专业外，其他的学生几乎很少接触逻辑学的训练，虽然数学（尤其几何学）带有逻辑学的性质，但毕竟不能等同于逻辑。

生的"批判性思维"。

三、培养"源始性"的哲学思辨能力与博大的哲学视野

有了质疑精神，还要善于运思，要讲究运思的严谨性、思辨性。欲获此品质，最好的方法莫过于研习哲学。恩格斯在《自然辩证法》中谈道："理论思维仅仅是一种天赋能力。这种能力必须加以发展和锻炼，而为了进行这种锻炼，除了学习以往的哲学，直到现在还没有别的手段。"①"现代大哲牟宗三先生亦有'智润思'的说法——用哲学智慧来提升思维能力，皆强调了哲学对思辨力的滋润作用。因为高妙的哲学智慧充满了理性的思辨精神、谨慎的怀疑精神、客观的实证精神、连续的追问精神，必要的哲学训练确实能'滋润'并提升人的创造性思维能力。"②更何况，自然科学原本就孕育于哲学之中。

学习哲学当然要学习马恩原典，但又不可仅限于此，大学生亦应适当地研读"孔孟、老庄、佛陀乃至柏拉图、康德、黑格尔以及现代大哲学家的经典著作，让其在东方有机整体思维与西方分析性思维的碰撞、交锋中，渐次提高自身的思辨能力"③。就纯粹思辨能力之培养而言，笔者的经验是，柏拉图的《斐多篇》、黑格尔的《小逻辑》及佛学的经典《楞严经》皆是培养逻辑思辨能力的杰作。《斐多篇》中关于"灵魂不灭"的辩论、《楞严经》中的"七处证心"的问答，皆以对话展开，"唇枪舌剑"中不乏奇思妙想且逻辑严谨，妙不可言，确实能开启人的智慧；黑格尔的《小逻辑》对提高辩证思维的能力尤其有效，黑格尔本人对此亦赞美有加，"逻辑学（这里的逻辑学指哲学）的有用与否，取决于对学习的人能给予多少训练以达到别的目的。学习的人

---

① 《马克思恩格斯选集》（第三卷），人民出版社 1995 年版，第 467 页。
② 郭继民：《培养学生创新能力应提升思维品质》，《中国教育报》2019 年 5 月 27 日。
③ 同上。

通过逻辑学所获得的教养,在于训练思维。——但是就逻辑学作为真理的绝对形式来说,尤其是就逻辑学作为纯粹真理本身来说,它绝不是单纯是某种有用的东西……"①但鉴于其书晦涩,读懂有一定的难度,因此非哲学专业的同学可成立"读书会",定期就某一问题进行探讨。笔者坚信,如此坚持下去,大学生朋友的思维能力当有明显提升。

哲学不仅能训练思维的严谨性、提升思辨力,而且还提供"博大的视野"以启迪学术研究,此即笔者所谓的"源始性的哲学视野"。梁漱溟先生在《乡村建设理论》中曾言:"必须超过问题,问题才可以解决;单在问题上解决问题,问题永远得不到解决。"②梁先生的本意在于"要建立好的制度以解决乡村生活问题"。若将其言用于学术研究,那么梁先生所谓"必须超过问题,问题才可以解决"大致可作如是理解:当科研问题止步不前乃至遇到危机时,要学会用超过问题的眼光,即用哲学的宏观视野或曰超越性的哲学思维去在源头上重新审视问题,以求得到解决。美国著名科技哲学家库恩说道,"我认为,特别是在公认的危机时期,科学家常常转向哲学分析,以作为解开他们领域中的谜的工具"③。个中道理在于,哲学本为诸科学之母,其他学科皆从哲学中分离出来——当然,其他学科研究到极处又有"上升到哲学"的可能。此言哲学同各具体科学相互影响、相互启发。一如爱因斯坦所言:"如果把哲学理解为在最普遍和最广泛的形式中对知识的追求,那么显然,哲学就可以被认为是全部科学研究之母。可是科学的各个领域对那些研究哲学的学者们也发生强烈的影响,此外,还强烈地影响着一代人的哲学思想。"④其实,我们也可从另一角度理解之,即,哲学不仅

---

① 〔德〕黑格尔:《小逻辑》,贺麟译,第64页。
② 梁漱溟:《乡村建设理论》,中华书局2018年版,第204页。
③ 〔美〕库恩:《科学革命的结构》,金吾伦、胡新和译,北京大学出版社2003年版,第81页。
④ 〔美〕爱因斯坦:《爱因斯坦文集》(第一卷),许良英等编译,商务印书馆1977年版,第519页。

仅是全部科学的研究之母，同时哲学能提供一种整全性视野，能训练人们的整体观、系统观，并因此而提升人们的思想境界，此乃"源始性的哲学视野"的重要蕴含。

中国的科学家已认识到这一点。2020 年 6 月，中科院成立了哲学研究所，即是显明例证。在开幕式上，白春礼院士谈到哲学与科学的问题时，强调了哲学对思维能力的促进作用，他指出，"中国的科学家有自己的美德和优势，但也存在原创性普遍不足的问题。造成这种局面有多种原因，包括科学传统薄弱，以及科研制度方面的缺陷等，除此之外，我们在创造性思维上的缺乏也有重要的关系。要补上这个短板，哲学的学习和哲学思维的训练非常重要。"[①] 笔者相信，随着科学家对哲学的重视以及各种措施的相继推出，大学生的思维拓展力与创造力将会得到一定的提升。

四、拓展运思视野

思维能力强调的是学术的思辨、追问能力，运思视野则涉及大学生的学术眼界。唯有拓展其视野，开阔其眼界，打破因专业划分带来的学科壁垒，大学生方能获取"多维度"看待问题的能力，并借此提升自身的思维品质。

首先，要求大学生要开阔胸襟，善于吸收学界不同的甚至相反的意见。中国传统文化历来重视师承关系，学生往往自觉不自觉地捍卫"老师尊严"，以老师之是非为是非，此固然有利于学术传承，但其缺憾亦明显：它容易让人陷入故步自封、"不敢越雷池一步"之封闭窠臼。大学生在人格上当然要尊重老师，但是在学术上当敢于践行亚里士多德"吾爱吾师，吾更爱真理"之箴言，要敢于接受不同甚至与老师学术主张相左的观点。即是说，要有博大胸怀，更要有"越雷池"

---

① 孙庆玲：《未来的科学革命离不开哲学思想的激发和引导》，《中国青年报》2020 年 9 月 25 日。

的勇气——此客观上亦要求老师具有包容之胸怀。

其次，要求大学生要具备综兼视野，"既能用战略思维的'长镜头'看待问题，又善于用微观思维的'显微镜'触摸细节"①。长镜头是从历史纵深之维度看待问题，一个问题价值之大小，并非哪个专家说了算，须将其放在科技史、学术史之纵向维度来厘定之，此无疑要求大学生要具备学术史的相关知识。"显微镜"则直面问题本身，从横断面的维度去思考问题：它包括问题的形成、问题的可能性进展、同行对此问题的研究水平以及可能影响该问题的主要因素等等，皆要进行认真揣摩、思考，不放过任何蛛丝马迹——尤其要关注不为人注意的"细节"问题，以求完满地解决问题。无疑，此对思维的敏锐性提出较高的要求。

最后，在思维的整合维度上，要求学生要尽可能地突破学科藩篱与专业界限，关注交叉学科，拓展知识面，勇于深入新领域，以便为实现思维方式的转换和方法的创新提供契机。钱学森先生尤其重视不同学科间的联系，他认为自然科学与艺术要加强"联姻"，不同专业、不同学科乃至不同思维方式如理性与非理性间皆可通过相互启迪、相互杂交而达到提升运思维度之目的。国际知名创新专家肯·罗宾逊指出："艺术与科学的发展进程远比人们通常认为的更加紧密。发现二者之间的联系，会激发出许多艺术与科学结合的课题。"②可见学科交叉确实会具备"杂交优势"，值得大学生重视。

在今天的万物互联的信息时代，学科之间的关系更是日益交融，难以给予清晰的切割，故而以"老死不相往来"的偏执、闭塞心态作研究尤不足取。因此，大学生（特别是低年级的大学生）仍需要"博雅"教育：因为大学生要对时代发展有一个客观的理解，对科学史、

---

① 郭继民：《培养学生创新能力应提升思维品质》，《中国教育报》2019年5月27日。
② 〔英〕肯·罗宾逊：《让思维自由起来》，石孟磊译，东方出版社2010年版，第151页。

学术史有清晰的把握，对不同学科间的关系有一个清晰的认识，对科研前沿的问题有一个大致的了解，对科学研究的发展趋势有一个大致的判断，等等，此皆非传统"条块分割"的教育方式所能为。故有志于从事科学探索、学术研究的大学生，当开阔胸襟，拓展运思眼界（视野），打破学科隔阂，以获得多维度看待问题的能力。

五、营造自由的运思氛围与场域

宽松的教育环境、自由的学术氛围不仅是培育创造力的必备环境，亦是培养思维品质不可或缺的重要内容。一般而言，运思自由主要有两种，一种是心智的外在自由，主要涉及运思的外在环境与学术氛围；一种是思维自身的内在自由，主要指运思自身的敞开与运思的"合规律性"（或曰思考的合规律性）。

由于心智的自由多涉及运思的氛围，故而在宪法和法律的许可范围内，在不违背伦理道德的前提下，大学应提供足够宽松的学术环境，尽可能营造轻松愉快的学术氛围，以保持其心智与思维的自由，并以此滋养其对世界的好奇心。心智的外在自由能保证思考的主体（大学生）凭兴趣与爱好去自由地思考。亚里士多德认为自由与好奇是哲学产生的土壤，对于思维品质之提升亦然。因为内心的自由乃是对付"僵化思维"的有力武器；反之，外在的强制则往往导致兴趣的丧失。物理学家海森堡（1901—1976）认为："我的看法是，根本不能强迫一个人去发明或者做一种新的科学研究，如果他不愿意的话。创造性的思想需要一定的自由空间，只有在这种自由空间中，创造性思想才能发挥出来，任何强迫或者甚至于使用暴力，那么如果不是甚而堵塞，也会阻碍这种创造力的发挥，以致背离原来的目的越来越远。"[①] 英国哲

[①] 〔德〕伊丽莎白·海森伯：《一个非政治家的政治生活：回忆维尔纳·海森伯》，王福山译，复旦大学出版社1987年版，第70页。

学家怀特海则从知识与形象力结合的层面说明自由的重要性:"想象力和知识的融合通常需要一些闲暇,需要摆脱束缚之后的自由,需要从烦恼中解脱出来,需要各种不同的经历,需要其他智者不同的观点和不同才识的激发。"① 要之,唯有在心智自由的状态下,人们方能在世俗物质力量面前保持精神的尊严,亦因此能展开丰富想象力并借以拓展思维的向度。须知,想象力乃是创造之源,是知识进化的源泉。同时,心智自由保证了好奇心的落地生根,而好奇心则是人们认知的动力和提升思维能力的引擎。封闭的心灵杜绝了好奇心的产生,遑论结出思维之果实?更何况,自由的氛围也有利于培养学生的运思的自信心和怀疑精神。

思维自身(思维内部)的自由,是指运思过程中的自由,或曰,是思维应符合其本身的思维规律。就思维的敞开而言,借助想象力,人们可以无所思,且"烂漫的想象力"总能提供创造性思维之契机。然而,当思维到一定程度时,思维的自由就势必要表现为符合认知规律的自由——思维愈符合(真理)自身的规律,思维就越自由。因为运思的最终目的在于认识未知世界的规律性,若思维能把握并符合未知世界的内在规律性(即必然性),即意味着"绝对的自由",按黑格尔的话说,"内在的必然性就是自由"②。牛津大学学者艾伦·赖安给出了更有启发性的回答,他认为:"自由教育就是要引导我们去往自己的思想家园,换句话说,意在达到我们持有的观点真正就是我们自己的想法这种境界。它意在达成某种心智的自由。"③ 这样看来,即便在自由的运思中,烂漫与严谨、自由与必然仍是统一于运思的过程之中。谈及思维本身的自由,笔者不得不再次强调哲学的重要性。如果说外部

---

① 〔英〕怀特海:《教育的目的》,庄莲平、王立中译,第130页。
② 〔德〕黑格尔:《小逻辑》,贺麟译,第105页。
③ 〔英〕艾伦·赖安:《自由教育:并不拒斥科学》,载〔英〕大卫·帕尔菲曼编:《高等教育何以为"高"》,冯青来译,第91页。

的自由氛围可以保证学生"自由的思"(思的权利),而思维自身的自由(或曰"思维的敞开")则仍须由哲学启发,"哲学赋予科学内容最重要的成分:思维的自由(思维的先天因素)"[①]。哲学不但教人如何去思,而且让人自由地思:它一方面通过严谨性来保证运思的逻辑,赋予科学以必然性的保证;另一方面又以开放的姿态(思索整个宇宙)让人浪漫乃至天马行空地去"艺术地"思。这种既重视思之开放性、艺术性,又重视严谨性、规律性的哲学之思,对于提升运思的自由度至关重要。

六、笃实践行运思的强度

思维强度,指的是在思维实践中应具备的"思考硬度""思的聚焦"及"思考耐力",它构成思维品质的"实践要素"。缺乏强度的思考,其思维力是难以得到提升的。欲提高思维强度,可从以下三个层面用功。

首先,在选题上,要敢于突破自我,乃至突破常规,敢于向前沿问题、难题挑战,此谓之思考硬度。问题愈新、问题愈难,愈能培养并提升思维能力。著名思想史家韦政通先生在谈及大学生论文选题时谈道:"如果你现在正在做学位论文,你千万不要去讨便宜,找个容易写的题目,去弄个学位,假如你以后要在学术上有所发展,那是对你不利的。"[②]古人云,"宝剑锋从磨砺出",年轻人做科研应瞄准有挑战性的"硬问题",在"硬问题"中磨砺思维,培养思维强度。

其次,思维实践要围绕着一个核心问题展开,需作凸透镜,而非凹透镜。此谓运思要聚焦问题,而非散乱地用功,唯有经过凝神息虑、艰苦卓绝地"一以贯之"地高强度思考,方能得醍醐灌顶之智。黑格

---

① 〔德〕黑格尔:《小逻辑》,贺麟译,第54页。
② 韦政通:《八十前后演讲录》,华中师大出版社2009年版,第132页。

尔曾引用歌德的话,"一个人在特定的环境内,如欲有所成就,他必须专注于一事,而不可分散他的精力于多方面"①,黑氏所言的"不分散精力",可理解为"思的聚焦"或"思维定力"。

最后,要培养对问题展开"恒如一"的、连续的思的品质,此即笔者所谓的思考耐力。此言,在思维实践上要有打持久战的恒心。今人流行的"一万小时理论"(用一万个小时的时间专心某事)亦大致强调此。事实上,"一万小时理论"就是古人所谓的"学艺三年方可出徒",一年三百六十五天,以每天十小时计算,三年岂非"一万小时"?可见,若要在某一个领域有一番作为的话,非得有"惟精惟一"的决心和行动。黑格尔谈及哲学研究时曾言:"但以谨严认真的态度从事于一个伟大的而且自身满足的事业,只有经过长时间完成其发展的艰苦工作,并长期埋头于其中的任务,方可望有所成就。"②德国哲学家善于打持久战,康德、胡塞尔、海德格尔皆经历了"十年磨一剑"持久地、连续地沉思,故而其著作一经问世,就注定成为经典。这一点尤值得国人学习!其实两千多年前的《大学》对持之以恒的学习态度也提出了睿智的看法:"有弗学,学之弗能,弗措也;有弗问,问之弗知,弗措也;有弗思,思之弗得,弗措也;有弗辩,辩之弗明,弗措也;有弗行,行之弗笃,弗措也。"③明儒王阳明对之解释曰:"博学、审问、慎思、明辨、笃行者,皆所以为惟精而求惟一也。"④笔者以为,"弗措也"三个字亦不可小觑,它实则阐明了古人持之以恒、惟精惟一的治学态度,表达了古人"不解决问题誓不罢休"的恒心与毅力,当值得今人学习、借鉴!

当下社会倡导的工匠精神,实质上看重的无非此"恒一"与持久

---

① 〔德〕黑格尔:《小逻辑》,贺麟译,第 174 页。
② 同上书,第 30 页。
③ 《四书》,吉林文史出版社 2004 年版,第 422 页。
④ (明)王阳明:《传习录》,江苏古籍出版社 2001 年版,第 34 页。

精神，只有全身心投入，围绕一个中心问题，不断用功、打磨，终究有"云开见日"的一天。倘若"思"缺乏强度，一曝十寒，不能持久，以散乱之心今天思一物，明日思一物，最终不过原地打转，哪里会有思维能力的提升！哪里会有真正的创造！

提升大学生的思维品质，绝非一蹴而就之事。它既需要一定的方法，更需要学生长期的运思实践。唯有让大学生树立运思自信，聚焦问题之"维"，以充分的自由度为保障，发挥其思之韧性（即思之实践），综合运用各种"思"之能力（思维向度），其创新思维能力（包括思维升级与思维转换能力[①]）方可得到切实的提升与跃迁！

当具备了创造能力，且不言所谓的世俗功利，即使创造性本身亦足以给你带来快乐，正如韦政通先生所言："创造性的满足一旦出现，就是任何人都拿不走的。你再多的财富，一夜之间可以丧失掉，但是你这种在学术上得到创造的成果，任何人都拿不走，抢不走，永远属于你的。"[②]

---

① "思维升级"指从较低级、粗疏的思维能力向高级、严谨的能力之提升过程，美国学者麦克斯·泰格马克认为生命有 1.0、2.0 之别，思维同样如此，由思维 1.0 向思维 2.0 之跃升，称之为思维升级。思维转换，则是因农业文明、工业文明与信息文明之不同而形成的不同思维间的转换；于国人言，应注重农业思维（模式）向工业思维、信息思维的转换。

② 韦政通：《八十前后演讲录》，第 132 页。

第二编　反思篇

为学之道，必本于思。思则得之，不思则不得也。

——（宋）程颐

日常理智当然认为，有知的人就不需要学习了，因为他已经学成了。差矣！所谓有知的人只是指那种领会到他必须总是不断地学习，并且在这种领会的基础上首先使自己进入那种能够不断地学习的境地的人。这要比拥有知识难得多。①

——〔德〕海德格尔

---

① 〔德〕海德格尔：《形而上学导论》，熊伟、王庆节译，商务印书馆2012年版，第23页。

第一章　和谐教育之反思

在倡导和谐教育的今天，我们要追问教育的本质并反思当下教育存在的问题。就终极目的言，教育当是"成人"之教（即让人成为人）。但当下教育明显存在重智轻德的"实用"之偏向，甚至即便在智性教育中也存有重教轻思、忽略美育之偏颇，此皆不利于教育的正常进行。和谐教育应该是以审美为纽带的德性、智性的和谐统一，是人与人、人与自然的和谐统一；和谐教育也应该是终身教育。

在构建和谐社会的大背景下，"和谐教育"的理念渐入人心。毋庸置疑，和谐社会大系统内的"教育"理应更和谐。在"宣扬"和谐教育理念之前，我们仍需对教育进行追问：何谓教育？其本质、目的何为？我们的教育存在哪些问题？和谐教育又有何深层内涵？否则，脱离教育自身规律的"和谐宣讲"就有可能沦为"口号式"运动或沦为华而不实的"自我"标榜。

一、对教育基本问题的追问

教育到底何谓呢？美国教育家杜威认为，"教育力求发展学生的思维能力和敏感性"[①]。杜威是从认知能力培养之维度谈教育（偏向于智

[①] 〔美〕杜威：《我的教育信条》，彭正梅译，上海人民出版社2011年版，第296页。

能），尚未触及教育的本质。相比之下，康德主张的"人是目的"之理念，则从终极意义上对教育进行了"本质规定"，当然更为深刻。"人是目的"，按儒家的说法，就是"成人之教"，即让人成为"德性之人"，成为具备健全人格的人，此即"教育自性"的应有之义——相关内容在"教育的自性"中已有所论述。

按中国古代的教育传统，教育总体建基于"人文化成"的观念之上，人文化成包括"人化"之培育与人之"智性"的开发之综合。《周易》所谓的"观乎天文，以察时变；观乎人文，以化成天下"即谓此意。

"人文化成"首先是规范人的行为，此"人化"过程指人脱离动物性而成为人的过程。依中国古代教育的视野，"人文化成"或曰"成人之教"可划为两个层次，即德性之化与智性之教。

先言第一个层次的"德性之化"。"德性"之化，主要从"让人成为人"的维度进行考量。人化的本质是"德性化"，因为人与动物的本质差别就在于动物没有"道德性"，故而人化主要从德性入手进而延伸到伦理精神、价值追求、终极关怀等形而上的层面。

比之于西方文化，中国文化传统尤为重视"人化"之教，因为中国古代的教育精神就是以德性为主的人化之教，无论教育之起点还是终点均建立于"使个体成为人"的基础之上。孔子认为一个人若值得教，首先必须有良好的德性，"弟子，入则孝，出则悌，谨而信，泛爱众而亲仁。行有余力，则以学文"①。教育的入门条件是德性，教育的最高目的仍在于提高、巩固德性之修养，进而成为贤人、圣人。

对于"学"之目的，孔子认为："古之学者为己，今之学者为人。"②其中，"为己之学"即是修身之学，"为人之学"则是炫耀之学。转换为现代话语，即为己之学在于提升自我修养，为人之学是教育的"异

---

① 杨伯峻：《论语译注》，第6页。
② 同上书，第214页。

化"。关于为人之学,孟子亦有精辟论述,如在论及人与禽兽的区别时,孟子认为:"人之所以异于禽兽者几希,庶民去之,君子存之。舜明于庶物,察于人伦,由仁义行,非行仁义也。"[①] 其义为:人与动物的区别,在于人是有德性的(人性善)[②],故而应通过恰当的教育方式,让人的德性发挥出来。因此,自孔孟以降,中国的教育传统大体定位于以"人化"为核心的德性之教。然而,后世的科举制度却将教育异化为"为人之学",将传统的"读书问学"蜕变为通向仕途进而显亲扬名、光宗耀祖的手段,从而远离"人化"之旨归。顺便提及,以"德性之教"为主体的"教化式教育"贵在传承而非变革,此势必加固国人保守之性格。

教之第二层含义为传统意义上的人之智性之开发,着力于人之知识、技能的提升,主要表现为技术发明与创造。如前所述,中国传统教育的根基与旨归皆以"德性"为主,即便教育内容也涉及射、御、书、数等关乎技艺的知识,但其最终目的仍在于通过"技"之途径通往成圣之大道。即是说,古人所鼓吹的求学问道,"为学"的目的仍在于做人。且,做人的教育在于本分、谦虚,尤其要讲究师道尊严和中庸之道。此种重视德性之养成的教育传统在某种程度上遏止了创新能力的生长。故此,虽然古中国有四大发明的技术奇迹,却罕有如牛顿力学等理性推理的科学奉献。相比较言,西方教育为"重智"的教育,重在知识、逻辑之开发。这种重智性的教育始终洋溢着一种理性的怀疑精神,为西方教育的重要支柱,亦是其科学技术创新的"滋养地"。西方现代科技之所以取得如此辉煌成绩,实源于此。

冯友兰先生曾把中国哲学传统区分为"为学"与"为道",并认为

---

① 杨伯峻:《孟子译注》,第210页。
② 中国文化传统中,人与动物的区别在于道德性,西方则认为人与动物的差别在于智性,黑格尔认为人是理性的动物,理性指的是反思的能力,从属于智性。

"为学的目的就是我说的增加积极的知识,为道的目的乃是提高心灵的境界"①。将冯氏之语用于中西教育之区别,亦无不可:中国的传统教育重在"为道",西方的教育重在"为学"(有人将之称为做事的学问与做人的学问,亦有几分道理)。"为道"(做人)与"为学"(做事)即为"教育"内涵——"人文化成"之两翼:为道之教让人成为人并能挺立于宇宙之间;为学之教通过开发、挖掘人之创造潜能增添人之生活趣味与活力。二者相得益彰,相辅相成,共同将人性之美呈现于世界之中。

当然,德性、智性本身亦是相互贯通的,或至少应该是贯通的,此贯通需要"审美"的参与。康德的《判断力批判》就是要解决"智性何以能通向德性"的问题。他认为,审美通过调动人的情感(包括想象力)可有效地成为"贯通德性与智性的桥梁"。换言之,美是联结真(知识)与善(德性)的纽带,通过美育或"艺术教育"的学习与实践,既可净化心灵又可提高心智的感悟力,从而促进人性趋向真、善、美的内在和谐与统一。受康德哲学的影响,近代著名学者王国维亦有此看法:"美育者,一面使人之感情发达,以达完美之域;一面又为德育与智育之手段。此又教育者所不可不留意也。"②中国古代教育思想即含有此思路,譬如,孔子主张的"乐感"教育,在巩固人之德性的同时,亦给后人提供了由"乐"之熏陶通往德性之修的渠道。本章之所以没有将"美育"与智育、德育相互并列,原因在于:美应时时融合于智性与德性的教化之中,它是不可须臾离开的,孔子言"兴于诗,立于礼,成于乐"③,即蕴含此义;更何况,审美教育还有助于智性的开发!

---

① 冯友兰:《中国哲学简史》,北京大学出版社1985年版,第6页。
② 王国维:《论教育之宗旨》,载《教育世界》卷五十六(1906年),第2页。
③ 杨伯峻:《论语译注》,第114页。

因此，就教育之"人化"层面的追问可知，求学问道式的"成人之教"当为教育的原初之义，也应该成为教育的终极目的。因为"让人成为人"关乎人立于世之根基，它也是让人成为"形上之人"的必由之路："我是谁""我为什么活着""我该怎样活着"等问题皆是超越现实的形上之"道"，教育应该担负起对"道"之思的责任。尤其在"工具理性"的教育理念占据强势地位的当下，加强"人文化成"的德性之教益发显得重要。

二、现代智性教育存在的问题

为道（塑造完满的德性人格）、为学（获取积极的知识）既然构成呈现人性之美不可或缺之两面，自然，教育的任务亦应定位于此。针对我国传统教育"重道轻智"之偏颇和具体历史时期的使命，现代中国教育总体转向了现代式的"智性"教育。客观地说，教育的智性转向很大程度上基于民族发展之必需，如"科技强国""教育兴国""十年树木、百年树人"口号的提出皆基于此；同时，东邻日本通过大力发展教育并迅速在废墟上崛起之现实，益加坚定了我们开展"智性"教育的决心。事实表明，"智性教育"之转向对我国跻身世界强国之林发挥了极其重要的作用；但是，不可否认，我们的智性教育也不尽完善，在诸多方面存在着问题。

从教育目的及其担负的历史使命来看，急功近利的智性教育有导致自身"异化"之倾向。 我们姑且撇开教育的终极问题（指培养"和谐完美的人"），仅仅从教育服从国家建设的"实用"层面来看，教育似乎亦有脱离其"原初目的"之倾向。固然，智性教育的本质在于开发、挖掘人之智能并展现人之创造性，它同样属于人性（智性）的自我完善。国家从"强国、兴国"的角度重视教育（如科技兴国、教育兴国等口号均是明证），既有力地促进了综合国力的提高，也促进了人之智性的开发与提升。但是，不可否认，我们的教育制度自设立伊始，就一直存在着教育与其自身之目的——人的全面发展——相脱离的问题，且在不同时期均有所表现，如：新中国成立初至"文革"前的教育带有"工具论"的痕迹，"人"是国家机器的"工具"，没有任何选择的余地，服从就是一切；"文革"期间的教育则为纯粹的"政治路线"所代替，社会上不但上演"交白卷"闹剧，甚至还流行"知识越多越反动"的错误思想；自高考恢复至20世纪90年代中期的"精英教育"又在一定程度上复活了"学而优则仕"的古老传统，成为获得"铁饭碗"的有效途径；当下的（高校）教育则有"蜕变为职业培训"之嫌疑，一切的教育似乎把目标瞄准了就业。这样看来，我们的教育确实有远离"教育之本质"的倾向，甚至有被异化为"歧途"之危险。如当某些职能部门把以受教育的"优劣"（学校排名）和"多少"（学位高低）作为其职位、职业的裁判标准时，受教育与否乃至受教育程度的高低就演变为强弱、贫富、贵贱的分水岭，受教育机会的不均等似乎已成为导致人社会地位不平等的重要因素。更有讽刺意味的是，某博士因第一学历为"非名校"竟屡被用人单位拒绝[①]，这无疑是对教育本质"是其所是"的绝妙讽刺。因为当下重实用、重名分的"功利式"教育事实上已成为人们命运的主宰，至于我们曾宣扬的"知识改变命运"的逻辑本身就蕴含着"教育主宰命运"甚至"教育带来财富"的立场（当然，更尴尬的事实还在于知识未必能改变人们的命运）。如此之教育显然有着浓厚的实用主义、功利主义色彩，它承载了太多的诸如地位、收入、户籍、升官、发财等额外的使命。当教育的功能不是"让人成为人"，而是让人成为"某种人"的工具，甚至充当达成某种特定目的的手段时，教育就开始走向了反面。

况且，我们的智性教育之转向在某种程度上甚至是以牺牲德性教

---

① 2007年7月10日《中国青年报》刊登的署名为杨吉华的《博士自述：第一学历成了我的污点》的文章，第一学历非名校出身的博士在求职过程中接连被用人单位拒绝。

育为代价的，当前校园里诸如考试作弊、侮辱师长甚至戕害同窗的恶性事件并不少见，而社会上则人情冷漠、诈骗之事常有，这很大程度上与我们教育中的"德性缺失"有关。著名学者南怀瑾先生曾言："中国几千年的教育目的不是为了谋生，是教我们做一个人。……一个人应有独立不倚、卓尔不群的品格修养，作为社会、人心的中流砥柱。"[①]笔者对此深有同感。当然，我们绝非否定"智性"教育之开展，而是认为当下的教育须将智性建基于"德性"之上，至少不要唯知识、唯功利是从，而应恰当处理好德性教育与智性教育的关系，使之始终处于一种动态的"和谐状态"，切不可顾此失彼；否则，教育非但不能"化人"，反而将人"物化"甚至"畸形化"。

智性教育实施中凸显的重"知"不重"思"的现象既是智性教育的误区，亦是遏制创新能力的瓶颈。 在智性教育方面，我们存在的问题还在于教师注重知识的传授而忽视学生"思"之过程的开发。这固然与师道尊严下以服从为主的传统习惯有关，亦与当下应试教育制度有关。

关于以服从为主的教育模式，有人甚至戏称为"点头教育"——因中国传统书本的文字是上下排序，"点头"意味着认同，自然缺乏怀疑精神；西方的教育是摇头教育（其文字是左右排版），有怀疑精神。此说法尽管有戏谑的成分，却也中肯。

"点头式"的教育着重于传授固有的、现成之知识，它表现为静态的、缺少怀疑的、被动接受之过程，锻炼的是学生的记忆力。"摇头式"的教育的着眼点在于通过培养学生质疑精神与批判精神，激发孩子的创造力、想象力。譬如，在某个设定的场域内，学生和老师处于平等的地位，通过质疑、反思与追问将知识"召唤"出来；即是说，"知识本身"或许是"已有"的，但却是他们通过切身的思考将之"引

---

① 南怀瑾：《教育的目的》，《每周文摘》2007年第7期。

导"出来，教师充当"助产师"的角色。"点头式"的静态教育在基础教育中固然有其必要性，但如果忽视了孩子想象力的培养，那么此"填鸭式"的教育就有可能扼杀孩子的创造力。这在历年的小学数学奥赛中表现得极为突出：几乎历年的奥赛冠军都被中国孩子取得，由此可见中国的基础教育在国际上可称得上是最棒的。但问题在于，在基础科学研究领域为什么中国本土至今没有一个诺贝尔奖得主呢？① 为什么杨振宁、李政道是在国外的环境中取得如此的成就呢？笔者以为，我们现行的应试教育体制和教学模式很大程度上遏制了孩子的想象力与创造力，创造力和想象力的匮乏又势必影响到"思"（质疑）之开发。

其实，传统的中国教育还是比较重视"思"在学习中的作用的。如孔子的"学而不思则罔，思而不学则殆"即是精当之概括；其"不愤不启，不悱不发"的启发式教学模式实建立于"思"的根基之上。离开了"思"，"学"充其量不过是一种类似动物的"高级模仿"。道家的代表人物庄子也极为推崇"思"："学者，学其所不能学也。"② 学习的目的在于学会其"不能学"，这"不能学"即是无形的"思"之能力，否则学习就失去了意义。当然，庄子是从求道的角度阐发之，在《养生主》中，其"吾生也有涯，而知也无涯。以有涯随无涯，殆已"③ 的说法则从反面启迪出这样一个道理：只有学会了如何思考，才可能去应对"无限的知识"。西人海德格尔对教进行过这样的论述："教比学难，是因为教意味着让人去学，真正的老师让人学习的东西只是学习……真正的教师以身作则，向学生表明他应学的东西远比学生多，教师必须比弟子更能受教。"④ 教师的以身作则也无非是把"思"放到首位，古人有"授人以鱼，不如授人以渔"之说，此"渔"之核心在于"思"。

---

① 笔者写作此文时，屠呦呦女士尚未获得诺贝尔奖。
② （战国）庄子：《南华经》，安徽人民出版社2001年版，第331页。
③ 同上书，第40页。
④ 〔德〕海德格尔：《海德格尔选集》（下），孙周兴译，上海三联书店1996年版，第1217页。

遗憾的是，在"应试教育"一统天下的当下，"思"只能被忍痛割爱了。因为应试教育看重的是标准答案而不是独创力，评判学生能力的最高要素是"标准答案"，而非其思想。此种体制下，谁愿意拿"创造"去冒险？因为如果这样做，你很可能就会被排斥在体制之外，接下来的后果则是难以入学、就业。于是，我们的学生就这样被迫失去了独立思考的过程和乐趣，久而久之，其个性也被"标准化、齐一化的共性"所淹没。

对于应试教育存在的诸多弊端，人们感同身受，并给出尖锐的批评。譬如，宁波大学外语学院院长范谊先生就曾如此痛斥道："它（指应试教育。——笔者注）已经使我国的教育制度迷失了方向，失去了教育的本性和灵魂，使儿童失去了学习的热情和能力，使青年戴上了思维枷锁……"[①] 范先生言辞也许过于激烈，但事实又确乎如此。只要不从根本上改变"应试教育"的体制，开发学生创造力、想象力和培养学生独立思考能力的"素质教育"就很难摆脱口号式的命运。

智性教育中存在的轻视艺术与人文教育的现象亦不利于创造力的开发。 艺术、人文教育对智性教育有着积极的促进作用，在科学上取得重大成就的大师大都有着深厚的艺术修养和人文修养。达·芬奇、爱因斯坦、钱学森等大科学家皆如是。"一个叫罗伯特·鲁特·波恩斯坦的年轻人研究了 150 位科学家的传记，发现几乎所有的大科学家、发明巨匠都同时是诗人、提琴手或者是作家、业余画家。"[②] 认知心理学亦表明，艺术、人文教育尤其是艺术教育对于开发人的想象力、创造力有着极其重要的作用。钱学森先生在与温家宝总理谈及"现在的学校为什么培养不出杰出的人才"的问题时，曾论述过科学与艺术的关系。他说："希望搞科学的学一点文学，搞文学艺术的学一点科学。一

[①] 夏扬文：《弊端引发高考存废之争》，《文摘报》2007 年 7 月 15 日 3 版。
[②] 张学礼：《现代科学的新特点：趋向艺术化》，《新华文摘》2003 年第 8 期。

个有科学创新能力的人,不但要有科学知识,还要有文化艺术修养。"[1]同时,通过艺术、人文教育的熏陶可使人们达到更高的善,让人在艺术空间中获得并体味自由,使得受教育者能更完满地将人性之美展现出来。

当下我们的基础教育中,艺术教育和人文教育仍得不到应有的重视,尤其在乡村教育中,学生除了在体育课上蹦蹦跳跳地获得短时间的"自由"外,其他时间都消耗在死记硬背中,哪有美感可言?一旦升入中学,尤其是高中,一切欣赏教育如音乐、美术甚至体育课都统统让位于高考,让位于"标准答案"控制一切的各种考试。有关研究表明,初、高中阶段是青少年创造力开发的最佳时段,可惜被应试教育扼杀了。这种"扼杀"带来的后果是既不利于创造力的培养,也不利于人的全面发展。如何把缺失的艺术教育、人文教育真正"还给"学生,应成为每一个教育工作者思索的重大课题之一,当然也是"和谐教育"的应有之义。

三、和谐教育的建构

"和谐教育"理念之提出,理应看作"教育自身"的一次回归,同时也是对"教育目的为何"的一次反思。正如康德所指出的那样,"你须要这样行动,做到无论是你自己或别的什么人,你始终把人当目的,总不把他只当作工具"[2]。如果教育脱离了人之成人的目的,教育的异化就不可避免。我们倡导的和谐教育理念就是从"人之为人"的角度出发去塑造完美的人格,以实现人性之完美、社会之和谐以及人与自然的和谐共处为终极目的,而不应把教育仅仅定位于获取功利的手段,甚至将人异化为功利的牺牲品。

---

[1] 温家宝:《同文学艺术家谈心》,《新华文摘》2007年第2期。
[2] 〔德〕康德:《道德形上学探本》,唐钺译,商务印书馆2012年版,第46页。

因此，从教育之成就、完善人的终极目的来看，倡导和谐教育应在下述方面用力：

人之德性与智性及其自身的和谐。德性的培育与智性的开发为车之两轮、鸟之两翼，断然不可偏废。德性培养要辅之以智性之开发，智性之培育要根基于德性之需要。即便在德性与智性各自的培养与开发中，亦应如此。在德性的培育中，应注重个人情绪、情感与气质以及心理素质的综合平衡，使个体灵与肉、心与物共处一体的"自我精神"处于和谐的动态调适中。概言之，要始终把健全、完美的人格教育放到首位。在智性开发中，应注重知识结构的合理化、学习方法的科学化、管理方式的人性化，把人之智性的开发融会贯通于人之探索世界与感悟人生的历程之中。在德性培养中，亦要重视人文教育、艺术教育对人的感召力和领悟力，真正让艺术教育化作沟通德性与智性的桥梁，把人的智性、德性与审美结合起来，让真、善、美和谐而有机地凝聚为一体，在"人之为人"的统一体中散发出来。在具体操作过程中，要求在师生之间、同学之间营造和谐的、如坐春风的教育气氛；在授课方式上，要努力将教授过程艺术化；在授课内容上，要重视人文艺术课对人潜移默化的影响。

和谐教育须将"终身教育"纳入自身体系之中。这首先是由教育本质——人之"人化"之培育与人之"智性"之开发之综合——所决定。因为完美人格的培育乃是一种境界上的追求，它需要个体终生不辍的努力。更何况，教育最终要"回到生活本身"，更要引领和超越当下之生活，此乃践行终身教育之要因。其次，终身教育有助于整个国民素质的提高。受教育不仅仅局限于青少年，而应当贯穿于人生的各个阶段包括成年人和老年人，教育甚至应该成为人类生活的重要内容。尤其在进入信息化时代的今天，更需要我们树立终身教育的观念。唯其如此，我们的整个国民素质才能得到整体性提高。再次，从现代知识的自身发展趋势与人之终极关怀角度来看，亦如是。知识更新周期的缩短迫使人们要不断地更新观念,即使"与现实保持一定距离"的老年人也不例外,地球村、网络化的信息时代已经把我们每一个存在"网罗"为其中的一分子,我们无法逃脱。这注定了我们要积极或消极接受信息,学会有选择地接受信息其实已构成了"自我智性教育"的一个重要环节。最后,作为人又总是暂时性的存在,老人尤其要面对"离去"的现实,消除老人的恐惧心理、填充老人寂寞的心灵,亦需要全社会的共同努力,此乃在世之人不可逃避的问题。笔者以为,可通过开展诸如老年艺术家、社区老年之家、老年大学等各种自娱、自主之教育,让老人在各种形式的艺术教育中"不知老之将至",颐养天年。此足见终身教育之必要。

加强教育与社会、自然、生命的和谐律动。一方面,人总是社会中的人,健全人格之培养与和谐社会之构建相辅相成,教育的实质是健全人格的培养,构建和谐社会既是健全人格的应然达成,反过来,它又为健全人格的培育提供良好的社会环境。此要求大学和社会不可脱节,而应彼此紧密关联,形成互动、引领的和谐关系。现代诗哲方东美先生在六十年前就谈到这一点,"中国的大学应和社会相结合,改良社会气质,就像'中央大学',可以造环校公路,这是对的,但是绝对不可以再造大学围墙"[①]。其意为,大学不可与社会分离,此不但表现在废除有形的"围墙",还表现在大学对社会的文化引领与精神引领:"所以假定我们教育真有好的制度、好的理想,培养出来的文化也是真正高度的精神文化,时时创造出第一流的艺术作品、第一流的文学作品、第一流的诗歌音乐,使人们在高雅的文化里面潜移默化,那么我们高贵的人性怎么会变成卑鄙的兽性,或成为有问题的人?"[②]方先生的上述讲话虽然针对六十年前的台湾高校,笔者以为此于当下大陆的

[①] 方东美:《方东美先生演讲集》,中华书局2012年版,第187页。
[②] 同上书,第187—188页。

高等教育仍不乏重要的启迪意义。反过来，和谐、包容的社会环境也会促进教育事业的进步，个中道理非常浅显，自不必多言。

另一方面，人亦为生存于宇宙之人、自然之人，因此人与自然环境实为"共存、共生"之关系，人类须臾不可遗忘之。在注重生态环保教育的同时，尚需关注生命教育。为此，国家、社会应重视生态教育、生命教育，尽可能地把生态教育、生命教育引入课堂。须知，作为有数千年悠久历史的农业大国，"天人合一"的生态理念与建基其上的"自然生命观"有着弥足珍贵的价值。在工业化占据主宰地位且对人类的生存环境造成困扰乃至威胁的今天，在社会弥散着"生命乏力""意义缺失"的当下，人们在启动生态环保观念的同时，亦须启动"生命教育"——用厚重的人文艺术开启心灵，润泽生命。此势必要求在学校乃至全社会进行生态教育与生命教育，并付诸行动，力求营造人与社会、人与自然的和谐空间。

第二章　教与学的形上之思

"教学的节奏"在实然意义上对"教""学"予以探讨；其实，在哲学意义上，"教""学"仍有待深入探究。传统意义上，教师的职业不过教书、"上课"而已，然而，此种模糊的认识导致人们对"教"的遗忘。作为"教"之本质意义上的"传道"，人们只能无限地切近但却无法达到。对教之本质的切近须靠"点拨"和"熏陶"；就目前而言，以追求"高效""实用"为宗旨的教育模式距离"教""学"仍然很远。

对于教师这个职业，我们依然停留在"闻道有先后，术业有专攻"的层次之上。换言之，只要具有一定的专业知识或技能，比如接受过某种系统的训练，尤其是在经过师范教育所规定的课程训练后，做一名教师大抵是不成问题的。因为在我们的视野里，所谓教师不过意味着把自己提前知道的、固有的东西（如知识、经验等）传授给学生。然而，就本质意义上教与学之特质，即便目前，人们依然缺乏必要的反思，虽然有很多专家、学者从心理学、生理学、传播学、教育学等方面进行广泛的推测和论证。

那么"教"究竟是如何发生的呢？这个提问方式似乎很突兀，然而更突兀的也许是问题的答案，笔者以为"教"似乎是不可能的，这个对于人类两千多年的教育史似乎是一个颠覆①；然而，就当下的教育模式而言，"教"非但根本不是本质意义上的"教"，甚至尚未切近"教"的内涵。在反思或解答教之不可能的问题前，我们首先对当下教育中"教"之现状作一分析。

一、"教"之分类

目前，作为"教"之主角的教师大抵有三种：

第一种是具有创新精神的教师，这也是当下最受欢迎的老师。须指出，这里的创新绝非教学方式（教法）的创新，而是知识/思想体系的创新。此类老师能借助现有的知识/思想体系开显出前所未有的、新的理论体系（或新发明、新创造），并非讲述陈列于教材中的固有之物（并非古人意义上的"闻道有先后"的知识）。无疑，这种老师于今乃是稀缺品，因为"原创性的东西"绝非一日之功，它需要长时间的积累和艰苦的探索，须有"十年磨一剑"的恒心和对本专业浓厚的兴趣；当然亦需老师具有相当的天赋与运气。自然这种原创性的东西一经出手，便洛阳纸贵。即便其传授方式存在某种瑕疵，但毕竟瑕不掩瑜，只要为人理解、掌握，自是功德无量。表现在讲授的层次上，此类老师乃是"讲自己的"，或曰属于冯友兰先生所言的"接着讲"，即能在前人的基础上展开新的理论体系。

第二种教师之"教"则表现为教学模式或方法上的创新，包括借助现代科技手段及利用心理学、传播学等诸学科所取得的最新成果，以一种"高效"的方式传递给他人。这种重视"教法"的教学模式是当下的重头戏，教育系统所设立的各种教学比赛如优质课、观摩课、

---

① 主要从教人思的角度上言之，"思"是无形的、不可见之物，且不同人的思维过程亦难以通约，故言"教"不可能。此主张并不新鲜，事实上，两千多年前的古希腊哲学家苏格拉底就提出过此主张。

样板课均是在授课模式上做文章；综观全国各大高校自行开展的达标课、评估课，皆大抵如此。

变革教学模式之目的，旨在让学生高效地接受既有之知识，但是它本身并没有新的知识创新，亦没有思想的推进或变革。目前，由于科学技术的介入，各高校普遍采用了多媒体技术，声、光、电等震撼视觉、刺激感官（主要表现在刺激记忆力方面）的元素无所不用其极，再加上教师反复计算好的时间间隔，不时地插入几句潜台词，且与画面配合得完美无缺，这样讲课似乎真的变成了一种叹为观止的欣赏艺术。优质课、观摩课上经常有此"风采"之展现，效果似乎不错，既颇得评委的好评，也颇受学生的欢迎。但笔者认为，此仍停留于"技"的层面，也仅仅是"道说"固有之物，属标准的"照着讲"，此与"理论/思想创新"式的老师自然不可同日而语。不过，话说回来，若能做到极处即能把知识完整且高效地传达给学生，亦属不易。

第三种教法则是刻板"扬声器"或"录音机"。既无理论体系之创新，又无教学模式之探索，仅仅把已有的东西复述一遍，至于知识（思想）体系之精华、思路之形成、逻辑之发生，则被隐去了，甚至教学中的难点也由于传授的困难而被"删除"。笔者认为此种教法乃是"省着讲"或曰"挑着讲"，因为他不能把知识（思想）体系完全地展现出来；即使展现出来，也未必能顾及学生的接受能力。也许，持此教学模式的老师不在多数，但毕竟存在。正是因为有此种现象的存在，所以在常人眼里，做一名老师并非困难之事，似乎人人皆具此资质，只要口齿伶俐，提前掌握一门专业知识，就可以登上讲台"表演"一番。更何况当下（特别是高校），做一名教师仍然是很值得羡慕的事，虽然一名普通高校教师不能成为富翁，但毕竟有充裕的时间，有稳定的收入足够养家，且又无失业之风险。然而，正是这种"人人皆可做教师""教师不过如此"的想法把教的本质给遮蔽掉了。

唐代韩愈曾对老师的职责进行六字概括，即"传道、授业、解惑",细思来,韩愈对教师的理解有三个层次,即道的层次、知的层次和思的层次。道的层次乃从承载民族精神甚至天命之角度而言;知的层次从传授知识的层次言;思(指"解惑")的层次则是从超越层次上言,它意味着对"知"(固有知识)的超越,即老师须有"由所知推出未知"的能力,或曰"运思"的能力。对照韩愈的"师资"要求,现代的老师似乎存在着太多的缺憾,因为当下老师的职责很大程度上仅仅沦为一种"知"的传播者(甚至就知识的传播而言,当今教师也未必做到尽善尽美)。在韩愈所提倡的三个层次中,有两个层次是难以"教"的,即传道与解惑。须指出,本文对传道、解惑的理解并非韩愈原意,而是对之进行了一种形而上的解读与规定。

二、"教"之切近

对于"教",人们一般总是习惯于围绕着教什么、怎样教来做文章。教什么依然是内容,怎么教是方法,然而教的本质难道就仅仅局限于那些固有的内容和能帮助学生理解、记忆的方法么?上述对三种教师的分类仍然是以内容与方法为标准,然而,即使三类老师都能做到尽心尽职,能做到将现有的或原创的知识授予后来者,他们仍然没有切近教的"本"质。

教的本质究竟何为呢?

笔者认为"教"的本质当为"训练并习得一种运思的能力",是一种由"知"推向未知的运思过程,这个过程需要"道"的指引,并且"道"与"思"交互进行,以"思"悟"道",以"道"运"思"。孔子所谓的"温故而知新",仍然着眼于运思能力,从"故"推知"新",由已知推出未知即为此意。(当然,"温故而知新"还可以从"温习旧的、学习新的"这个角度进行解读。)若用韩愈的说法即为传道、解惑的过程。西人海德格尔对教进行过这样的论述:"教比学难,是因为教意味着让人去学,真正的老师让人学习的东西只是学习……真正的教师以身作则,向学生表明他应学的东西远比学生多,教师必须比弟子更能受教。"① 这里海氏的教意味着去学,"学"本质上仍然是为了获得运思能力,教师之"道"即是通过自身的行为提供一种牵引与榜样而已,就"教"之本质的运思之义,仍然难以切近。

虽然人们可以用逻辑形式表达出推理的结构,然而结构本身永远不能代替思维体验本身。思维过程是基于个人的内心体验,尤其是那种豁然贯通的当下体验,已无法用语言表达出来,它只能"储存"于个人的内心世界。这种"思"颇近于哲学上的"道",正如老子所言的"大道无言",任何言说都不能达到"道"的真谛。故靠单纯的"讲课"不能切近"教"的本质,无论现在的科技手段多么完备,均无济于事。在这个意义上,笔者认为"教"是不可能的。

"思",某种程度上颇像禅宗弟子的修行,本质上乃是一种自我学习、自我体悟之过程。《五灯会元》中有一禅师与弟子的对话。弟子曰:"跟师傅学道多年,却没有得到老师的真传,难道老师真的不能教我道之真谛么?"师曰:"我可以替你做任何力所能及的事情,然而却不能替你吃饭,替你如厕,替你思考。"② 这表明,修道全然是个人的私事,外人的教断然不能代替个人的理解和感悟。因此,无论多么优秀的教师都不能代替学生运思,亦不能把师之运思、感悟过程移植到学生头脑之中。海德格尔认为,人们学习不在于学习思想,而在于学习思维;思维,即是笔者所言的"运思"能力。如是看来,把"教"的本质定位于个体"运思"(思维)的层面上,它似乎是一个神秘的过程,教师既然无能为力,是否还有存在的必要?答曰,必要。因为教师虽然不能"教"运思之过程,但可点拨思路,可以形成传"道场"之氛围。这个"点拨"与"道场"则是切近教之本质的关键之所在。

---

① 〔德〕海德格尔:《海德格尔选集》(下),孙周兴译,第1217页。
② 陈启福主编:《儒道佛名言辞典》,第574页。

点拨的功夫是一种在吃紧处的"提醒",类似禅宗的棒喝。我们知道,禅宗弟子的学道、悟道(也可看作一种教育)一般不采用我们这一套教学模式,因文字等表面的东西不能进入内心世界,得"道"是在体验丰富世界后内心的一种反省,靠背诵经文无济于事。禅学中有许多通过禅师棒喝而使得弟子顿悟的公案,人们平时所说的"醍醐灌顶"即是。优秀的教育家也总是在"吃紧处"即由困惑进入澄明境界(这种境界既包含知识领域亦包含精神领域)时对学生进行牵引和指导。"吃紧处"乃是一种"悟道"的分界线,越过这个障碍便可豁然开朗;反之,则依然执迷不悟。这样看来,点拨功夫乃是教育的核心。

人类教育史上,有两位古人在点拨功夫上做得相当出色,堪称楷模。他们是中国春秋时期的孔子和古希腊的苏格拉底。孔子的点拨要害在于因材施教,在《论语》中关于弟子问"仁"的对话中表现得甚为明显。据李泽厚先生考证,"仁"字在《论语》中出现百次以上[①],其含义宽泛而多变,虽然孔子每次都切近了"仁"的内核,但每次讲解并不完全一致。如《论语·里仁篇》中就多次出现"仁"的言说,子曰:"唯仁者能好人,能恶人。"子曰:"苟志于仁矣,无恶也。"子曰:"君子去仁,恶乎成名?""君子无终食之间违仁,造次必于是,颠沛必于是。"[②] 如此等等。这固然有"道"作为形而上的本体不可定义的成分("仁"应该属于孔子哲学思想的核心概念),但若纯粹从"教"的角度来看,这其实体现了"因材施教"风范,即针对不同的弟子、不同的场景和不同的语境而做出不同的回应。这种因材施教仍可看作"点拨",因为每个弟子的知识结构、家庭背景、感悟能力等不同,他们对同一问题的认知层次自然也有别。如果用齐一的固定模式对待之,则等于剥夺了鲜活的个性,更远离了"教"的本质。

---

① 李泽厚:《中国古代思想史论》,天津社会科学院出版社2003年版,第9页。
② 杨伯峻:《论语译注》,第49页。

如果说孔子是用肯定的方式引导、点拨弟子逐步切近"仁"的内核,那么古希腊的苏格拉底则是用否定的方式和诘问式引导、点拨弟子走向真理之路。我们先看苏格拉底与弟子的对话。

> 弟子:请问苏格拉底先生,什么是善行?
> 苏格拉底:偷盗、欺骗和卖人为奴,这几种行为是善行还是恶行?
> 弟子:是恶行。
> 苏格拉底:欺骗敌人是恶行么?
> 弟子:是善行。不过,我说的是朋友,没有说敌人。
> 苏格拉底:照你说,偷盗对朋友是恶行。假若你朋友要自杀,你偷走他自杀的工具算是恶行么?
> 弟子:是善行。
> 苏格拉底:你说对朋友欺骗是恶行。但在战争中,统帅为了鼓舞士气而对士兵说,援军就要到了,而实际上并没有援军,你说这算恶行还是善行?
> 弟子:这是善行。[①]

通过否定性的追问,苏格拉底将学生引向真理之路,他戏称此法为"助产术",笔者仍将之归结为点拨术。这里无论孔子的肯定性的诠释还是苏格拉底否定式的追问,均可看作对"教"本质的切近。也许因为这两位大师意识到这种"运思意义"上的"教"之不可能,所以他们不约而同地走向了"述而不作"的道路。

此种点拨式的过程是一种"解惑"过程。另一个切近"教"之本质的过程,则是传"道",即通过"道场"的氛围感染、影响、浸润弟

[①] 彭越、陈立胜:《西方哲学初步》,广东人民出版社 1999 年版,第 50 页。

子的性情。这里的"道"不是纯粹的知识性的东西,而仍然是一种超越了肉体及形下知识的形上精神之追求。韩愈在《师说》篇中有"师道之不传也久矣",此处之道乃是儒教的精神内核并非知识,若借用宋儒张载的说法便是"为天地立心,为生民立命,为往圣继绝学,为万世开太平",这是一种天命式的责任,也是人之超越动物性的一种精神追求和宿命。古人称读书为求学问道,而《中庸》则认为"修道之谓教",教当谓乃是"修道"之意。当然,若从词源学考虑,"教"字从"老"(考)从文,亦透露出老者传道(闻)之意。因此,学习的目的不是为了单纯的知识,其最终目的在于获取圣贤之"道"。故古人一切的"教"都围绕此精神境界之贯通来下功夫,即使解惑依然是围绕"传道"这个核心,然而"道"可传么?这种"道"非知识之道,同"思"一样不能仅仅靠讲授就能获得。"道"的获得仍然靠体悟,且此体悟不是自发进行的,它需要一种外在观照,这就是师德的潜移默化之功效。孔子主张"行不言之教",所谓身教大于言教,通过师长的立身处世、待人接物的方式、态度,去感化和导引学生切近大道。墨子的弟子可以为其"道"赴刀山、下火海是基于墨子的为人,庄子的弟子逍遥自在、随遇而安是由于庄子的品性,李斯的弟子严谨刻板则是受其师的浸染,同样苏格拉底的弟子善于运思与其师之心灵亦息息相通……难怪宋人朱光庭在大程(即明道)那里学了一个月归来后说道:"光庭在春风中坐了一个月。"①

这种"身教"式的传道过程与古人授徒的境况密切相连,古时师徒饮食起居,形影不离,此无疑为学生提供了一种"道场"。中国自不待言,域外亦复如是。古希腊柏拉图创立了阿卡德米学园、亚里士多德创立了吕克昂学园、芝诺创立了斯多葛(画廊)学派、伊壁鸠鲁在雅典创立了"花园"。靠这种师德风范的浸染,学生不知不觉地已经

---

① (宋)吕祖谦编:《朱子近思录》,上海古籍出版社2000年版,第130页。

分有了老师的风范，以至于古人能从学生之作风推断出其出于何人门下。佛家虽有"心若出世，何必为僧"的说法，然而佛门仍然聚集弟子万千，这在禅宗表现得更为明显。既然通过"顿悟"就可得道，要师傅做什么？其实这恰恰突显了"师德"或曰"师风"所开显出来的"道场"之影响。道家所鼓吹的"大隐隐于朝，中隐隐于市，小隐隐于野"的说法其实也从反面阐明外在环境对人的影响，师德、师风及其所形成的那种氛围（道场）如春风化雨逐渐渗入学生骨髓，此即为"不言之教"。故就此言，点拨与"春风化雨"式的因材施教（靠"道场"的熏陶传道）乃是对教的一种切近。

三、"教""学"之沉思

反观当下教育，无论"传道"还是"解惑"均脱离了教的本质，这种脱离既有制度上的原因，亦有社会结构上的原因。现代社会本质上仍属工业社会（虽然信息化的浪潮已经席卷世界），而工业社会乃是一个追求效率的社会。效率主要基于一种崭新的管理模式，此管理模式凭借标准化、集约化的程序运行。尤其控制论理论的产生，更是把世界的一切，包括语言、文字等转化为可以控制的冷冰冰的运算符号，世间一切，甚至包括人的行为、感情均成为控制的对象。与此相关，今天的教育制度亦未能幸免，人们总是喜欢用纯粹的数字指标如投入与产出的比例来裁判教育的成败。如此一来，老师对学生实行"格式化"的教育，即按统一的教材、统一的进度、统一的标准来对待不同的个体也就顺理成章。至少表面看来，这样效率高，容易管理。于是一个老师可以应付几十名甚至上百名学生的现象就非常普遍，此现象在中小学教育及大学生的公共课上更为常见。在老师对学生全然不了解的情况下，又怎能因材施教地做到"点拨"呢？况且现在的体制也没有给老师和学生提供足够的交流时间，师德、师风等无形的东西靠短暂的接触是学生很难领略得到的；更何况，现在的教师也未必均能做到学养一流,让学生有"如坐春风"之感。因此,现在的教育无论在传道还是解惑方面都很难接近"教"的本质。这种现象,即使在高端教育(指研究生教育)中也未能幸免。现在的导师与学生见面的机会少得可怜,这种"教"在很大程度上发生了蜕变——导师通过招收弟子以维持自己的职业,学生则通过导师的名气来获得一纸通往某种职业的门票。

当下的"教"已经丧失了本原意义上的含义,那么,人们自然提出疑问:是否教师职位就不那么重要了?答曰,是然而非尽然。教师仍然有存在的必要,至少在传递现成知识的方面依然有其现实的合理性——把知识以高效的方式传递给学生,以便造就更多的"职业者",可是教师的这种重效率而忽视教之本质的做法又遮蔽了比知识更为重要的"思"与"道"。

既然"教"不能切近其原义,那么我们只能求助于"学"了。"教"与"学"历来被看为一个对子,或曰矛盾。人们历来把"教"放置于矛盾的首位,然而就今天"教"之脱离本质的表象看来,"学"无疑应成为对子的主体,或曰应该成为主要矛盾。然而具有反讽意味的是,"学"本应该是学生的行为,而当下却是教师的"教"代替了学生的"学"。

我们姑且撇开以"教"代"学"的层面,仅仅对"学"进行分析。对于"学",当然学的是具体的知识,但学的目的仅仅局限于知识,则有陷入"器"的嫌疑。更何况知识是无穷尽的,两千多年前的庄子曾经表达过类似的思想:"吾生也有涯,而知也无涯,以有涯随无涯,殆已。"[①] 知识不过是通向"思"的手段,而非追求的最终目的。笔者并不斥除知识的具体实效,即人们所谓的学以致用,如医学知识可以救人,管理知识可以兴业,农业知识可以高产等等,但若执着于"具体",仍

---

① (清)王先谦:《庄子集解》,三秦出版社1998年版,第43页。

属小"技"。对任何知识的学习其实均是悟道的一种可能性途径，或者说，任何学问的最高峰乃是走向反思，走向人生，走向哲学。考察人类历史上各行各业的大师的心路历程，莫不如此。把"学"最终落脚于哲学，当然是学之"终极"，亦是对"学"的最高要求。退一步讲，所有的学问即便不走向形而上的哲学，也必然要走向"思"，即是说，所有的知识最终将指向思维本身。

姑且让我们回到当下，回到"技"的层面，"学"至少可以给我们提供思的素材，唯有借助这个素材，才能体悟到"思"的奥秘和乐趣，有了"思"的能力，就可以应对现实生活中出现的社会的、制度的、技术的难题，也可更好地实现"学以致用"的愿望。目前这种追求高效的教学模式的价值就在于给学生的"思"提供一种质料，教师的价值亦应定位于此。

之所以追问教与学的本质，很大程度上基于对现代教育制度的一种困惑，也是对技术社会对人类异化的一种批判。也许，追问并不能解决问题，如果这种追问能让人们惊醒，能切近"教"之本质，那么"从教者"理应更理智地对待教师这个职业。

第三章 "教"之反思[①]

诚如上章所言,当下的教育忽视"教"之本质之思考,故很难对教师予以准确之定位,这客观上遮蔽了教师之"教"的本质,不利于彰显教师之主导地位。提高教师的主导地位既需要体制的转换,更需要教师自身的内省,教师尤其中小学教师需在"教"中彰显其自主性、独特性和超越性。

对一名教师来说,"教"与"学"的含义问题应该是入门知识,不应存在什么障碍。然而,遗憾的是,非但许多新教员不能彻悟教学之真谛,即便一些教了一辈子课的老教师也未必真正对"教"进行反思。故而,我们极有必要重新思索"教"之要义,以便使教学回归"教学之道"而不再偏离其旨规。

一、"教"义再溯源[②]

在反思"教"之前,我们依旧从词源学上考证"教"之本义。以字形言,很明显,"教"字从孝(老)、从文,其义自然明了。我们

[①] 本章原题为《教之反思:从学生的维度》,载《河北科技大学学报(社会科学版)》2008年第1期,编入本书时稍有改动。

[②] 因前章涉及"教"的溯源内容,故称之为"再溯源"。

可从两方面理解：其一，若将左旁做"孝"字解，则首先要求求学之"人"须是知"礼"有"德"之人，其后才有可能到达"文化"人。这个解释可用孔子之言佐证。"弟子，入则孝，出则悌，谨而信，泛爱众而亲仁。行有余力，则以学文。"① 当然，孔子是从"被教之人"的角度进行理解的，亦可以说是人之"学文"的入门条件，否则，"孺子不可教也"。其实，我们可以将之适用于教师。道理很明显，既然对学生都做如是要求，作为为人师表的老师，自然更应该道德高尚且学识渊博了，否则不足以为师。今天我们所谓的"学高为师，德高为范"应从此处演绎而来。北京师范大学的校训"学为人师，行为世范"亦基于此。"德"应作为教师必备的最基本素质。其二，若将左旁做"老"字解，则基本是从师之学识的角度（经验知识领域）理解。就古代而言，由于当时的自然条件及认知范围之所限，他们的知识基本上来自经验，而经验又天然地与时间、人生阅历相关联，故古人将年长之人视为有见识、有知识之人，老师称呼的"老"当然与其经验、阅历丰富相关联。所谓博闻强识，见多识广是也。无疑，第二种解释偏重"知"的层面，似乎有忽视师德的嫌疑。其实亦不然，因为古人为"教"有一个预设前提，即师者必须首先在德行上无可挑剔，其次才是学识。中国传统所谓"师道尊严"之根基仍在于"德"，否则，即便满腹经纶，也必将落得孤家寡人一个，其结局自然是"门前冷落鞍马稀"了。

二、"德"教之失

由此看来，为师之"教"的基本条件也无非两条：一则是德性，一则是学识。从表面看，做一名教师并非难为之事，修养不错且有一定才学者，似乎皆可成为人师；况且孔子还有"三人行，则必有我师"之说。但真正做这两条却又非如此简单。

---

① 杨伯峻：《论语译注》，第6页。

首先我们考察为师之德。"德性之教"是古代教育的主题，古之学者多将"求学问道"视为学之终极目的，此言，古人求学的目的乃是问道。此处之"道"即是为人之道、修身之道，正如《中庸》篇所说的"修道之谓教"那样。修持、固守人之德性乃古求学之鹄的，其学问的内容亦大都围绕此主题展开。冯友兰先生曾言："为学的目的就是我说的增加知识的心灵，为道的目的就是我说的提高心灵的境界"①，道出了中国古代学问追求之主旨。

固然，在以"实用为第一追求"的今天看来，以"德"作为"教"之主旨（或学之内容）似乎不可思议，甚至觉得毫无用处。其实若究其深蕴，德性之教乃重中之重，因德性之教带有形而上的超越之境，亦是人类的终极追求。人类的最终理想——无论西方追求的"理想国"还是中国古人追求的"大同"——终究是一个平等、和谐甚至带有"桃花源"色彩的社会，此种社会之达成最终须靠人之德性来维持。遗憾的是，德性作为一种"隐而不见"且缺乏控制力的软约束很难在整个人类中普及，因此圣人总是少数，所以追求"成圣"也就显得崇高。

今天，撇开德性之教所蕴含的、带有终极追求的哲学话题不论，我们仅就"师德"对学生的影响来看，它依然值得重视。众所周知，韩愈在《师说》中有"师者，所以传道授业解惑也"之论述，其"传道"自是"为人之道"，此"为人之道"当然不仅仅是世俗所谓的"为人处世"，它尤其包括了人之为人（与万物相区别）的道理。此种"师道"绝非靠言谈所能达到，它更需要"行"（实践）的功夫。古代为师者更多的时候靠"身教"展开教育、启发弟子，禅宗尤重此身教之功夫。

当下，为师之"德"似乎有整体下降的趋势，这当然与世人

---

① 冯友兰：《中国哲学史》，华东师范大学出版社2000年版，第6页。

逐"利"的风气有密切关系，老师也须靠吃饭而活着，所以在举世为"利"奔波之际，师德自然退后了。难怪当今一些所谓的"国学大师"们竟也斤斤计较于"出场费"的高低，甚至开始"走穴""作秀"了。学问自是寂寞事，忍耐不住寂寞、坐不住冷板凳怎么能成为大器呢？所以当下研究儒学的只是研究儒家的语录而无半点儒家的气象，鼓吹道家的只是探讨道家的学说而无半点道家的飘逸，而研究佛家的自然更是以"局外人"的身份出现了。当学问与气质（气质很大程度上是德性、学养之融合）分离时，学问自是学问，德性亦非德性，于是师者之"身份"自然降低了。

古人将老师的地位抬得很高，"天地君亲师"，而今天教师的地位则尴尬了许多。察其原因，无非有二：一则为上文所言的"外界利益之诱惑"（即全民逐利之倾向），一则为自身意志、操守的软弱。就外界而言，世上须形成"尊师重教"之风气，切实提高教师的待遇，至少要尽量减少老师的后顾之忧。就内部而论，老师须修持"为师之道"，因为老师的尊严最终来自自身的德性与学识的完美统一。缺乏师德操守之人断然不能赢得社会尊敬。

其实，就"教"之反思而言，探讨"师德"亦基本蕴含对师之学识即"文"之方面的要求（甚至可以说，师之学识的要求包含在德之中）。道理很明显，"不学无术""滥竽充数"的老师绝对不是称职的老师；正如古希腊哲学家苏格拉底谈及知识与德性的关系时认为的那样，一个不懂医术的医生，即便多么的"好心"也是一个不称职的医生，他须有作为医生所必备的医术，否则即为"无德"之人；同样，师德本身就包括了学识在内，对于老师而言，无学识、无学养很大程度上就是"无德"。老师的学识应该是其德性的组成部分，不同的是，古代为师者的学识局限于"天道人文"，主要局限于德性范畴之中；今之为师者偏向于授人以"技"，专授某方面的专门知识。总体而言，当今老师无论在"技"还是"道"的方面都存在着不足，甚至存在老师不读（专业）"书"的现象。其实老师不读书的现象一直存在，20世纪70年代中期（1974年），方东美先生就提到过此事："在这里我要引孙智燊先生的一句话，'教授中多少人他只看武侠小说，别人送他《资治通鉴》他都不看。'但这种人却可以当起'客座教授'来了？"[①] 不同的是，今天的一些老师则可能因沉溺于"刷抖音"或"各种视频段子"中而"无暇"读书——这样的老师可能是极少数，但是作为称职的教师，尤其年轻教师，当首先精通自己的专业，在此基础上若有闲暇，适当放松亦不为过，因为老师亦非机器，但不可沉溺其中；若专业不精、态度不端，仅靠"教科书"立身，是谈不上称职的。方东美先生批评台湾大学教师的论述，从事教育者不妨自我对照之："在台湾有这么许多大学，也有许多教授，而这些教授除了他职业性的教书工作外，他有其他学术性的研究活动没有？平常的收入他能不能不断地买新书？他有这能力没有？那一个教授，他除了公共的图书外他自己有没有藏书？现在我走到许多教授的家里去，常可见'家徒四壁'，连一部正经书都没有。"[②] 这当然是从较高的层次要求老师。但是，人们若考虑到"师者"对国民素质的深远影响，就不得不重视师之德性（包括学识）的培养。

三、"教"之困惑

如果说师德是从"谁在教"或曰"具备怎样素质的人在教"这个问题入手进行追问，那么"教什么"则牵涉到师之学识、专业等（当然，就"教什么"而言古代偏重于"道"，当今重点在"技"），而"怎样教"也是我们反思"教"不可规避的重要内容。作为一名老师，有了"德"与"识"未必就能教。对于"教"，前文《关于教与学的形

[①] 方东美：《方东美先生演讲集》，中华书局2012年版，第246页。
[②] 同上书，第247页。

上之思》①中认为,"教"是不可以进行的,那当然是从终极的"体悟大道"之境上立意的。就一般"授人之业"的层次来看,作为技术层次的"教"仍然是可行的。否则,教师真的失去意义了。

对于怎样"教",古人有很多经典的论述,如《论语》中孔子所谓的"有教无类""循循善诱""因材施教""引而不发"等等至今仍可作为当今教师"教"法之圭臬。这里需要指出的是,千百年来,教师多把学生作为主要矛盾,如孔子的教学之道就设身处地地替学生着想,"教师围绕学生转",这无疑是对的,亦是有效的。然而若老师"教"之主体地位弥散于学生之中,"教"之导向又如何体现呢?我们在学习古人时,应该有一种"场景"意识,即古人教育之场景不同于当下,他们提倡的"因材施教"也好,"有教无类"也罢,表面看来是老师随着学生转,但其根底仍然是朝着老师所预期的方向进展,仍是"学生围绕老师转"。因为教师毕竟在学养、经验等方面有学生所不及之处,当然天才学生也是有的,那需另当别论。

当下做一名教师并不是一件容易的事。由于受"功利主义"的影响,在某些院校,教师与学生的关系甚至蜕化为商人间的利益交换关系。老师须一味地讨好学生,因为教学评估的结果很大程度上取决于学生,学生对老师评价之高低又直接关乎老师的切身利益;在一些民办院校,老师甚至时刻有丢掉饭碗的紧迫感。此种状况下,"教"无疑蜕变为"受动"者,作为"卖方"的教师俨然成为"买方"(学生)之"鱼肉","教"断然已失去意义。这种状况即使在部队高校也或多或少地存在着,尤其一些稍有"个性"的老师经常面对如此尴尬之境。此亦为笔者反思"教"之主体地位的要因。

其实上述所有的教之"困惑"的核心皆指向"教"之自主性的丧失,一名合格的教师尤其高校教师,对教学(包括"教什么"和"怎

---

① 郭继民:《关于教与学的形上之思》,《中国地质大学学报(社会科学版)》2007年第4期。

么教"）肯定有其独到之见解；然而现行的考核制度在一定程度上限制了老师的主体性，甚至在教育岗位工作了多年的老师突然感到不会"上课"了：频繁的"督导"、高频次的听课、过多的考核、无休止的"整改"以及"各种政策性学习"不但占用了老师备课、思考的时间，而且花样迭出的行政管理让老师无所适从，甚至感到自己不会上课了。此言，"自主性"的丧失，乃是教师的最大困惑；至于科技进步带来的影响，倒在其次。

导致"教"之困惑的另一重要因素则是少部分老师未必真正对教育感兴趣，他们之所以从事教育纯属为了生存。当前就业压力极大，且不言硕士研究生难以找到心仪的工作，即便博士研究生也同样面临就业难之困境。高校虽非理想单位，但目前至少能满足他们的生存需要，何况成为一名高校教师还蛮受人尊重。然而，话说回来，如果对教育没有兴趣，仅仅是为了生存，那么这样的教师之"教"注定不会好到哪里去。须知，教育不同于其他行业之处，在于它面对的是活生生的个体，它塑造的是生命，唤醒的是灵魂，德国著名哲学家雅斯贝尔斯认为，"教育是人的灵魂的教育，而非理智和认识的堆积"[1]，很难想象，对教育毫无兴趣的人，如何能教育另一个灵魂。九十年前，梁启超先生感慨道："在教育界立身的人，应该以教育为唯一的趣味更不消说了。一个人若是在教育上不感觉有趣味，我劝他立刻改行。"[2] 著名教育家叶圣陶对那些对教育毫无兴趣的"教师"之态度更加严厉，"教师得先肯负责，才能谈到循循善诱，师生合作。教师不负责，有的因为对教学本无兴趣，当教师只是暂局。这种人只有严加淘汰一法。"[3] 笔

---

[1] 〔德〕雅斯贝尔斯：《什么是教育》，邹进译，生活·读书·新知三联书店1991年版，第4页。有好事者，将"教育的本质在于一棵树摇动另一棵树，一朵云推动另一朵云，一个灵魂唤醒另一个灵魂"之言记入雅斯贝尔斯名下，此言虽非雅氏之语，倒也道出了雅斯贝尔斯的意图。

[2] 梁启超：《饮冰室合集》（第十三册），中华书局1936年版，第15—16页。

[3] 叶圣陶：《叶圣陶语文教育论集》（上册），教育科学出版社1980年版，第54页。

者以为，做一名合格的教师，最基本的品质是须对教育怀有兴趣，否则不但误人而且误"己"，还可能平添诸多困惑，从业者当慎思之。

四、"教"之三性

"教"固然要"因材施教"，以学生为主，诺丁汉大学校长杨福家先生认为学校应该以学生为主，这无疑是对的。但"教"亦须保持其主导地位，尤其在中小学阶段，否则"教"就失去了方向。无疑，教师要保持其主导地位，须从提高自身素质入手。具体说来，至少应具有"教"之自主性、独特性与超越性。

自主性。此从"教"之主体地位而言，教师之"教"不要过多地受制于外界因素，要始终保持自身的主体地位，真正的大师从来都是保持"自我身份"之人，失掉"自我身份"之人即谓"迷失自我"，何谈"教导"他人？由于体制的原因，教师的"自主性"的实现确实受到诸如升学率、优秀率、合格率等外在因素的影响及其相关利益部门的制约；但是，真正的为人之"师"不可"心为物役"，将自我沦为"演说"和"复读"的工具。师者，就要有担当起启迪思想、传承学术的责任感和使命感，要始终有一个"大我"活动于其间。此"大我"不是自我吹嘘和夸大，而是融"我思"于其中，要成为提供思想、学识原动力的发动机，而不是仅仅做一台录音机和牧羊人。在彰显"我思"的过程中，也许会损失一些物质利益，甚至有不被理解的可能，但只要"从教者"遵循"铁肩担道义"的师道精神，最终会得到理解和支持的，至少自己心中无悔；须知，一个老师能做到终生无悔当是其最大的宽慰。自然，从事教育管理和制定相关教育制度的工作者更要拥有长远的眼光和宽广的胸怀，不要因眼前的蝇头小利患得患失，应力求为师者提供一个相对宽松的教育环境，力求为发挥老师的自主性提供保障，而不是相反。

独特性。为人师当具有独特性。独特性建立在自主性之上，老师失去自主性，自然无法彰显其独特性。老师的独特性并不是其标榜自己如何"天马行空"，如何"横空出世"，如何"与众不同"，教师的独特性乃是其德性、学识及其品质、性情相融合且在长期的教育实践工作中形成的一种特有的风格；须知，风格是辨认师之不同的重要特征。正如人们看到《兰亭集序》就知道它是王羲之的作品一样，教师也应该有自己特有的、能随时被辨认出来的"风格"。怀特海特别强调风格的重要性，他认为，风格是专家独享的特权，"谁听说过业余画家的风格？谁听说过业余诗人的风格？风格是专业化学习的产物，是专业化对文化的特殊贡献"①。教师风格之形成，实则意味着其具备了"独特性"。

在当前所谓"规范管理"的教育体制下，老师的独特性相对被压抑许多，很难形成自己的风格：统一的规范教案，相同的授课模式，同步的（对同一学科而言）授课内容，甚至教员讲多少，学生讨论多少都有一定的比例限制。教育难道真的有必要"进入"这种机械的标准模式？如果按照当下的标准模式，老北大戴瓜皮帽的"怪才"辜鸿铭先生早该下岗，而说话口吃的著名文学家朱自清先生理应失业，未曾受过高等教育的沈从文老先生自然无缘于教职，更不用说那些特立独行的艺术大师了。科目不同，教师的学养、气质、品性不同，其授课自然有所不同：或娓娓道来，或激情慷慨，或天马行空，或富有论辩色彩，或充满跳跃思维，或按部就班等等不一而足。如能将思想表达得清楚明了，被学生接受，又何须整齐划一、用外在的东西强加约束呢？也许，规范的目的在于标准化，如考核的方便、业绩的评定等，但教育的目的难道就仅仅是为了考核么？这似乎有点舍本逐末，何况大多数人文类的知识并没有一成不变的标准答案。自然，此种教育模式无疑受到科技理性的影响，一切似乎应该是被控制、被设计和被预

---

① 〔英〕怀特海：《教育的目的》，庄莲平、王立中译，第51页。

制了的。在此种"控制"、约束下，老师即使有独特性也不能发挥，自然谈不上风格之形成，也只能温顺地沦为"录音机"或"复读机"。

笔者以为，教师的独特性不仅是彰显师"才"（能）之通孔，亦是学生受益的关键。师之独特思维、人格、品性乃至建基于其上的"风格"客观上潜移默化地影响了学生，尤其对培养学生的独立人格、提升创新思维品质有着重要的影响。如鲁迅先生的风格受其师章太炎的品格的影响，章太炎先生则又受其师俞樾的浸染，因此，欲培养特立独行的学生势必首先要有"放飞自我"、特立独行的老师，学校乃至社会须提供宽松的环境，允许老师冒险乃至犯错。苏联著名教育家安·谢·马卡连柯在一百多年前就提出了"教育冒险"的主张："在教育工作中……'必须要冒险的，因为拒绝冒险，那就等于拒绝创造性'。在我们的教育工作中，我们有权利拒绝创造性吗？不能够，我们决不能拒绝教育工作中的创造性。"[①] 此主张在今天仍然有其价值，若缺乏冒险精神，缺乏冒险的土壤，教师创造力之提高仍然是纸上谈兵。

超越性。西哲叔本华说过"人是形而上学的动物"[②]，形而上学本质上就意味着超越，人不断地超越自我，向着一个遥远而无法到达的终极目标迈进。超越是人本性之根底，为师者尤须如此，尤其在当下追求形下者"趋之若鹜"的年代里。

鉴于以上所论，以笔者之浅见，为师的超越之道至少有三：一是人格之超越；二是学术之超越；三是"智能（思维方式）"之超越。人格超越是个自我完善、自我修持的过程，在教育实践中，在与"可塑性强"的"未定型者"（指学生）打交道的过程中不断地认识他者之本性，修正自我偏差，力求达到大教育家陶行知先生的"捧着一颗心来，

---

① 〔苏联〕安·谢·马卡连柯：《论共产主义教育》，刘长松、杨慕之译，人民教育出版社1963年版，第401页。

② 赵敦华：《现代西方哲学新编》，北京大学出版社2001年版，第9页。

不带半根草去"的境界。此固然是为师者的至高追求，尤其在"以利为本"的当下，能做好"授业"技术层面的工作就不简单了；然而当下教育界存在的"浑浊现象"绝不是"为师者"降低自身德性修养的借口，因为"师道尊严"并不是简单的个人修养，而是关系到整个国民素质、民族修养的大问题。只有"为师者"以身作则、身体力行，方可影响学生，进而影响整个社会。故此，德性的超越非但不可丢，反而更应大大强化之，此亦是民族国家的终极追求。人格的超越还包括谦虚的心态，即便取得一定成绩，亦不可骄傲自大，爱因斯坦的这句名言，值得为师者品味："苦和甜来自外界，坚强则来自内心，来自一个人的自我努力。我所做的绝大部分事情都是我自己的本性驱使我去做的。他们居然会得到那么多的尊重和爱好，那是我深为不安的。"①

学术的超越。师者，授人之道、之思、之技也。故此，为师者须有道、有思、有技，世间万物包括知识在内均非静止之物，因此师之学术、学识当与时携行，不可满足于"旧我"之识，更不可陷入故步自封、"老子天下第一"的心态之中。为师者需要不断地学习、思考、探索，需要超越时代而不是满足于跟随时代，更不能被时代抛弃。这种超越很大程度上是从学术、思想上的超越，因为学术、思想自身特有的品质就在于它并不完全与时代同步：尼采的思想领先人类一百多年，从法拉第发现电磁感应到第一台发电机出现也有上百年的历史。更何况，从事学术、思想的研究本身就是对世俗的一种超越！

"智能"（思维方式）之超越。随着强人工智能的迅速发展，在不远的未来，许多传统领域的工作将逐渐被"人工智能"所代替。倘若教师仅满足于知识之传播，那么教师同样面临此困境。2018年美国学者麦克斯·泰格马克在《生命3.0》中曾对名曰"普罗米修斯"（强人工智能机器人）的教育功能进行了相关展望。他认为，无

---

① 〔美〕爱因斯坦：《爱因斯坦文集》（第三卷），许良英等编译，第138页。

论是四十岁的文盲还是想了解最新癌症免疫疗法的生物学博士，普罗米修斯都能找到最适合你的课程。更要命的是，这些课程与当今的网络课程截然不同："它用超凡的电影制作技能将这些课程视频打造得非常吸引人。而且视频中还加入许多绝妙的比喻，可以帮助你快速联想、迅速理解，并渴求学得更深入。这些课程多数还是免费的……"[1] 今天 ChatGPT 的出现，足以看得出强人工智能的诸多功能显然是老师所不具备的[2]。譬如，在知识信息储存量、内容"讲述"的形象性、体力的持续性、解答问题的瞬时性等方面，老师均无法与其抗衡。因此，如果老师这个行业继续存在，则需要老师有超越"人工智能"的特别之处。很明显，人工智能虽然有诸多的优势，但在思维方式的创新（也包括情感）方面，老师仍然有人工智能无法企及的优点。因为即便具有"生成功能"的 ChatGPT，它主要是对"原有信息"的提取，至少在目前尚不具备真正意义上的原创性"思维"。就此言，老师尤须凸显自我的创造能力，包括思维模式的转变、思维方法的拓展及整体思维品质的提升。一句话，老师尤须在思维能力上下功夫，此不仅在于超越"人工智能"凸显教师的必要性，也在于"思维方式"本身就是教育的重要内容；否则，教师将成为 AI 的淘汰者。

---

[1] 〔美〕麦克斯·泰格马克：《生命3.0》，汪捷舒译，浙江教育出版社2018年版，第20页。
[2] ChatGPT 目前尚处于不断升级的过程中，它表现出来的能力超出人们的想象。

第四章 "学"之反思[①]

教育首先存在于教师与学生之间，探索教育发展规律必须围绕"师徒"这一核心要素做文章。教育中教师之地位、作用及其存在的问题，上一章已有所探讨。学生，作为教学矛盾中的另一方，其同样具有重要性，尤其在大学阶段，学生之"学"的作用更为显著。今天教育界"重新回归大学精神"之期冀，主要针对大学生而论。今天的大学生尤须具备三种最基本的品质，即拥有平静之心智、敬畏之态度和怀疑之精神。

大学之所以为大，首先在于大学自身要有正大、包容之气象，在于大学能将氤氲其中的学子培养出一种健全、独立的人格，在于大学能赋予学子一种担当感、使命感、责任感，在于大学能赋予学生一种善于思考而又具有创新意识的品质。用古人的话来讲就是"大学之道，在明明德，在亲民，在止于至善"。这固然需要有一种良好的校园文化氛围，有一批懂教育、有责任感的管理人员，更需要一批有独立思想和充满人格魅力的好教师。然而，即便我们具备了这些条件，如果没

[①] 本章原题为《大学之反思：从学生的维度》，载《河北科技大学学报（社会科学版）》2009 年第 1 期；后被《教育科学文摘》（2009 年第 2 期）转载。

有学生的参与、协同，那么所谓的"大学精神"之培育亦不过是一句空话。因为大学生的存在乃是大学得以成立的前提条件。更何况，即使从教育的目的来讲，"学"总比"教"重要得多，"教"的目的乃是教会学生如何"学"。因此之故，古人重视学胜过了"教"。譬如，思想家潘光旦先生就曾对儒家的"教育传统"进行考证，他认为："儒家创始人认为学是主动的，教是被动的，主动的学比主动的教更有效，因此在《论语》中有56个'学'字，在《学记》中有48个'学'字，远远超过'教'字出现的频率。……且孔子不仅有'学而时习之，不亦乐乎'等感受，还有'人之患，在于好为人师'等教诲。"①

受"唯利主义"的影响，素有"象牙塔""最后的净土"之称的大学校园已变得躁动不安且日渐喧嚣和繁忙起来，作为"学之主角"的大学生日益失去"学"之主体地位。这种涌动既有部分经济学家、社会学家所谓的"与社会接轨""杜绝书呆子，培养有实干精神的新型大学生""让知识尽快转化为生产力和经济效益""让学生尽快了解社会"等"高论"推波助澜，亦有体制转轨引发的"就业难"等现实问题的影响。于是乎，在这种以"经济效益""实效主义"为裁定标准的感召下，大学变得日益像农贸市场，"金钱""经济效益""下海""招聘""兼职""股票""考证"等词语成为大学校园的关键词，大学似乎也真的与社会融为一体了。

我们并不反对"大学生服务社会"，亦不反对学生拥有多种实践的能力，至于大学生了解社会、步入社会，那更是其人生路上不可或缺的一步。我们所反对的是一些专家近乎"杀鸡取卵"的歪论，它不但误导了大学的价值取向，影响了青年学子的人生追求，甚至最终会因此而影响到整个民族的素质。《周易》乾卦之爻辞云"潜龙勿用"，大学生当以学习为主，万不可操之过急去成就超越自身能力的"飞龙在

---

① 智效民：《自由是最好的教育》，《随笔》2008年第3期。

天"之事业。更何况大学本质上是以学术为业,以传承文明、开启心智、追求真理为使命。大学之本性决定了大学与社会势必要保持一定的距离,而并非时刻"相容相契"的。当今信息时代,科技发展如此迅速,若大学迎合了时代,跟着变动不居的"浪潮"走,那么不但大学精神将丧失殆尽,而且大学亦会失去对社会的领航作用而迷失自我。从此角度言,大学应保持"象牙塔"的高贵精神,不可陷入"为实用而实用"的实效主义中,而应研究"超前的"问题。此见非为笔者所独有,哈佛大学校长鲁登斯坦亦曾有言:"社会变化得越快,大学这块变化相对较少,思想观念相对独立的领地就越有价值。……大学不仅仅是为了解决现实问题和适应当前社会需求而设立的,大学还有更为重要的任务。"[1] 人们一般认为,崇尚实用主义的美国人,其大学之宗旨应以实用为主,其实不然。世界著名大学哈佛尤其重视人文精神的培养,美国新闻人士布罗纳曾这样概括哈佛的教育精神:"学生一进来,就对他们说,'听着,你们到这里不是来发财的!你们到这里来,为的是思考,并学会思考'。"类似的话,七十多年前北大校长蔡元培也说过,蔡先生在北京大学校长就职演说中曾鲜明地指出:"大学者,研究高深学问者也……。求官求财者何必来此大学?"[2]

针对我国大学生普遍存在的浮躁心态,当今我国的大学生应该怎样把握自己呢?

一、静

校园应该是安静、幽雅的,而不可呈现出一派"天下熙熙,皆为利来;天下攘攘,皆为利往"的喧嚣场景。大学精神的回归首先是校园宁静之回归。这里所言之静,既有内在之静,亦有外在之静。外在

---

[1] 〔美〕鲁登斯坦:《大学教育访谈》,载《文汇报》2004年7月18日。
[2] 蔡元培:《蔡子民先生言行录》,山东人民出版社1998年版,第163页。

之静，即笔者所称的环境氛围，此种安静氛围之达成需要包括政府、社会等多方力量的配合和努力；内在之静，则是大学精神的内在回归，需要教育界尤其是大学生们的身体力行。

当前，大学校园普遍缺少肃穆、雅静的气氛。大学固然是活力充斥的地方，然而大学毕竟不是游乐场，不是娱乐中心，其核心仍然在于"学问"二字，遗憾的是我们的大学"活泼"有余，而严肃不够。这种活泼有时甚为过度，简直就是喧嚣，甚至沦为一种失德行为：只要看看某些大学生旁若无人的粗鲁举止，看看光天化日之下某些有伤风化的举动，看看男女学生间令人咂舌的开放尺度，听听那些"国骂"和花样迭出的灰色、黄色甚至黑色"段子"，无不让人震惊！至于缺课、迟到、不假外出等现象更是司空见惯。这哪里是什么学校，简直是歌舞厅，是自由市场！长此以往，大学的灵魂安在？天之骄子安在？也许，笔者的描述和心情过于激愤，但事实上，让人痛心的是，这竟然不再是个别现象，而近乎是高校普遍存在的"惯常"行为。上述"喧嚣"行为是可感触到的，还有另一种散漫的"喧嚣"，则是学生心无定处，不明了自己的追求，甚至从来就没有认真思虑过自己的追求。主要表现在学无恒心，朝三暮四，精神处于游移不定和"随大流"的状态；其心境尤其起伏不定，时刻为社会的起伏所牵引，外界的风吹草动都足以引起其志向的变化进而影响到其学习和生活。

上述诸种表现各异，但导致的结局则大致相同，即：学无所成。

这种外在的"喧嚣"根底上是追求的无根性（或曰心性不定），其治疗办法乃一个"静"字。《大学》云："知止而后定，定而后静，静而后能安，安而后能虑，虑而后能得。"心若平原驰马，不能安定下来，只能随波逐流，而没有自我之定见，枉谈理想、未来！诸葛亮《诫子书》云"非淡泊无以明志，非宁静无以致远"，诚不我欺也！只有心首先静下来，才能思虑自己应该做什么，应该怎样做。朱熹云"心不定，故见理不得。今且要读书，须先定其心，使之如止水，如明镜，暗镜如何照物"①，当是过来人语。其实，静下来不但可以让人反思、反省自我，而且还蕴藏着一种潜在的智慧。佛学所提倡的戒、定、慧之主张，就认为静（定）能生慧。道教经典《清静经》言，"人能常清静，天地悉皆归"，同样强调了"静能生慧"的道理。事实上，当一个人能静下来反思自我、反思人生之时，一种内在的智慧之门已经打开。大学生的主业在于学习，心若不静，今天思这，明天想那，昏昏沉沉，四年过去，手中所得无非一纸无甚意义的文凭而已。到那时，悔恨晚矣！因此，入得大学之门，就要把心静下来，一门心思地扑在学业上，不要过多考虑就业问题。固然，社会上有不正之风存在，然而社会终究需要有真才实学之人。近年来，人们看重"自我推销"，看重"表达""包装"等外在现象，似乎在职场上春风得意，但那终不过是一时热闹，真正有作为的仍然是那些静得下心来的"实学家"。

更何况，大学生岂能仅仅将目光盯在"为稻粱谋"的职业上，孔子曰"君子不器"，大学生不能将自身简单地定位于"器"的层面上，虽然职业问题也很重要，但作为精英——如果大学生还认为自身是精英的话，就更要具备"君子忧道不忧贫"的使命感。对照西南联大老一辈学人在日寇飞机狂轰滥炸之时，在生命都没有保障的情况下（生活自然更没有保障），仍然一心为学，亦赖此而传递着不息的民族精神和气节。相比之下，我们仅仅把目标盯在职业上，目光岂不太短浅了么？再退一步讲，即使以职业为重，整天心猿意马忧虑职业，反而于事无补，还不如静下心来，发愤求知，庶几为未来打些根基。

现在几乎全国各大院校都不惜重金打造国际"一流大学"，然而做了十余年中国科学技术大学校长的朱清时先生却对此大发感慨，刚做校长时他以为大学缺的是发展经费；后来感觉"比经费还重要的是人

---

① 孙培青等编：《教育名言集》，上海教育出版社 1984 年版，第 126 页。

才"①；继而又领悟到"除经费、人才外，还要有硬件设施"；到最后朱校长感慨，"这些东西都有了之后还是不行"，"大学最根本的问题是要让大家静下心来读书想问题"。②朱先生对大学的领悟颇让人深思，如何让校园静下来，让学生潜心做学问，当为今天大学之要务。

二、敬

宋代大儒有"读书须去的一个'矜'字"之论，所谓矜持之心，乃是高傲、自以为是、缺乏对他人尊重之意。本节所倡导的"敬"实则为对治"矜"病而来，不过将"矜"转化为"敬"，则包含更为丰富的内容，既有学生对师长的恭敬之心，亦有对宇宙生灵的敬畏之心③。

师道尊严乃中国传统美德重要内容之一，古人对老师之敬可谓推崇备至，甚至将老师纳入伦常关系之中，所谓"天地君亲师""一日为师，终身为父"即为这种关系之真实写照。明朝方孝孺因不肯为明成祖的篡位写诏书，惹的皇帝要灭其十族。我们知道古代最重的刑戮是灭九族，这里的十族，便是加上了门生。古人缘何如此尊师？道理很明显，在于老师对学生担负着责任，当然这种责任是相互的：师爱徒，徒敬师。清代年羹尧家塾曾有这样的对联："不敬师尊，天诛地灭；误人子弟，男盗女娼。"④对联虽稍显粗俗，却将师徒彼此之责任描述得异常清楚。老师尽责，学生尊师；学生愈尊师，老师愈尽责，两者的良性关系益发赢得整个社会的尊重：此乃中华民族美德之一。

近些年来，师道尊严恰如唐代文学家韩愈所云的"师道之不传也久矣"：先是将其定位为"臭老九"，后归入"牛鬼蛇神"，再接下来就是"接受劳动人民的改造"；好不容易盼到"尊师重教"的春风，然

---

① 朱清时：《谈教育》，http://blog.sina.com.cn/moreblue.2007-7-15。
② 同上。
③ 本节主要探讨敬师之德。
④ 南怀瑾：《亦新亦旧的一代》，复旦大学出版社1996年版，第131页。

而不到十年，"市场经济"的模式又开始席卷中国。当然，市场对于资源配置是有效的，但"市场行为"是万万不能进入校园的，尤其不能因此而玷污了"师生"的纯洁关系。让人极为遗憾的是，在某些人的潜意识里，老师和学生已俨然沦为卖方和买方的"商品关系"。受"实用主义思潮""唯利主义"的影响，教师的授课内容并非按照知识的内在联系而是以是否"卖座"为导向，学生的需要则以是否"见效快"或者是否以"有助于就业"为标准。在这种相互选择中，真正严谨而务实的学术精神却隐而不见了。鉴于此状况，学生对老师的尊敬之心也日益淡化，甚至发生了诸多师生冲突事件，如去年发生在中国政法大学的教师与学生的肢体冲突事件即为典型之例[①]，至于高校普遍存在"信息员"的举报制度更令人匪夷所思。笔者无意评判事件的是非曲直，而是呼吁全社会首先应树立起一种尊师的风尚。当然，老师亦非完人，甚至个别老师也存在着某些缺点（有缺点可以当面提）；但如果因此而放弃了对教师的尊重，首先只能表明我们教育的失败——竭其所能甘为人梯的教师竟然不能得到自己学生的尊重，其心将何其寒矣！试想，若学生对授学并提携自己的老师都持有不敬之心，又何谈立于社会？此对我们素来标榜的"教书育人"岂非莫大的讽刺？更何况，因"不敬"而导致的损失不仅限于教师，更关乎中华民族的未来：不尊敬老师，老师亦难以尽其心、传其学，人才从何处来？诚若是，民族何以立？国家又何以兴？故笔者以为，当代大学生对老师当存恭敬之心，此为求学之必要，亦是做人之根本。退一步讲，老师对学生的"需求"很少，除了做到小学生要做到的"不无故迟到、不早退、不在课堂上交头接耳"外，一句问候，一个微笑，已让老师心满意足。若学生能超越老师，在学术上做出一番成绩来，则为老师最大满足和愿望矣！

---

① 经济学老师杨帆曾与学生发生冲突。

"敬"亦不局限于恩师，亦应扩充为长者（亲人）、他人乃至自然万物。古人常用敬畏、感恩之心看待宇宙万物，今之学子理应怀此心态。尊敬他者即是尊重自己，自己在他人眼里岂非"他者"？若对他人做到一个"敬"，校园中的"冲突"事件将很难发生。大学生尚应敬畏自然，因为万物生命之历程莫不是在自然中展开，且最终要终结于自然，故对自然应常怀感恩之心——即使对其他生灵亦应有慈爱之心，大学生虐猫事件断然不可重现。一个"敬"字，说起来容易，做起来难，但我们又必须做起来，此为做人之根本，何况受高等教育的青年精英？

三、疑

怀疑精神乃学子学业得以进步的"有力武器"。对于"疑"，世人多谓传统中国推崇"师道尊严"，缺少怀疑精神，是然而不尽然。历来有志于学问之人莫不有怀疑之精神：《中庸》篇有"博学之，审问之，慎思之，明辨之，笃行之"之论，其中慎思、明辨即是"疑"；孔夫子有"多闻阙疑，慎言其余，则寡尤；多见阙殆，慎行其余，则寡悔"[1]之谈；孟子则更为明确地指出："尽信《书》，则不如无《书》。"[2] 元人赵孟頫在《叶氏经疑序》云："大凡读书，不能无疑，读书而无所疑，是盖学于心无所得故也。"[3] 黄宗羲在《答董吴仲论学书》则有"小疑则小悟，大疑则大悟，不疑则不悟。老兄之疑，固将以求其深信也。彼泛然而轻信之者，非能信也，乃是不能疑也"[4]之言。学问家历来把"疑"视为学业上进的必经之路，若言古中国缺乏怀疑，只不过政治上的封建专制压制了学问中的怀疑精神而已。

---

[1] 杨伯峻：《论语译注》，第25—26页。
[2] 杨伯峻：《孟子译注》，第364页。
[3] 李双碧编：《为学慧言》，贵州人民出版社1994年版，第173页。
[4] 同上书，第177页。

既然怀疑为学业进步之牵引,那么又当如何疑,向何处疑?此为当代大学生所亟需解决的问题。当代大学生思维灵活,视野开阔,乐于接受新事物,这固然是优点;然而由于他们大多为独生子女,客观上或多或少地存在着"自我中心意识",故而难以接受他人的意见。也许,表面看来,他们在老师提出某些观点后,也能发出不同的声音,甚至一个相反的意见,接近笔者所提倡的怀疑精神;但事实上并非如此,因为他们"不同的声音"和"相反的意见"不是基于理性之推理,而是基于情感之"反射",是基于骨子里的对既有观念的固执。这实质上涉及如何理解怀疑的问题。

究极地讲,怀疑首先要建立在对他者彻底"领悟"的基础之上。怀疑精神不是"抬杠",更非和"别人拧着来",而是在充分理解别人的基础上进行理性的反思与追问,从中找出哪怕是蛛丝马迹的违背逻辑、违背现实的"矛盾"。这样看来,怀疑不是口号,它须建立在坚固的知识基础之上。此亦势必要求学生具备广博、牢固的知识基础,否则就失去怀疑的资格。此为"疑"义之一。

之二,怀疑意味着反思、追问之精神。"学而不思则罔",思考是对固有知识的逻辑归纳和贯通,更是对"现有知识"的扩展和超越。若我们将获取知识作为学之最终目的,那么知识将永远停留在某一阶段——因为知识本身是死的,自身不会增添任何知识。须知,未经"思"(反思)的学问,不是真学问,即使某时能背得、记得,也是一时之知,而非内在的把握。更何况,我们学习知识的目的,是为创造新知识提供"质料",而非停留于"记忆"知识的层次。我们之所以能够创造知识或曰"知识"之所以能不断衍生,就在于我们融入了主体之"思",在于我们对"固有知识"(疑问和困惑)的进一步挖掘、开发和追问。只有对疑惑或症结层层追问,直到不能追问处方可停下来——经过这样追问、反思,一种具有创造性的、氤氲其中的隐而不显的新知识就有可能应运而"显",而这样的学问也才是"有活力"的学问。

之三,"疑"意味着挑战和冒险。疑既需要具备宋儒朱熹所谓的"于不疑处有所疑"的慧眼,更要勇于向权威、向老师、向书本、向社会进行不折不挠的挑战,敢于向"前沿难题"发起总攻。因此这也需要一种冒险精神。斯坦福大学校长约翰·亨尼斯曾言:"斯坦福最有特点的、区别于很多世界其他大学的就是它有不断冒险的精神,在教学和研究方面都有这样的精神,不断地探求和探索新的方向和新的理念。"[①] 诚然,并非每个人都拥有进入名校的机会,但是只要我们具备挑战和冒险精神,同样大有作为。当然,这种冒险和挑战的"疑"事实上还包含了一种自由的、开放的创造精神,此应为当代大学生所具备的一种品质,若无开放、自由的反思,"疑"将从何而来并保持下去?

之四,"疑"意味着一种"连续的好奇"。古希腊哲学家亚里士多德曾说"知识源于好奇",一般人将此"好奇"的理解定位于心理学层面上,事实上,心理学对好奇的理解是很浅的。好奇在深层上体现了人之自由精神和主动追求的态度,当然蕴含着创新精神。笔者所言的"连续的好奇"即谓深层好奇,当下青年人不缺乏"惊叹一时"的好奇心,缺乏的是持续而又充满探索精神的好奇。青年学生思维灵活,若能对某一种事物保持连续的好奇并能探究下去,将好奇转化为一种浓厚的研究兴趣,那么一种前所未有的新理论就可能应运而生。综观人类历史上重大理论的发现,莫不是一种痴迷的好奇和探究精神在始终发挥作用。因此,我们无论是致力于"社会实践"还是致力于深奥的学术研究,皆应时刻保持此种"连续好奇"的"疑"之精神。

---

① 杨立军:《从三大名校看美国精英式教育》,《书摘》2007 年第 7 期。

第三编　创新篇

苟日新,日日新,又日新。

——《礼记·大学》

唤起对创造性的表达和认知的欢乐,是教师的最高艺术。[①]

——〔美〕爱因斯坦

---

① 〔美〕艾利斯·卡拉普赖斯编:《新爱因斯坦语录》(上),范岱年译,第74页。

第一章　研究生培养综论[①]

研究生（主要是博士生）创造能力之高低直接影响到未来中国科技发展的竞争力，其重要性自不待言。研究生创造力之培养，可从博士生、导师及相关培养机构进行考察。博士生自身须主动在诸如求知动力、思维方式、吃苦精神、学术视野及淡泊名利的品质等方面着力；导师须在录取博士生、学术规范及培养模式等方面发挥其主观能动性；培养机构则应在培养目标、师资配置、学术管理及就业服务等方面尽其职责。

钱学森先生生前给世人留下了一个大问题："为什么我们的学校培养不出一流的人才？"依敝人之见，"钱先生之问"既含有我国自然科学领域未获得"诺贝尔学奖"的遗憾[②]，亦有对当下整个教育体制的忧虑。本文暂不回答钱先生的问题，而将焦点凝聚于潜在的"一流人才"——博士生，并探讨一流人才应该具有什么样的品质。

关于"一流人才"的内涵，笔者以为，应该主要从"创新品

[①] 原文题目为《博士生创新力培养探微》，载《河北科技大学学报（社会科学版）》2011年第3期。本章及本编（创新篇）所有以博士生创新教育立论的文章，其实适用于整个研究生教育，故文章编入本书时，有所更名。

[②] 钱学森先生提出该问题时，屠呦呦女士尚未获得诺贝尔医学奖。

质"——创造性能力的层面理解。德国人欣赏这样的话:"你不应当成为第二个莫扎特,你应该成为第一个贝多芬。"① 极言创造力(创新品质)之重要。

鉴于当下博士生教育属精英之"顶端"教育,是精英中的精英,自然应属"一流人才"的范畴。"博士"同学士、硕士的不同之处,绝非局限于知识积累的深度和广度,而是意味着更高的要求,即创造性的要求。如美国大学认为博士学位是授予"对知识有独创性贡献的人",极言博士生的创新品质之重要。

近几年,我国博士生招生数量增长较快(据统计,我国目前在校博士生数量已居全球之首),而资源(包括导师资源、试验设备、科研条件)却相对短缺。假若博士生自身缺乏创新品质,加之"教育资源"的相对匮乏,那么我们用力打造的"尖端教育"就可能真的失去竞争力,钱老的"一流人才"之问也许将长期成为国人的隐痛。

于是,人们势必首先思索这样一个问题:作为一流人才的博士生创新品质又当如何培养呢?本章拟从博士生、导师、院校(研究机构)三个方面进行初步的思考,以期对"博士生创新品质"的培养有所启发。

一、博士生应具有的品质

作为一名博士生,应该具有创新的品质。这种创新品质的培养大致可从以下诸方面着手。

(一)好奇、深思之品性与问题意识的养成

一切创新的根基在于雄厚的知识基础,否则创新无从谈起。因此,对博士生来说,须下功夫打牢专业基础,此为创新之根基。然而,仅仅有扎实的基础知识是不够的,还需有"好奇"和"深思"的品质。因为人类一切伟大思想的诞生和重大发现莫不来自好奇,如古希腊伟

---

① 顾明远:《文化研究与比较教育》,《比较教育研究》2004 年第 1 期。

大的哲学思想、瓦特的蒸汽机、牛顿的万有引力定律等皆以好奇为起点。当下的科技奇才马斯克之所以创造出众多"超一流"的科技奇迹，与其天生的好奇心、丰富的想象力密切相关。好奇是新思想、新发明的引擎，若无好奇心及丰富的想象力，很多重大发现可能仍然"蔽而不现"。培养好奇心（包括想象力）实质上是培养博士生的问题意识或曰问题"敏感度"。

"深思"是好奇的延伸，它实质上是基于"怀疑"品质的追问精神，即对引起自己好奇的现象（自然现象、社会现象）或学术问题进行"穷追猛打"式的追问和挖掘。"怀疑的追问"即所谓的"问题意识"。古希腊哲学家亚里士多德在其名著《形而上学》中曾言："人们开始思考直接触目不可思议的东西而或惊异……抱着疑惑，所以由惊异进于疑惑，始发现问题。"[①] 美国著名哲学家波普尔则明确认为"科学起源于问题"。可见，若无好奇心和问题意识则难以有真正的创新。当然，在对专业性较强的问题进行"挖掘"时，"问题"本身也会向研究者提出更高的知识要求，进而成为促进研究生学习的动力。如以哲学研究为例，当研究者对胡塞尔的现象学感兴趣并着手去进行研究时，"现象学问题"本身将会促逼着其对笛卡尔、康德、黑格尔等人的哲学进行系统的学习。这种因对问题的好奇而产生的学习动力是自发的（非谓功利性的知识追求），是强烈的兴趣使然，此强烈的兴趣又逐至转化成深沉的感情。著名数学家丘成桐先生在《研学之乐》感慨道："我个人认为，感情的培养是做大学问的最重要的一部分。"[②] 无疑，"兴趣—问题意识—学术感情—求知动力"的阶梯式推进过程，是提高博士生的创新品质的必经之路。

（二）开拓性思维的自觉培养

作为"成年人"的博士生（尤其是年龄偏大的博士生），其"好

---

① 〔古希腊〕亚里士多德：《形而上学》，陈一楼译，中国社会出版社1999年版，第184页。
② 丘成桐：《研学之乐》，《光明日报》2011年1月10日第5版。

奇心"往往不那么强烈。然而，好奇心可用开阔视野的"跨学科交流"（学科对话）来激活、培养。通过不同专业、不同领域的相互交流和对话来刺激其"问题意识"，甚至可以"移植"其他领域的研究方法用于自己专业的学术研究等等，都有助于激活好奇心。数学家丘成桐先生的数学成就不但深受物理学和工程学的影响，而且他还坦言受到人文学科的影响，"也许这是受到王国维评词的影响，我认为数学家的工作不应该远离大自然的真和美。直到现在我还在考虑质量的问题，它有极为深入的集合意义……广义相对论中的品质与黑洞理论都有很美的几何意义"①。

一般而言，不同学科间的交流、碰撞（尤其是交叉学科）往往引发新问题、新思路，甚至会成为学术问题的增长点。如果博士生能经常自觉地关注其他领域的学术前沿问题，确实有利于开阔视野，提高"问题敏感度"（问题意识），而且还有利于创造性思维的培养。我们知道，科学研究固然需要缜密、严谨的逻辑思维，它是保证科研正确进行的坚实基础；但同时也需要形象思维，它是创新的主要"助推器"。回溯科学发展史，当知历史上的重大理论发现的契机多来源于"形象思维"——灵感就是其主要表现形式之一。形象思维固然存在着"或然性"，如果博士生通过文理交叉、学科（专业）交叉，渐次将逻辑思维和形象思维有机地结合起来，既保证逻辑的普遍必然性，又能把灵感"赋予"其中，形成"开拓性思维"，无疑对其将来的科研大有裨益。

跨专业、学科的交流要求博士生须有开阔的胸怀，不要心存专业、门户之见，要有谦逊、不耻下问的求学态度。唯其如此，博士生才能在不同专业、学科的对话中有所收益，而非流于形式。

---

① 丘成桐：《研学之乐》，《光明日报》2011年1月10日第5版。

（三）忍受孤独、寂寞的耐力和吃苦的精神

博士生的学习并非简单的"接受性学习"，而是创造性、反思性的学习，是对未知领域的探索和研究，其学习的性质注定了博士生要与孤独和寂寞为伴。正如杨凤教授对"读研究生就是进地狱"的解释那样："一则做学问是一件很苦的事，要甘于清贫、清苦；二则要耐得住寂寞，要有集中精力做学问、干事业的韧劲。"① 英国某大学教授在谈到博士生的学习时曾言："（博士生学习）有它规定的孤独性。正如一个学生注意到，一天终了，孤苦伶仃……谁也不能为你撰写的论文负责。"②

忍受孤独和寂寞是针对探索问题的总过程而言（它本身不排斥交流），不过，一旦其进入某个问题之后，寂寞和孤独本身并不存在了。但是，在研究的初期，如在还未真正进入"问题"之前，博士生首先要具有忍受寂寞和孤独的品质，尤其在知识的积累阶段，更要有忍受寂寞和孤独的勇气。孤独和寂寞并非贬义词，如德国哲学家叔本华就认为：人的智慧（创造力）和忍受寂寞、孤独的能力是成正比的。人类历史上，大凡有大发明、大创造、大成就之人，莫不有忍受孤独和寂寞的品质。因此之故，笔者将其纳入博士生的创新品质之一。

研究工作尤其基础领域的研究绝非一蹴而就的事，它需要付出艰苦的劳动——甚至付出劳动亦未必有所发现，但是不付出艰苦的劳动，肯定不会有所收获。在英国，多数物理学博士生的工作负担都很重，很多学生一天要工作十个小时以上。那些有很多计算要求的学生有时继续工作到深夜。正如一位学者谈道："只有美好的想法还不够，你必须对付严酷的现实，并喜爱当物理学家的单调日常活动。"③ 不付出

---

① 杨凤：《读研究生就是到地狱旅游》，《光明日报》2011年1月10日第16版。
② 〔美〕伯顿·克拉克主编：《研究生教育的科学研究基础》，王承绪译，浙江教育出版社2001年版，第158页。
③ 同上书，第160页。

艰辛的劳动，创新品质也就无从谈起。

（四）要具备站在学术前沿的眼力

创造性就是要站在学术前沿，力求有新的发现。对于学术前沿，须做辩证的理解。首先，"学术前沿"是指本领域的研究所达到的高度，而非"盲目地跟风"和为创新而创新的"人云亦云"。博士生所从事的研究最好能从学术前沿这个高度出发，至少对当下的前沿问题有所理解；这样在将来的研究中才能把握住问题的重点，才有可能超越前人，而不陷入缺乏创造性的、老生常谈的重复工作之中。其次，重视"前沿问题"并非忽视基础性的研究。我们知道，创造或创新，是指从原有的体系中"接引"出来的未知的东西，它绝非空穴来风。因此，创新恰恰以雄厚的专业基础为前提，只有在基础雄厚的前提下，才能真正"进入"前沿问题之中。更何况，在人文社科领域，似乎越是古老的"经典"，越有分量，也越是前沿的。比如要想超越当今研究老子的专家，须回到经典的《道德经》，而非以当今学者的研究为典范。

毋庸置疑，对当下部分博士生而言，学术前沿问题还难以走进他们的"研究"，但是经常关注学术前沿问题无疑有利于提升其学术品位。

（五）对外在利益（功利）不要过于在意

渴望"自我"被社会（他人）承认，是人之常情。但是，作为博士研究生不要过分看重这些东西，正如泰戈尔所谓"背负金子的翅膀是飞不高的"一样，一个学者若被外在的东西所束缚，其学术研究很难有什么大的贡献。现代新儒家代表人物牟宗三先生在谈到哲学家的气质时，曾表达过这样的意思，作为哲学家，"现实的照顾必须忘记，名利的牵挂必须不在意"[①]。作为从事研究工作的博士研究生，又何尝不应如此呢？只有暂且将外在的东西进行"搁置"，潜心研究，才有可能

---

① 牟宗三：《生命的学问》，第9页。

在科研上有所创见。这种品质不独针对博士研究生这个特殊阶段，而应贯穿整个科研生涯。

二、导师对博士生创新素质培养所承担的责任

博士研究生创新品质的培养，固然与其本身的追求有关，导师亦起着至关重要的作用。大致而言，导师应在以下诸方面着力。

（一）导师须严把"入门关"

博士生招生工作中，导师（导师组）基本上拥有最后的"决定权"，因此如何甄别有创新潜质的学生就显得尤为重要。目前，我国的博士生招生程序虽然也仿照欧美国家的做法，要求有"两名教授的推荐信"及"博士期间的学术方向的计划"；但在实际操作中，易于流于形式。因为确实有部分学生考博并非为了学术，而有些基础学科又苦于难出成绩遂导致无学生报考，鉴于这种情况，一些"为一纸证书"而读博的考生被录取了。可想而知，这样的学生将来在科研上能有什么创造性！相比之下，日本东京大学在人才录取方面建立了严格的规章制度，其指导思想是"择优录取，宁缺毋滥"。导师在选拔博士生时，"要看他过去研究的内容，今后研究的方向、思路以及程度。重要的是研究的内容，对今后的研究要有成熟的计划，对将来研究的方向、速度计划要比较清楚，教授才愿意接受这样的学生。"[①] 日本东京大学教授的做法值得我们借鉴。导师在选拔研究生时，在同等条件下，要注重有学术潜质的学生，让愿意献身学术的优秀人才得以深造；对于潜质一般且无心于学术者，要敢于劝退；对于那些"试图混个博士学位来镀金的官员"，尤其要有敢于说"不"的勇气。

（二）导师要注重学术规范的教育

在博士生入学之初，导师就要对其进行学术规范的教育和指导，

---

① 日本东京大学专访：《三年取得博士学位很困难》，http://edu.qq.com/a/htm，2007-10-20。

明确评价标准以保证博士论文的规范性和原创性。在这方面，西方国家的博士教育做得比较好。如美国对博士论文的要求就有明确规定，即博士学位论文必须进行创造性研究，对本学科要有独特的贡献；其论文结构大致分为绪论、文献综述、研究方法、研究发现、分析讨论等。在这方面，我们尚有欠缺，我国的博士生甚至在论文开题时，还对论文的结构框架不甚明确。无疑，这与导师有意无意的忽略有着直接的关系。就笔者所了解，目前不少导师倾向于专业知识的学习，而对"格式"的训练有所忽视。其实论文的"格式"并非单纯的形式问题，它也涉及研究方法问题。须知，学术规范对培养博士生的创新品质亦有促进作用。

当然，这里的学术规范是狭义的，广义的学术规范还包括实事求是的态度，如不剽窃他人成果、不伪造数据等学术道德问题。鉴于目前"不规范"的学术事件时有发生，故而尤应引起导师的注意。

（三）导师须加强"导师组"的合力，力求在师生之间营造自由探讨、辩论问题的热烈氛围

我国的博士生培养大多以导师为主，对"导师组"的作用发挥不足，甚至个别院校还没有"导师组"的配置。事实上，"导师组"与导师的密切配合更有利于研究生的培养。在德国，博士生教育尤其重视导师与导师组相结合的指导方式。且导师和导师组的"教育方式"多采用研讨式，针对某个问题（难题）进行专题研讨，真正打破那种"惯于循序渐进、不敢越雷池一步"的传统教学模式。研讨的开展过程重在培养博士生自主探索的意识、提高其创新品质，同时，也为教师提高自身学术能力提供了强大的动力。这种重视"导师组"与研讨课的做法值得借鉴。

（四）导师要尽可能为学生提供科研机会，并积极探索"以科研为中心"的研究生教育模式

1989年，加州大学洛杉矶分校曾获诺贝尔奖的化学家唐纳德·克

拉姆在《关于研究生教育在它最佳状态的非常有说服力的陈述》中指出："大约40年来，我的科研小组由17人组成。研究生平均花四年时间做他们的论文科研，头两年的工作包括他们承担的教学任务和他们修习的课程。后两年做他们的科研问题，每周工作在七十小时以内。……虽然学校对博士生发表的文章没有硬性规定，但是许多博士生在权威刊物上发表了学术论文。"[①]

中科院院士保铮先生在《浅谈培养博士生的一些体会》中也强调博士生科研的重要性："我们的博士生入学后就参加到一个课题组，成为课题组的成员。第一学期以学习课程为主，同时了解课题的情况，从第二学期起将承担一定的科研任务。……他们一般都能很好地完成任务，同时扩展了知识面，并得到实际锻炼。"[②]以科学研究为中心的教育方式，突出了实践能力训练，确实有利于培养博士生的创造性品质。因为学生既接触了学术前沿，又参与解决实际问题，在解决问题的过程中检验自己所学到的知识；同时在科研探索中找到自己的研究方向，发现新的学科增长点。上述案例虽主要针对理工类博士生，但是对于人文学科的博士生，尤其心理学、社会学等应用方向的学生，进行必要的科研训练对其也是大有裨益的。这就需要导师积极发挥能动性，尽量为博士生"牵线搭桥"，提供科研机会。

此外，导师还应鼓励博士生参加国内外高端学术论坛并为其创造机会，加强博士生与国内外本学科、本领域的交流、互访，让他们尽量能把握到最新的学术动态。

（五）导师要善于调动博士生的凝聚力，并形成"团队精神"

在谈到科技创新问题时，左铁铺院士认为："在当前的科研环境

[①] 刘献君：《发达国家博士生教育中的创新人才培养》，华中科技大学出版社2010年版，第128页。

[②] 许国志、陈太一：《院士谈教育》，福建教育出版社2002年版，第233页。

下，走'独立大队'、'自立门户'和'个人'的单干户路子是走不通的，靠小科研项目写上几篇论文，再讲授一门不重要的小课以解决职称问题的发展模式，并不是未来学科骨干、学术带头人成长的最佳模式。"[1] 左先生固然是针对高校青年教师的科研创新而谈，笔者以为此对博士生创新品质之培养亦有启迪意义。博士生尤其是理工类博士生，尤其需要合作意识和团队精神，因为大型的实验和科技项目需要全体人员的通力合作，在这个意义上，可以说"团队精神"（合作意识）是科技创新的土壤。因此导师在给博士生提供课题的同时，要有意识地培养其合作意识和团队精神，以便为未来的科技创新打下良好的心理基础。

三、院校（研究机构）对博士研究生创新素质培养所担负的责任

院校（研究机构）作为高科技人才的"孵化器"和"培养基地"，既要为博士研究生科技创新搭建"平台"，又要解决其他相关的问题，故而对博士生创新品质起着至关重要的作用。

（一）明确博士生培养的目标

一所院校或研究机构首先要明确博士生培养的目标。培养目标（标准）直接关系到人才的质量。定位不明或标准不高就难以培养一流的人才，只能培养出高文凭的"学历"人才。国外著名高校的博士生教育皆有明确的目标，如芝加哥大学博士生教育的目标是：熟悉科学创新的全套流程；形成独立解决问题的能力；提高自学能力；拥有创新能力。东京大学的博士生培养目标是："瞄准国际尖端前沿科学领域；重视跨学科的综合性的发展方向；注重科学研究与人才培养相结

---

[1] 中国教育报编：《大学校长纵论科技创新》，学苑出版社2003年版，第80页。

合。"[1] 反观我国部分院校和研究机构，对博士生的培养目标则不甚明确。缺乏明确的目标和培养方向是不利于研究生的培养的，各院校及研究机构应根据自身之优长建立博士生培养目标，有了目标，博士生才有自身的定位和学术方向。

（二）提供一流的师资

俗话说，名师出高徒，确实如此。如美国著名物理学家费米培养出诺贝尔物理学奖获得者杨振宁，英国物理学家汤姆森一生培养出 8 名诺贝尔奖获得者，我国清华大学的张维院士培养的学生中竟有 11 名院士。因此，师资（博导）的水平对博士生有着极其重要的影响。在德国，教授必须具有博士学位。讲师只有在教授缺额的情况下才可能从优中选取，以确保导师的指导质量。笔者并非持"唯学历"论，确实也有一些"学历不高"的精英人才，但就当代科技研究而言，不接受高端教育确实很难把握科技领域的发展动态（"人文学科"有一定的特殊性），故而德国高校的做法是有其道理的，这也意味着德国博士含金量之高。我国个别院校为了争取博士点，而师资力量又相对匮乏，于是常有"拔苗助长"的现象，把一些水平一般的"硕导"荣升至"博导"。由于其学力之不逮，个别导师指导学生力不从心（甚至其水平还不如博士生），这样的导师培养出来的博士，其质量可想而知。此现象虽为少数，但应引起注意。学校要让一流的专家去指导博士生，名师的徒弟未必个个高明，但是平庸的导师很难指导出优秀的学生。

（三）严格考核，宽松管理

提高博士生的创新品质和培养质量，建立严格的中期考核尤为必要。美国的博士培养尤其重视中期考核，并建立了严格的中期淘汰制度。博士生入学两年后，进行综合考试，组织 3—5 名专家组成考试委员会进行统考：笔试、口试、文献分析、论文开题报告或研究计划和

---

[1] 刘献君：《发达国家博士生教育中的创新人才培养》，第 142 页。

论文等。淘汰率为5%—20%，难度很大。反观我国的博士生中期考核，则轻松多了，很少甚至几乎没有因中期考核不合格而被淘汰的博士生。严格的考核制度"促逼"着博士生去自觉培养"问题"意识和进取心。实践证明，这种外在"动力"是行之有效的。美国对博士生的中期考核虽然严格，但管理却相对宽松，如美国不少高校对博士生的论文发表数量基本没有限定（当然，能发表更好）。只要其论文得到本领域专家认可，发表与否均不影响学位的取得。当下，我们的博士生培养对博士生论文答辩资格有明确规定，必须在规定期刊至少公开发表与答辩论文相关的论文若干（各学校规定不尽相同），否则没有论文答辩资格。鉴于博士生多（加之全国高校教师及其他研究人员每年也有"发表"的任务），而学术刊物版面有限，所以不少学生为发表而大伤脑筋，且为此荒废了不少时间。如此一来，真正用到科研上的精力就少了，其结果就是难以保证毕业论文的水准。

如何对博士生既施行严格考核而同时又为其提供宽松学术环境，是当前高校（研究机构）亟待解决的问题。

（四）提供必要的"硬件"，并力所能及地为博士生提供创业机会

对从事科研的博士生来说（尤其理工类），一流的实验环境是培养人才的必要保证，否则很多新发现、新思想就永远停留在想象和假说之中。不少理工类人员报考博士研究生时，就充分考虑到该校（研究机构）的实验条件。虽然国内不少学校有一流的科学家，但由于实验条件的限制，致使不少优秀学子"流失"国外。中国科技大学原校长朱清时先生尤其重视实验环境的建设，他的做法是"集中资源建设一系列配套的公用实验中心，让全校师生都有可能将其创造性的新思想付诸试验"①。中科大之所以在纳米技术及量子信息科学领域取得重大突

---

① 中国教育报编：《大学校长纵论科技创新》，第127页。

破，与其重视"硬件"建设有着直接的关系。

学校（研究机构）还应提供科学研究的机会。众所周知，斯坦福大学的硅谷、剑桥大学的"剑桥科技园"、筑波大学创办的"筑波科技园"等，都尽最大努力为学生创造科研机会。譬如，它们试图通过产、学、研相结合的模式，把大学的高智能资源与高科技企业结合起来。这既锻炼了人才，也在一定程度上解决了博士生经费不足的问题。

（五）学校（研究机构）应为博士生提供多种形式的经济资助

笔者在谈到博士生应有的创新品质时曾提到，博士生应以科研为业，不必太在意外在的得失，但是这并不意味着博士生丝毫不挂念物质利益；而是说，博士生的必要的生活费用和研究费用应由学校及社会来提供，这样才能充分保证博士生的主要精力聚焦于科研。在西方一些著名高校，博士生的费用大致可分为国家资助、企业赞助以及校友赞助等，虽然数额不会太多，但是博士研究生至少不必为生活费忧愁。目前国内的博士生的生活费用大致以奖学金、助学金的方式出现，其中一些奖学金固然也由一些知名企业和校友提供，但总体而言，份额仍然较少。国家所提供的助学金也不足以保证博士生的生活，当下国内的博士生生活确实比较清苦。鉴于此种现实，学校可以借鉴西方高校的做法，如以"招募课题"的方式，即是说，将研究生的课题公布于社会，以寻求赞助者，此举既能解决博士生的生活问题，亦不会干扰博士生的研究自主权。

第二章　导师的"导"学之责[①]

研究生教育中,导师须明确自己的"导"学之责;否则,研究生教育就"徒有其名",而蜕变为(学生)"自学"。具体说来,导师的"导学"之责包括导学、讲学、辩学和督学。导师以"导学"激发学生兴趣;以"讲学"传授知识,开阔视野;以"辩学"启迪思维,激发灵感;以"督学"督促学业,完善人格。

作为一名研究生导师,其对自己所负有的职责似乎不必强调,然而面对当下研究生质量普遍不高之现状,又确有必要"追问"导师之责,尤其对年轻的导师来说,明确导师之职责尤为必要。当然,研究生导师和一般公共课老师皆担负教学之职能,皆担负指导学生的责任。然而,研究生"导师"和一般教师之区别主要集中于一个"导"字上,且作为导师,"导"尤其具有优先性和特殊性。

导师之"导",应表现在何处呢?笼统地讲,导师之"导"在终极意义上在于引领学子切近"大道",这可由"导"(導,从道从寸,比喻切近大道)之原义得出。当下所论之"大道"并非古人所谓玄学之

[①] 本章内容原名为《研究生导师的"导"学之责》,载《中国研究生》2010年第6期,收入本书时稍有改动。

天道，而是学术之道和为人之道。且所谓的"导"总是与"学"密切相关："师傅领进门，修行在个人"强调的即是学生之学；教学相长则表明导师之"导"亦是"学"，最终目的在于师生共同提高。孔子育人一生，然《论语》中出现的"学"字最多，盖导师、学生皆为"学"也。由是，对导师之"导"便转换为如何让学生"学"的问题上来。

导师之"导"可从以下诸方面考量之。

一、导学

导学是导师指导学生的"入门功夫"。学生考入导师门下属于"来料加工"，"如何引导学生""将学生引向何处"当是导师面临的第一要务。在这点上，孔夫子给后人做了很好的榜样，其做法是"因材施教"。就目前运行的研究生招生制度言，一个导师每次招收的学生名额毕竟有限，这无疑给学生和导师的接触提供了有利条件。在导师和学生的较充裕接触中，导师应渐次了解学生的性情、志向和学术专长，以便根据学生之自身特点和志趣选定研究方向进行因材施教，此为导学第一步。

在确定了研究生的大致方向后，导师应根据研究生在专业背景、知识结构等方面存在的缺陷"对症下药"，开一剂有效的"药方"——列出必读的经典书目，以夯实学术基础、完善知识结构——此为导学第二步。某种程度上，"书目"反映了导师的治学境界和治学格局。对于一位学识渊博的"重量级"导师而言，其书目多为古今中外之经典而非"跟风应时之作"，且其书目亦不仅仅局限于狭小的学科领域内，而数量又不可太多，否则因时间有限，学生无暇涉猎，书目无异于虚设。因此如何选择书目不仅反映导师的治学境界，亦反映其治学方法、技巧。以西方哲学专业为例，一般而言，罗素的《西方哲学史》固不可少，但是真正有眼光的老师绝对不会停留在这个层次上，而是根据学生之学力在康德、胡塞尔或者海德格尔等人的著作中选择。因为罗素撰写的哲学史虽然系统，也很经典，但毕竟只是叙述，没有真正"入"进去。而康德的《纯粹理性批判》、胡塞尔的《欧洲科学危机和超验现象学》、海德格尔的《存在与时间》中的任何一部著作皆超越了前人那种"叙述的哲学史"，皆是作者对人类面对的哲学问题的重新反思和深入。很明显，从后者著作研习哲学，学到的不仅仅是叙述的知识，更能培养一种深刻的思辨力。

导学的第三步还在于"导出一种趣味"来。梁启超在谈论教育时曾言："教育家无论有多大能力，总不能把某种学问教通了学生，只能令受教的学生当着某种学问的趣味，或者学生对于某种学问原有趣味，教育家把它加深加厚。所以教育事业，从积极方面说，全在唤起趣味；从消极方面说，要十分注意不可以摧残趣味。"[1]研究生投靠导师学习，多半是为了专业的兴趣（当然不排除其他动机），因此导师如何提高研究生对学术研究的兴趣确实乃一门大学问、大课题。因为兴趣对学术研究的影响是终极性的，历来学有所成的大师级人物莫不对其研究领域有一种强烈兴趣以至达到痴迷的程度，仅凭外在的喜好和诱惑，是断然难以获得大成就的。很明显，导师在培养学生学术兴趣方面起着举足轻重的作用。如何培养研究生的学术兴趣呢，笔者以为一靠学术自身之魅力，二靠导师人格之魅力，三靠"导师组"所营造的学术氛围之感召。诚然，培养研究生学术兴趣是一个长期的过程，它应贯穿于近乎研究生的整个学生阶段。

二、讲学

如果说"导学"（如"列书目"）可显示出导师学术境界之高低，那么"讲学"则凸显导师学术之内涵。"讲学"是每个导师的必修科目，因为每个导师都要进行研究生授课。需指出，研究生的课毕竟不

---

[1] 梁启超：《拈花笑佛》，第 76 页。

同于一般普通大学生的基础教育，而应有自己独特之内涵：无论在讲学方式上还是讲学内容上，都应有其显著特点。

首先，导师讲课要少讲教材，多讲"自己的"。"导师"既然能被遴选为导师，自然在其所在领域内有自己"一家之言"，因此，导师在"讲学"（授课）中应有"自己的声音"——即便其学术思想不为人接受，甚至不甚成熟，但是只要有助于将学术引向深入，导师就要敢于讲出自己的东西来。更何况，不少导师在自己的领域内颇有建树呢！事实上，古人亦反对照本宣科式的教学方式，《学记》中有"记问之学，不足以为人师"之说，其义为：靠预先记诵书中的资料来给学生讲授的，不足以成为老师。此表明古人亦看重教师自我创新之能力。当然，做到若陈寅恪先生那样的"别人讲过的不讲""书上讲过的不讲""自己讲过的不讲"之"三不讲"颇有难度，但研究生导师绝不可"人云亦云"地重复教材，那样非但培养不出一流的人才，甚至会因其授课平庸而扼杀研究生对学术的兴趣。讲"自己的"无疑是对导师提出的较高要求，这势必要求导师善于独立思考，有独特之见解和特立独行之精神。如此方能激发研究生的学术兴趣，也有利于培养研究生独立之人格。

其次，导师要讲"前沿"的。导师讲"自己的"，但"自己的"毕竟有限，且学术研究乃无限"敞开"之过程，因此导师还要讲"别人的"；这个"别人的"，即是当下国内外一流学者对该领域研究所能达到的高度。这里"别人的"当然也属于"学术前沿"问题。讲授"学术前沿"的问题，其益处至少有三：一则学术前沿问题可开拓研究生的学术视野，让他们了解到"什么问题已经解决，什么问题急需解决"，以避免无意义的重复劳动；二则学术前沿问题有助于年轻学者选择自己的"学术着力点"，使得他们较快地"进入情况"，为其将来进入"学术前沿"奠定良好的基础；三则学术前沿问题有助于提高研究生的学术起点，避免在低层次问题上徘徊不前。当然，退一步讲，了解前沿问题，即便对导师自身的研究也颇有帮助，此所谓教学相长也。

最后，导师要善于讲"有争议"的问题，以培养学生的"问题意识"。学术之所以无止境，乃在于"问题"无止境，因此好的导师要善于讲"有争议""悬而未决"的问题；要通过讲"问题"，启发研究生独立思考问题；要通过讲"有争议"的问题，激发并培养研究生善于发现问题、提出问题的"问题意识"。学术发展的内动力最终源自于问题之提出，对此，英国著名哲学家卡尔·波普尔曾言："科学探索源于问题。"[①]爱因斯坦亦云："提出一个问题往往比解决一个问题更重要，因为解决问题也许仅是一个数学上或实验上的技能而已；而提出新的问题，则需要有创造性的想象力，而且标志着科学的真正进步。"[②]而我们现行的高等教育尤其研究生教育的现状是，对"问题意识"的关注稍显不足，这需要导师及导师组成员逐步在"讲学"中强化、培养之。至于在讲学（教学）方法上，形式可"不拘一格"，只要有助于学术思想的交流，有利于开拓思维，皆可用之。

三、辩（思）学

辩学为"讲学"之继续，但是辩学又不完全等同于讲学。因为讲学多以导师为主，而在辩学中，导师和研究生均是"主人翁"。因为笔者提倡的"辩学"是导师（包括导师组）和研究生针对某一学术问题展开的探讨、辩论。在"学术面前人人平等"的前提下，开展自由辩论，以活跃思维，启迪独立思考之精神。

古人对辩学十分重视，如《中庸》中亦有"博学之，审问之，慎思之，明辨之，笃行之"之论，即含此义。只是，笔者此处所谓的辩学则近乎涵盖《中庸》"学、问、思、辨、行"之全部。无疑，能参与学术辩论，就意味着双方建基于一定的学术基础之上，欲达此"辩论

---

① 〔英〕波普尔：《猜想与反驳》，傅季重等译，上海译文出版社1986年版，第222页。
② 〔美〕爱因斯坦等：《物理学的进化》，周肇威译，上海科技出版社1979年版，第59页。

平台",研究生非"博"览群书不可!随着辩论问题的展开和各种观点的碰撞,势必激发师生双方的思路,或赞同、或质疑、或反对,于是在双方不停地追问、慎思、反驳中,不但能提升研究生独立思考、独立分析问题的能力,而且还能激发导师思想之火花,此谓教学相长。"辩学"之风,不但国人重视,西人亦十分看重,如卢瑟福发起的"茶时漫谈"、巴甫洛夫主持的"星期三例会"、闵科夫斯基主持的"联合讨论班"等,皆是科学史上"辩学"之典范,亦真正起到了拓展思路、开阔视野、激发灵感之效用。

若让"辩学"真正取得成效,固然需要师生双方的密切配合,然对导师而言,其作为主导角色尤为重要,因为辩学不但彰显导师之学术风范与学术气度,更能将学术思想、研究方法"直截"地传递给学生。若要取得"卓有成效"的辩学,导师应做好以下几点。

其一,导师需有海纳百川之胸怀。因为辩学之主旨不在于学术问题"答案"正确与否,而在于通过"思辨过程"对学生进行思维训练。因此,在激烈的辩论中,导师的观点甚至比较成熟的学术思想亦有遭到"颠覆"之可能。在这种状况下,导师要做到"虚怀若谷",谦虚谨慎,万不可因"面子磨不开"而以师道尊严压制学生,剥夺其"话语权"。相反,导师要鼓励弟子超越老师,自古"弟子不必不如师",更何况,弟子超越老师恰恰是老师的成功之处。孔子曾当着弟子子贡的面赞叹颜回,"弗如也,吾与女弗如也",孔子的"弗如"所折射出的谦虚之精神非但丝毫无损其伟大,反而愈加彰显圣人境界之高远。

其二,卓有成效的"辩学"需要导师(导师组)独具慧眼,选择具有学术价值的"好辩题"。"辩题"不可随意而设,应经过严密、审慎的筛选,确实把有启迪意义的"好问题"呈现给学生。关于"好问题"的标准,由于专业、方向不同,可能见仁见智,但宗旨则是以能启迪思维为要则。同时,辩题亦应本着循序渐进的原则,如对低年级的硕士研究生可就基础性的问题展开;对经过一定学术训练的研究生

(博士生）则可就前沿问题展开讨论；对于实践能力较强的科目亦可以实验报告的方式展开；对已确定论文选题的研究生可就其毕业论文的核心内容专门展开探讨。总之，"辩题"既要有创造性，又要有针对性，否则辩学将流于形式，无济于事。

其三，应注重在"辩学"中形成一种学风乃至一种学派。钱穆先生在《晚学盲言》中言及"孔子开门授徒，所谓有朋自远方来，乃会通师弟子七十余人魂气精神之相通而合成一风，此即孔门弟子之儒风"。[①] 其实，导师与研究生在辩学论道中亦可形成一种学风乃至学派。辩学中，导师的学术态度、学术见解、思维方式乃至解决问题的方法、技巧等等，都潜移默化地影响着学生，久而久之，研究生在此熏染下，自然会"分有"导师的"学术风格"，此即为学风之形成。若研究生能接过导师开拓的学术领域，紧追不舍地钻研、拓展、传播下去，则可能蔚然成风而形成某一学派。须知，学派之形成对学术的发展极其重要。在中国人文思潮中，无论春秋战国时代的"诸子争鸣"，还是宋明时期的"心学、理学"之争，说到底皆是"学派"之争；在西方自然科学发展史上，物理学中的"光的波动说和粒子说"之争，说到底，亦皆为学派之争。正是通过学派间的频繁的磨砺、荡涤与交锋，人类的智慧才得以提升，学术思想才日渐繁荣。故为师者不可不察！

其四，导师除了自己组织"辩学"外，还应依托院校，积极开展与兄弟院校、相关科研部门乃至国外教学研究机构的交流，把富有创见的前沿思想家请到"家"，让研究生直面一流精英，直接与精英对话，既拓展研究生的学术视野，亦激发其学术研究的兴趣。近年来，不少重点高校已经这样做了，并且取得了显著效果。当然，大多数院校是以"学术报告"形式在"大范围内"进行"普及教育"，真正留给研究生和专家交流专业问题的机会不是太多，这不能不说是一个遗憾。

[①] 钱穆：《晚学盲言》，广西师范大学出版社2004年版，第133页。

四、督学

研究生固然当以自学为主,但导师亦应发挥其"督学"作用。此"督学"或"督促"并非中小学那种完全以学习成绩为目的的"说教式"批评或鼓励,而是以促进研究生学术水准乃至人格日渐丰沛的"先导"。具体说来,研究生导师的"督学"大致由以下几方面组成。

首先,在学术研究方面,导师应率先垂范,在其研究领域有所建树,以"不言之教"熏染其弟子。俗话说,名师出高徒,名师之"名",当"名"在其学术之强,大凡学术能力强的导师,其弟子亦多成绩卓著,固然这里不排除名师的教学手段、技巧乃至名师的严格要求等因素,更重要的还在于名师的"示范效应"。笔者曾师从山东大学何中华先生求学三年,何师从不规定弟子必须出多少成果,但他自己却潜心学术,兀兀穷年,每年皆有精品问世;处于导师所营造的"浓厚的学术场域"之中,做弟子的哪好意思偷懒!这种不言之教的鞭策作用胜过语言百倍。倘若导师疏于治学,在学术上无甚创见,即便真心"督导"学生,恐怕也常常"心有余而力不足",难以达到其良好心愿。俗话说,打铁须得自身硬,用于治学,亦然!闻名世界的剑桥大学卡文迪许实验室之所以培养出 25 位诺贝尔奖获得者[①],乃因为有麦克斯韦、汤姆生、卢瑟福等率先垂范的一流导师,若无诸多一流导师身体力行之"熏染",仅仅靠硬件建设,恐怕难以取得如此辉煌的成绩。

其次,在"督学"的具体方法上,导师亦应灵活多变,对症下药。如对于低年级新生可要求其就"经典书目"的内容定期谈心得体会,并就其困惑进行答疑;对于着手毕业论文写作的高年级研究生则要经常关注其论文进度,并就疑难问题进行商榷、探讨、指导;对于能力较强的学生,可适当让其参与导师相关课题研究、鼓励学生参加相

---

① 该数据截至 2010 年。

关的学术论坛等等。总之，作为一名负责任的导师，应采取一切有效的方式"提高"研究生的学术能力，万不可不管不问，任其"自生自灭"，更不能以"无为而治"为托词，实则对学生不负责任——如有的导师三年下来与学生见不到几面，甚至个别导师"导"了学生三年，竟然不认识自己的学生，不知道这样的导师究竟"导"了些什么，又"督"了些什么？所幸这样的导师纯属个别现象。

最后，导师还应注重研究生的人格之"督"。在"知识导向"的现代社会里，导师对研究生的"导学"固然应以学术为重，但亦不可因此而忽视导师的德性、人格之"导"向。客观地讲，导师的人格魅力对研究生的影响是全方位的：一个真正做到"学为人师、行为世范"的导师，其师风既有利于激发研究生的学术志趣，亦有利于丰沛、完善研究生人格。因此，我们必须重视导师对研究生的品格之导。孔夫子之所以"弟子三千，成就者达七十二"，不仅仅在于孔子学术之渊博，亦在于孔子人格、德性之伟大。正因为如此，即便孔子仓皇如丧家之犬，弟子仍一如既往服侍左右，聆听孔子之道，体悟孔子之行。倘若孔子无此卓越人格之魅力，怕弟子不到临难之时已作鸟兽散矣，诚如是，何谈"成名七十二"！同样，心学大师王阳明亦学问人品俱佳，以至于凡接触过其人的求学者皆不愿离去。据其弟子钱德洪记载："先生每临讲座，前后左右环坐而听者，常不下数百人，送往迎来，月无虚日，至有在侍更岁，不能遍记其姓名者。每临别，先生常叹曰：'君等虽别，不出天地间，苟同此志，吾亦可以忘形似矣。'诸生每听讲出门，未尝不跳跃称快。"[①] 毋庸置疑，王阳明的学识自有服膺其弟子处，然其人格之魅力亦是重要因素，尤其在"尊德性而道问学"的古代中国更是如斯。钱穆先生对此曾言："学文乃其余事，纵不识一字，

[①] （明）王阳明：《传习录》，江苏古籍出版社 2001 年版，第 324 页。

不读一书，亦当求为一完人。"① 只学知识，不懂做人，甚至品格低下，是难以成为有用之才的。由此可知，导师须加强研究生人格之"督"，提升研究生的正义感、责任感和担当感。这里的"督"更多的是通过导师人格的熏陶，是通过导师的身体力行，靠"不言之教"提升弟子的人格。倘若导师品格不高，学术上弄虚作假，处世上沽名钓誉，何以能为人师，又何以能培养出优秀的人才。故而，导师对研究生人格之"督"学亦意味着对其自身的人格塑造和德性修炼，此可谓德性上的"教学相长"。

导师对学生之"导"应集学术、人格为一体，不可偏废，大致可归纳为以上"四学"之内容。当下由于就业压力的影响，有的学者提出"导师对研究生工作负责制"的设想，笔者对此颇不以为然，至少都不能对此做硬性规定。导师之责在"导学"，若淡化导师之"导"而看其重功利性（诸如依靠导师发文章、找工作等），此非但致使学术难以传承、发展，亦因功利化之"诱惑"破坏师生间的纯洁关系，管理者不可不慎！

---

① 钱穆：《晚学盲言》，第103页。

第三章　研究生的创新教育[①]

研究生教育本质上是创新教育。培养研究生尤其博士研究生的创新能力既需要教育体制的创新，又需要充分调动导师与学生的积极性，同时还应注意处理好以下诸关系：有、无之辩，博、专之辩，空、实之辩，微、显之辩，本、末之辩，师、徒之辩等。

研究生，虽然有"生"之"主词"存在，但又不可局限于学生的"学"之过程。如果说本科教育仍然处于打"基础"的阶段，那么研究生尤其是博士研究生教育则应以培养其独立研究和创造为第一要务。掌握新知识，学习更高深的课程固然必要，但创新的能力尤为重要。"某种意义上可以说，你掌握100个知识点，不如创造0.1个知识点。你创造0.1个知识点，你就有重大创新。"[②] 人类的知识乃是在"创新"中发展起来的，因为无论多么"卓有成效"的学习，本质上仍然是重复。

作为最后的学历教育，研究生教育尤其博士生教育理应是创新教育，这种创新教育应处理好哪些问题呢？

[①] 本章内容原名为《博士生创新教育之我见》，载《中国地质大学学报（社会科学版）》2007年第6期。编入本书时有所改动。

[②] 杨卫：《2006年研究生开学典礼上的报告》，西安交通大学，2006年。

一、有、无之辩

何谓创新?"创新","无中生有"之谓也。即谓从"空白处"把人"所不知"或"不能知"的东西导引并"呈现"出来,故称之为"无(空白)中生有"。但是,"有"又不能凭"空"生出,"有"依赖于"无"。不过,此"无"非一无所有之真"无",而是有前人"创造"的理论基础。前人的理论基础乃是后人创新的根基之所在:若无亚里士多德的运动理论做基础,则无伽利略力学之诞生;若无伽利略的力学理论做基础,牛顿的"新"力学就无从诞生;同样,若无牛顿力学做基础,爱因斯坦的"相对论"亦无法呈现出来。"新"或"有"原本就隐含、孕育于"旧"或"无"之中,或者与"旧"理论比邻而居,只是前人受制于时代之限制,未能将"新"的东西端呈出来,这个任务自然留给了后人。故而欲要"创新"首先要把"自身"融于传统经典理论中去,扎实地掌握本学科基础性的东西,彻底剖析经典、传统中"值得怀疑"或"含混不清"的地方,于"疑处"开出属于自己的特有的天地,可谓"发他人之所未发"的创新了。离开基础,所谓的创新自然为无根基之浮萍,无从谈起。

目前,就博士生总体而言,理论基础相对薄弱,人文社会科学领域尤甚。某些博士生的基础还不如20世纪80年代初期的硕士生甚至本科生,这一则与部分学生"非学术研究"的"入学动机"有关。如为"求真求知"而来者较少,以学位谋职跳板者居多,且不乏官员、明星与富翁等镀金者。此种入学背景下,哪有什么创新可言?二则与社会重理科、重工科、重商科的"实用主义"导向有关。既然学"文"的不能带动经济增长,不能创造利润,谁还会把精力放到"故纸堆"的研究上?三则在于研究生的经典储备量不足,失之于浅。因此,整体文科教育水平有所滑坡就顺理成章了。然而,人文社会科学尤其注重知识的锱铢积累,没有厚重的人文知识之积累,理论的创新往往流为某些青年学者的文字游戏,热闹一时,终归烟消云散。

二、博、专之辩

常人眼中,研究生尤其博士生似乎是"博"学之士,其实博士生非"博"而"专",尤其在知识爆炸、分工精细的时代,"专"更应为博士存在的理由。自然,"专"应表明博士在某专门领域内有自己的一席之地,或者说至少在某个特定问题的理解与判断上,有自己的独特见解,即谓原创性,否则博士就失去了其存在的意义。

欲达到"创新"之"专",博士生首先要"博"。"博"不可简单地理解为惯常意义的博学,而应理解为知识的交叉与综合。我们知道,生物学上的基因突变和杂交优势是导致物种进化的重要原因,人类知识的创生亦类似于此。回顾人类历史,真正有原创性的大师莫不如是:古希腊苏格拉底、柏拉图、亚里士多德皆是以"通学"为主,亚氏更有"百科全书"式的学者之称;文艺复兴时的启蒙主义学者如伏尔泰、蒙田,经验主义者如培根、洛克、霍布斯等人文大师亦是文、理、法(学)、神(学)交融。尤其值得指出的是西方的大哲学家不仅"杂家"身份居多,且不少重量级的"大家"是以研究数学等自然科学起家的。且不说16世纪的唯理主义者笛卡尔、斯宾诺莎、莱布尼兹等均为开辟先河的大数学家,现当代的一些大牌哲学家又何尝不是如此?现象学的开创者胡塞尔,有机主义论者怀特海,分析主义大师弗雷格、摩尔、罗素,语言学派的奠基人维特根斯坦等皆为一流的数学家,即便马克思也把解高等数学题作为一种休息。反过来讲,世界上大牌的科学家,亦有厚重扎实的人文底蕴,大物理学家爱因斯坦不但堪称哲学家,而且还是小提琴演奏高手,著名数学家华罗庚先生对艺术亦非常痴迷,物理学家杨振宁先生在七十岁生日讲演抒怀时仍能脱口而出陆游"形骸已与流年老,诗句犹争造物功"的诗句⋯⋯

此种现象并非偶然。如前所述,创新乃"无中生有"之过程,因为必要的专业基础知识不过是创新所必需的质料,而创新终归是思维、思想之创新。思想的创新基于灵感的爆发,它需要外在因素的催生,

"广博的知识储备"无疑给创新提供了良好的"受激发"背景。更何况各种知识在"最高处"的"道"是通的,甚至是"合一"的,古人"理一分殊"的观念仍然有其指导意义。以"他山之石"来引导、激发"此山之玉",发现前人所未发之见,当谓如此。建筑大师贝聿铭就曾说:"我时常读老子,我相信他的著作对我建筑想法的影响可能远胜于其他事物。"[1] 诺贝尔物理学奖获得者汤川秀树特别推崇《庄子》中的"混沌"之论,因为正、负粒子碰撞后的湮灭颇似庄子所谓的"混沌之态"。中国科学院院士吴全德曾对"物质、反物质"与"道家太极图"的模式进行了思考,他认为"东方整体综合思维(表征"人文"知识)不仅不会妨碍按西方的分析逻辑思维(表征"科学"知识)的科学探索,而且有助于对科学的理解"[2]。因此之故,华中科技大学的杨叔子院士要求其"理、工"弟子论文答辩必须诵读《老子》或《论语》,个中道理,颇引人深思。遗憾的是,当下我们的博士生普遍缺乏这种交叉优势、"杂交"优势。尽管有的学校在招生时鼓励学生"跨学科报考",课题研究也鼓励发挥学科交叉的优势,但却往往由于不少博士生"而立"而"半路出家","博"之基础不牢,"专"之深度欠缺,这是很难培养出高水平人才的。

因此,在大学教育的课程设置上,我们首先必须要做好两点:一是注重基本理论中的本质问题的渗透和互通,克服本专业学科分割过细、知识零散的弊端,力图从本质上把握各学科之间的内在联系;二是强调文理渗透、基础与专业结合,力图体现知识的广博性、整体性、内在结构性的统一,凸显智能型的发展方向。

此外,为了切实提高博士生"博"之综合素质,学校还应采取积极措施为博士生的交流搭建信息交流平台。如不少高校在博士的培养

---

[1] 转引自汪业芬:《人文基础教育应引起重视》,《团结报》1997年6月4日。
[2] 吴全德:《太极图与反物质》,《百科知识》2006年第1期。

过程中采取了"讲座与学术研讨制",既为博士生创新提供了广阔的思维空间,又加强了博士生与任课教师、导师之间以及博士生之间的学术交流。清华大学则把眼光放得更远,他们施行的"研究生的中外合作培养""资助博士生参加国际学术会议""海外学者短期讲学计划"以及"国际博士生学术论坛"等措施,无疑大大提高了博士生的综合素质,为其今后的学术创新打下了良好的基础。

三、空、实之辩

这里的"空"非佛教之"空",而是以现实为参照的"超越"之状。此种超越有三层含义:一则为学术思想上的超越;二则为思维方法上的超越;三则为"世俗功利"的超越。对于创新,我们一般习惯于从现实中所存在的"问题"着手,并取得了丰厚的实效,技术发明与技术创新尤其如此。因此从客观存在的现实"问题"出发似乎成了一条普遍规律,在自然科学领域尤其如此。但是,对于人文学科而言,特别是在哲学人文学科领域,创新往往是思想上的、非实体的"空"之状态,是超越具体、现实的普遍性。它对现实似乎并无立竿见影之功效,颇似庄子论及物之本真时的"无用之用"。具体到哲学领域,譬如柏拉图的"理念"、亚里士多德的"实体"、康德的"物自体"、黑格尔的"绝对精神"、马克思的"共产主义"、孔子的"仁"、老子的"无"、朱熹的"心性"、佛教的"菩提"等诸概念在现实生活中无法找到其具体的承载者,亦不能立即带来经济效益,甚至可以说它们是"空"的,然而谁又能否认它们的永恒价值呢?相反,它们的价值恰恰体现在"空"之超越中,体现在对人类精神思维的引领与导航上。真正思想、理论的大创新往往是不关乎具体的"小用"的,而是追求关乎人类终极性的"无用之大用",爱因斯坦的相对论、牛顿的力学定律、哥白尼的日心说在当时难道不也是脱离现实的"无用之物"么?

首先,作为高级知识分子的博士生,尤其要注重学术思想的超越性。社会固然需要解决现实问题的专家，然而从长远的发展来看，社会更需要"思想创新大师"的出现。因此，作为有独创精神的学者不要束缚于具体的现实问题，不要畏惧被他人讥笑为"空中楼阁""无用论"，而要有超越现实、开风气之先的勇气，要有知识分子引领现实的担当感和责任感。当然，这种思想上的创新对博士生来讲也许是较高的要求，但是，话说回来，如果作为"高级知识分子"的博士都不能或不愿从事这种"长远的"学术研究，学术进步还能依靠谁呢？在实用主义一统天下的时代，提倡这种超越尤为必要。

其次，这种"空"表现为思维方式之"空"。思维方式之"空"是指在研究方法上要摈除一切成见，勇于用开放的思维模式甚至用"幻想"的方式进行"思想实验"，亦可理解为思维创新。我们知道，限于时代自身之特点，某些实验或设想并不能得到及时的验证或兑现，这势必需要学者突破固有的"实证"方法，敢于用"空"的思维方法。众所周知，爱因斯坦的"广义相对论"不是靠实验得来的，柏拉图的"理想国"亦非靠"实践"得出，作为力学定律的奠基理论，牛顿第一定理（"一切物体都将保持匀速直线运动或静止状态"）亦不可能完全靠实验获得，因为"不受外力"的前提是绝对"理想化"的，现实世界中根本不存在。同理，"理想气体方程"之所以名之为"理想气体"，亦基于此。上述规律的发现很大程度上应归功于科学家的创新思维，这种创新思维的"空"之特质乃是开放。苏东坡曾有"空故纳万境"的诗句，形象地概括了空的"开放性"特征。没有思维的开放性，创新就变得举步维艰。故而，博士生须有意识地培养自己多角度思维的习惯，尝试用形象思维、分析思维、正向思维、反向思维、类比思维、多视角思维来思考、探索问题，而不是用单一、僵化的思维方式对待之。

最后，对功利的超越。人无疑是生活在社会中的人，追求功利似乎无可非议。但是既然心甘情愿地选择了学术这一寂寞的事业，就应当有"板凳要坐十年冷"的勇气，就必须忍受住"被遗忘"的孤独和寂寞，必须习惯于"空"。不过，对一个钟情、痴迷学术事业的人来说，学术研究自有乐趣在焉！业师何中华先生（山东大学）常说，学术文章总要写得"有点意思"。这"有点意思"有两层含义：一层是对研究的问题首先有浓厚的兴趣，"兴趣是最好的老师"，学者在研究中得到快乐达到一种遗忘"世俗功利"的"空"之感觉；一层是问题的表达总得有新意，总得让人看下去。这种"新意"尽力做到能填充学术事业上的"空白"，至少要说出别人想说而没有说出的东西。可见，能做到研究的东西"有点意思"也不是那么简单的。

学术研究是创造性的事业，"创造"须是"学识的积累"达到一定境界后的自然流淌，是对"以往既有知识"的超越，追求的是人类的大功、大利。若创新的目的在于哗众取宠，在于个人的蝇头小利，甚至为创新而创新，那么创新就走向反面。物理学家丁肇中先生曾言"为获得诺贝尔奖而工作是很危险的事情"；同样，为了得某种大奖而进行创新亦是很危险的，因为这种做法亵渎了创新的本质。对待学术创新，我们不可杀鸡取卵，操之过急，亦无需硬性规定博士生必须发表多少"核心"文章，需以平常心对待之。

四、微、显之辩

博士生做学问尤其要处理好"微、显"之关系。此处"微、显"指的是"知识储备或知识积累"要从大处着手，而研究具体的问题则须有独特的视角，须从"微"处下笔。通常人们总认为"大笔当写宇宙文章"，其实不然。历史上凡思想有原创性的"大家"，莫不是从微小处着手而开出"一片广袤的天地"的。叔本华哲学研究是从人的"欲求"起步的，弗洛伊德的精神分析竟然从"梦"这一常见且不被人关注的话题入手，存在主义大师海德格尔的着眼点则是人人熟知的"存在"，马克思的政治经济学竟然是从微不足道的"商品"入手……正是通过诸如"欲求""梦""存在""商品"等微不足道的小事，思想大师们竟从中揭示出不为人知的、深层次的东西。人文科学如此，自然科学亦然。牛顿从"物体自然下落"之微小事件入手，却最终发现"万有引力"这一伟大规律；瓦特蒸汽机的研究契机也不过是从"沸水"开始的。其实，几乎任何学科的研究皆始于细微处，管中窥豹，以小见大，大抵为历来大思想家的共通之路。之所以称之为"共通"，固然有方法上的一致，更有哲思乃至科学上的贯通：佛教有"千江有水千江月"的显、微共通，柏拉图有"理一分殊"的理念分有共通，科学则有基本粒子爆炸而宇宙生成的小大之共通，两千多年前的"至大无外，至小无内"辩论之结果竟然是"大小、内外"逻辑一致的贯通。无疑，这种无论方法上还是学理上的显微贯通，对博士生的创新均有某种启迪意义。

强调"微"在创新中的重要性，并无否定"显"之意味。相反，博士生在学术研究视野上尤其要有大胸襟、大气魄、大手笔，要有勇于超越前贤的勇气，要始终处于研究的前沿阵地上。现实存在的问题是，一些博士生的研究课题（题目）动辄大得吓人，常常冠以诸如"中国××论"的字眼。即便研究专门文论的如研究魏晋文学的也是很有气魄，大笔一挥"魏晋文学论"的题目就出来了。胸襟很大，洋洋洒洒十万言或数十万言，但却多为"关门闭户掩柴扉"的废话，多为资料之堆积和对前人的简单重复，哪有新意可言！同样研究魏晋文学，鲁迅先生却从"药""酒"等"小道具"出发，用一个几千字且名之曰"论魏晋风度及文章与药及酒之关系"的演讲，就把问题探讨得清楚而深刻，且成为研究魏晋文学不可或缺的重要参考。此种"小中见大"的方法当值得深思。

五、本、末之辩

这里的本、末之辩是从博士生学习"材料"的选用来谈的。现在不少研究生，尤其是研究西方哲学、历史、美学、心理学等人文社科专业的研究生，读的书非原汁原味的原著，而是他人翻译的二手、三手资料，而更多的学生读的甚至是"翻译的翻译、介绍的介绍"，获得的是"读者"的"读者"的所思、所感。这种与原著"差之千里"的东西若权当为一种参考还勉强说得过去，遗憾的是，三手、四手资料竟然成为不少学生进行研究的"得力助手"，甚至是"研究"的起点，未免有点"本末倒置"。研究的起点一开始就建立在不牢靠的基础上，自然难有创造之处，即使别人翻译的东西比较尊重原著，但他毕竟是"别人嚼过的馍"。对此，冯友兰先生曾言："翻译工作恰如嚼饭喂人。一个人若不能自己嚼饭，就只好吃别人嚼过的饭。不过经过这么一嚼，饭的滋味、香味肯定比原来乏味多了。"①

宋朝理学家朱熹曾有"问渠那得清如许，为有源头活水来"的诗句，文化的传承、理论的创新需要从源头即原著入手方可。比如若研究孔子，须从《论语》入手而不能依靠于丹的《论语心得》，要研究《三国演义》必须读罗贯中而不能依靠市场上的《水煮三国》，研究海德格尔最好读德文版的《存在与时间》而不是读国人写的海德格尔传记。德国汉学家顾彬就曾对此现象提出批评："中国不少研究马克思主义的学者，根本不会德文，他们不看原著，只看中译本；不看马克思的原著，而大谈马克思主义，这是什么学问？"② 当然就作为参考资料而言，上述"非原著"的个人阐述、诠释之作亦可读之，但万勿本末倒置。否则博士生的"研究"本身就失去应有之义，遑论创新？更何况，某些人文学科的"根"就隐藏在经典著作之中，哲学尤其如此。只要人类存在，哲学领域的问题就永远不会过时，今天我们所讨论的问题依然没有超出老子、孔子、苏格拉底的视域，只不过思考的角度、言说的方式不同而已。某种程度上，对前人提出的问题继承或重新思

---

① 冯友兰：《中国哲学简史》，第17页。
② 吕鸿：《中国当代文学差在何处》，《报刊荟萃》2007年第8期。

考就意味着创新。如果忽略、脱离这个"根"而盲目追求标新立异,那么哲学就会陷入"肤浅的重复"之怪圈。

六、师、徒之辩

古人云,教学相长。博导与博士生之间的互动——相互启发、相互学习、交流——既为造就、催生"学术大师"提供可能,又培养了有创造力的优秀博士生,可谓一举两得。然而,目前的状况是,"中国研究生数量已经是世界第一,但是培养质量不高,尤其是博士培养质量与国际先进水平相差较远。其中原因之一是研究生指导教师数量不够,质量不高"[①]。吉林大学副校长、研究生院院长裘式纶教授曾这样分析道。这需要我们从师、徒两方面找原因。

就"博导"而言,大致有三种情况。一则是某些博导水平确实不高。现在的问题是不少院校为了增强实力,提高所谓的知名度,不惜下血本,不顾自己的实力拼命申硕、申博,而其师资又极为有限,一些专业平平的老师就"水涨船高"地加盟到硕导、博导的队伍中来,研究生的培养水平就可想而知了。更何况,当下的博导是一种身份和待遇的象征,多少人望眼欲穿!20世纪末,大师级的钱仲联教授也仅仅申请硕士点,如今学术平平之辈一伸手就要博士点,两相对比,让人感慨万千。二则是部分名师、博导的"失职"。不少博导亦可谓名师,但却被学校或用作专门申请科研经费与科研项目的招牌,或被委任于某行政职务,奔波于无关学术的、琐碎的行政事务之中,不但无暇顾及学生,甚至搁置了自己的学术研究。三则少数应用型学科的导师俨然以老板身份出现,师徒关系蜕变为老板与打工仔的关系。学生在项目(有些项目意义不大)研究过程中缺乏必要的指导,而成果又属于"老板",既荒废了学业,亦亵渎了师生关系。

---

① 林蔚:《专家呼吁加强博士生创新能力培养》,《中国青年报》2004年5月11日。

就学生方面而言问题亦不少。一则学生选拔时"唯成绩"论（甚至"近亲关系"），致使不少有创造力的学生得不到深造。诺贝尔奖获得者丁肇中说过，"名科学家考第一的很少"；确实，以近代科学发明史观之，有创造力的学生未必善于考试。二则是博士"有效科研时间"不足，科学研究的突破需要研究者有入迷的精神，需要连续性、长时间的智力劳动。据资料统计，"我们博士生有效科研时间为40—45小时/周"[①]，与国外差距很大。三则缺乏协作精神，在知识分工如此密集的时代，科学上的创新愈来愈需要不同学科、不同专业间的密切合作，靠单打独斗很难有重大突破。四则交流意识不强，信息不通畅，表现在学术研究上则是不能站在学术前沿阵地上，辛辛苦苦取得的"最新成果"往往是他人若干年前的常识。五则"近亲繁殖"现象仍然存在，不能形成"杂交优势"。

要想彻底改变师徒关系存在的各种问题，除了师、徒自身进行相应的整改外，还需要教育体制的相关配套改革。如加强对博导能力的考核，让能者为师落到实处；扩大博导招生时的自主权，以确保有潜力的学生得到深造；加大不同学科、专业博士生之间的学术交流与沟通；建立起适宜的激励措施，支持并鼓励博士生学术创新；力求营造宽松的学术氛围，为博士生创新提供良好的研究环境等等。

[①] 徐希元、王亚军：《从名师出高徒看博士生培养》，《新华文摘》2001年第12期。

第四章　研究生的学术品位 [①]

提高研究生的学术品位乃是提高研究生学术研究质量之关键，亦是提高研究生教学质量之要津。"学术品位"并非枯燥之概念，而是有其具体指涉。概言之，学术品位与研究生目前存在的诸种问题相关联。欲提高研究生的学术品位，不仅须在学术操守、学术目的、学术热忱等导向层面上实施引导，而且需在加强经典研读、拓展学术视野、转换学术视角等实践层面上加强训练。

研究生"扩招"至今已有二十多年，此举措很大程度上满足了有志青年继续深造的愿望与诉求，自然是功德无量；但扩招的同时，亦不可避免地出现了一些怪现象，譬如研究生的入学门槛不高（主要指学术水平，而非入学考试的成绩），研究生毕业论文的质量有所下降等等。尤其对比20世纪八九十年代"文史哲"研究生的论文，颇令人心情复杂、五味杂陈，勉强以喜忧参半表达之。喜的是，当时的硕士研究生的论文竟如此有分量：其论文从精心的选题到流畅的行文，从严密的论证到合乎逻辑的结论，从宏观布局到细节的考证（注释），皆

[①] 本章原题为《提高人文社会科学研究生的学术品位》，载《学位与研究生教育》2010 年第 10 期，编入本书时稍有改动。

表明他们是在扎扎实实、认认真真地做学问。其中一些优秀论文甚至不亚于今天的名家。事实上，当初的年轻研究生诸如陈平原先生、王一川先生、张伯伟先生、胡伟希先生等现皆已成为各自领域的带头人。忧的是，当下研究生的论文水准并没有"与时俱进"，相反，"粗糙的线条、模糊的逻辑、枯燥的语言"等现象益发暴露出研究生论文滑坡之趋势。更有甚者，论文竟存在剽窃、抄袭行为，此种现象即便在博士研究生的论文中亦时有发生。当然，笔者并不否认当下仍然有出类拔萃的青年才俊关注"研究生整体学术水平之提升"。

探究影响研究生学术水平之因素绝非一篇论文所能承当，因为它涉及诸多因素。本章探讨的乃是研究生的学术品位问题，因为研究生的学术水平与其学术品位息息相关。若不从根本上提高研究生的学术品位而大谈"提高研究生学术水平"，则无异于痴人说梦。

何谓学术品位？其有何表现？又如何提升学术品位呢？

学术品位很难以概念式的定义表达，大抵只能以其所能呈现出的"现象"进行粗略的描述。"学术品位"可大致描述为：充分体现研究生的学术操守、学术目的、学术功底、学术视角的优秀品质及在此基础上呈现出的"研究方法之综合表征"。为了使问题的论述和讨论更加明晰，姑结合当下"研究生在学术方面存在的问题"逐次展开。

一、树立高尚的学术操守

学术研究若无学术操守作前提，学术品位则无异于空谈。大凡真正从事学术研究的人，皆能自觉遵守并践行学术操守这一"绝对道德律令"。既然学术以追求真理为鹄的，那么就决定了追求真理的人——学术研究者——应该来不得半点虚假。所谓剽窃、抄袭甚至为了证明自己观点、理论的正确而篡改实验数据的做法，自然被视为"君子所不耻"的卑鄙行为。这种做法实质上亵渎了学术（追求真理）的纯正和高尚；就学术角度而言，学术操守乃学术研究自身的内在要求；从立身行事上讲，诚实亦是做人之根本。然而，遗憾的是，此自明性的"学术自律"即使在某些博导、院士面前亦有所失效，国际上名牌科学家甚至因此而触犯刑律。但是，学术操守在博导、院士前的失范绝非研究生忽视学术操守的遁词，相反，恰恰应引起年轻学者的重视。可是，当下存在的事实是，剽窃、抄袭的现象在研究生学位（术）论文中确实存在，且非个别现象，这尤让人担心和诧异。因为当下的年轻学子乃是未来的学术精英，而学者乃人类的良心，更是人类道德的引领者，追求真理的终极目的乃在于达到"至善"。若我们的精英建立在如此的"良心"之上，难以想象未来将会发生怎样的景象！德国哲学家费希特在《论学者的使命》中曾有是言："提高整个人类道德风尚是每一个人的最终目标，不仅是整个社会的最终目标，而且也是学者在社会中全部工作的最终目标，学者的职责就是永远树立这个目标……学者……应当成为他的时代道德最好的人，他应当代表他们时代可能达到的道德发展的最高水平。"[①] 今天读来，尤为发人深思。

让人欣慰的是，当下多数高校已认识到此问题的严重性并采取了有效的措施，如对外经济贸易大学、中国农业大学、中国地质大学等在研究生入校的第一堂课就着手进行"学术诚信"的教育。中国农业大学校长柯炳生在新生入校时曾言："学术不端行为有种种不同，但共同之处是造假，是对诚信的践踏！大学是高度宽容和包容的地方，但对学术不端行为是零容忍，因为它突破了大学宽容的底线！"[②] 愿年轻的研究生们能担负起学术使命，秉持学术操守，杜绝剽窃、抄袭等为人不齿的学术陋习，真正凭"自力"开拓出属于自己的学术空间——以人格的升华提升学术的品质。

[①]〔德〕费希特：《论学者的使命》，梁志学、沈真译，商务印书馆2008年版，第45页。
[②] 陈卫国：《科研生涯从诚信开始》，《光明日报》2009年9月17日。

二、具备持之以恒、心无旁骛的热忱和定力

当下研究生论文质量不高的重要原因在于不少研究生甚至博士生非为学术而"读",而是为职业而读 —— 为充作"敲门砖"的一纸文凭而读。于是,"一年级混,二年级玩,三年级拼命投简历"的现象司空见惯;毕业论文则搞突击,一月完稿,甚至一个礼拜就能"搞掂"。更有讽刺意味的是,这样的论文竟能过关甚至被评为"优秀"。在部分研究生眼里,读研究生的目的无非是为了获得更好的就业机会。这实质上触及客观存在着的学术异化现象。

学术异化现象古已有之:孔子的"古之学者为己(充实自我),今之学者为人(炫耀自己)"即谓此义;古诗"朝为田舍郎,暮登天子堂"亦将读书"异化"为获取功名的手段。对于"学术异化(功利化)"现象,学术大师王国维曾有过犀利的批评,他认为,学术既然以追求真理为宗旨,那么学术本身就是目的,然而"今之人士之大半,殆舍官以外无他好焉。其表面之嗜好集中于官之一途,而其里面之意义,则今日道德、学问、实业等皆无价值之证据也。夫至道德、学问、实业等皆无价值,而惟官有价值,则国势之危险何如矣"①。近代大儒熊十力先生亦对学术异化现象大发感慨:"今之学者,心地少有清虚宁静,读书不过记诵与涉猎,思想又甚粗浮,只顾东西涂抹,聚集肤乱知识,出版甚易,成名更速,名位既得,亦自忘其所以,浅衷薄殖,诳耀天下,以此成风,学如何不绝?道如何不丧?人如何有立?"②诚然,研究生亦非圣贤,我们无须过度苛求,故此,其求学而最终取得一个满意的职业亦无可厚非;然而这绝非意味着"研究生文凭乃纯粹为了职业"或曰研究生做学问的目的仅仅定位于个人利益之需要 —— 当然我们亦非苛求研究生献身学术就不要职业。在文明、开放的当代

---

① 王国维:《王国维遗书》(第3卷),上海古籍出版社1983年版,第681—682页。
② 熊十力:《十力语要》,中华书局1996年版,第286页。

社会，一个真正才华出众、学术功力深厚的优秀研究生也绝不会被职业遗弃的，真正优秀的研究生谋到满意职业的几率更大。

这里的核心问题在于，研究生应该如何对待学术。就整体研究生而言，既然选择了"研究生"生活，就须扑下身子，心无旁骛，以学术积累和学术研究为业，不负三年光阴。至于那些确立了以学术为终身事业的研究生，更应该静下心来，聚焦于学术研究。《大学》篇曰："知止而后定，定而后能静，静而后能安，安而后能虑，虑而后能得。"古人的经验之谈，尤值得效法，只有将散乱之心定下来，寻着方向，紧追不舍，在学术上定然有所发明、有所创造。历史上大凡为人类贡献出精神财富的思想家莫不息心凝神，专注一点，不为外物所动，才终有所获。若今日思这，明日追那，心为物役，到头来手中空空，兀自浪费了大好光阴！更何况，学术研究为天下公器，它是有益于族类乃至人类之大事，并非纯然私人之事。故做学问是光荣事、高尚事，万不可含丝毫卑微、轻慢之心。古人所谓"三不朽"之事业乃将"学问"囊括其中，其重要性可见一斑！故而，定力亦是提高研究生学术品位的重要一环。

三、加强经典的研读

经典永远是思想的活水源头，宋代理学家朱熹有"问渠那得清如许，为有源头活水来"之谈，明代大儒王阳明在指导弟子时亦有"与其为数顷无源之塘水，不若为数尺有源之井水，生意不穷"[①]之论，皆表明经典的永恒价值。任何一个富有创造性的大思想家，首先要接受经典的滋养——即使反叛经典，也须熟稔经典，否则"反叛"亦无从谈起；个人只有在经典的滋养中才有可能"接着讲"，才有可能进行理论创新，中外学术大家莫不如是。现代新儒家之"新"，在于他们

---

① （明）王阳明：《传习录》，第67页。

直取儒家原典且又与西学相摩荡而终成一家之言；大学者陈寅恪、钱钟书直取原典，方成就其厚重之学术。德国哲学家叔本华尤其推崇经典，他认为没有什么比读经典名著更能给人们在精神上带来快乐，"我们一拿起一本这样的古书来，即使只读半小时，也会觉得无比的轻松、愉快、清净、超逸，仿佛汲饮清冽的泉水似的舒适。这原因，大概一则是由于古代语言之优美，再则是因为作者的伟大和眼光之深远，其作品虽历数千年，仍无损其价值。"① 叔本华在经典的滋养下，也给后人留下了自己的"经典"。20世纪德国哲学家海德格尔亦是直接追溯古希腊之源头而反复运思，故成就其深邃、奇绝的哲学之思。离开经典去做学问，则为无根底的学问。因此，有经验的导师在甄别一篇论文功力是否扎实时，往往从其参考文献中寻其端倪。大凡参考文献多为经典著作的文章，其内容较为扎实；而仅仅以二三流乃至不入流的文献作为参考，论文质量注定不会太高。如研究孔子的，不以《论语》等儒家经典为主，却动辄《论语心得》如何如何；研究康德的，不读"三批判"书，却仅仅以国内"非权威"的几篇论文作基础，如此等等，皆非做学问的老实态度，其学术品位亦难以提升。

当然，也许有人不喜欢参考别人的，一开篇就是"老子天下第一"式的"我认为"，似乎成竹在胸，直抒胸臆，似乎"我"就是体系的创造者。但此种天才委实太少，即便有，亦须超一流的天才（事实上，狂人如尼采者，又何尝离开古希腊之经典），何况我们普罗大众？故此，学术品位之提升，尤须在经典上着力。经典之为经典，不仅在于其简洁的概括力、深邃的洞察力，亦在于其"不断敞开的生命力"：走进经典，当发现经典原来是"活"的，是开放的而非凝固的"死体系"，经典孕育着"问题域"，阅读经典，总让人有意想不到的惊奇和收获。对于真正潜心治学者而言，怎样强调经典都不过分。

---

① 李瑜青主编：《叔本华哲理美文集》，安徽文艺出版社1997年版，第133页。

强调经典，并非一定要"死在言下"，亦非意味着经典完美无瑕。强调经典在于后人不仅从"他者的视角"重新思索现实的问题，更重要的尚在于通过研习经典来获得一种审慎、严谨的运思与提问之能力。在物质层面，人类取得的进步足以傲视前贤，然而在精神领域，在思辨领域，很难说我们比前人优越多少。面对《论语》《老子》《理想国》等传世经典，面对孔子、老子、释迦牟尼、穆罕默德、耶稣等先知，我们不过是未长大的孩子而已。姑且不论他们提出的问题至今仍困惑着我们，我们还要扪心自问，我们是否还能提出这样的问题？须知，问题意识乃是引领学术思想前进的原动力。在哲学社会科学领域，尤其如此。经典中的问题仍然吸引并撩拨着我们去求解，去超越。当一个学者养成自觉的问题意识之时，亦是其学术品位提升之时。

四、须养好自己的"自留地"，注重学术积累

研究生欲在学术上有所建树，须养好自己的"自留地"[①]，须注重质的提高和量的积累。这里的"自留地"指研究生的"学术专长"，它是研究生进行学术研究的看家本领，也是其学术的起点和思想的"源发地"。研究生固然要重视学术积累，但积累的原点首先要选准自己喜欢的经典，猛下功夫，一如王阳明在教诲弟子时所言："诸公在此，务要立个必为圣人之心，时时刻刻须是'一棒一条痕，一掴一掌血'，方能听吾说话句句得力。"[②] 须知，"一棒一条痕，一掴一掌血"，是何等功夫！因此，读书不在于贪多，而贵在精、专，只有首先吃透经典获其精髓，并将之作为自己学术的"自留地"，然后以"自留地"为根据地，层层推移，博采众长，久而久之方能打成一片，开拓出学术新天地。若无"看家本领"（学术自留地）做基础，一味赶潮流、跟形势，

[①] 中国社会科学院哲学所叶秀山老先生曾表达过这个意思。
[②] （明）王阳明：《传习录》，第67页。

走马观花,浮光掠影,追逐学术泡沫,则其学术根基终究如无根之浮萍,随时代之推移,诸多"泡沫"亦了无痕迹,岂不悲哉!

拥有"学术自留地"并非易事,以研究西方哲学著称的大学者叶秀山先生在古稀之年仍在自觉地读康德,事实上老先生一辈子都在读康德,但他认为仍有很多困惑;宋代大儒朱熹醉心于《大学》,注释《大学》几耗尽其全部心血,然在衰年之际,朱熹对自己所注的《大学》并不十分满意。由此可知,拥有真正的"自留地"并非易事。亦正因为其难,才更须年轻学子痛下功夫。

强调"自留地"并非不要"公共田",这实质上涉及"专"与"博"的问题。无根基的"博"终不过"人云亦云",极其狭隘的"专"亦因视野的狭窄局限其学术的精进;故在治学上,须根据个人偏好协调处理二者关系。硕士研究生,须着重处理好积累的功夫,或曰"博"的功夫;博士研究生则应处理好"专"的功夫。表面而言,这似乎与笔者所主张的做学术要"由专而博"相逆反,其实不然。因为当下大多硕士研究生并没有真正选定方向,未能真正找到兴趣点,故首先须在"博"的基础上去寻找"专"的根基。这样看来,功夫并没有"倒"做!更何况,"博"与"专"亦非完全分开,做学问总要围绕主题,主题即"专",围绕主题的岂不是"博"?当下研究生论文之所以普遍质量(品位)不高,关键在于不能把道理说深讲透,仅靠外围的材料是远远不够的——尽管材料很丰富,但若缺乏内在的逻辑、缺乏穿透力的思想,丰富、时髦的材料越发衬托出思想的困乏。

"质"的提高还意味着研究生从事的学术研究重"质"而非"量"(对文科生而言,主要是写论文),要重视内在学养的迸发和自然流淌,而非靠 SCI、CSSCI 以及各种课题的外在"催生"。当下,各种评判制度在客观上有拔苗助长乃至杀鸡取卵的负面影响,而不少年轻学者往往耐不住寂寞,学术跟风现象较为普遍,只重数字化而忽视质的提升;结果完成的所谓成果多为学术垃圾,这样的学术品位自然要大打折扣。

学术研究要有精品意识，研究生要耐得住寂寞。须知，康德的"第一批判"乃在 57 岁时发表，然而一经发表，就注定了不朽。我们的不少研究生朋友年纪轻轻就拥有不少成果，有成果固然是好事，但一定要注意在"沉潜"上下功夫。否则，在学术上很难有真正的突破。

注重质的提高并非排斥量的积累，二者乃相辅相成之关系。只有量积累到一定程度，才可能有思想火花之迸发乃至思想之"质"的飞跃。此处之量并非"产出"（论文写作）的数量，而是日积月累的知识与感悟之存储，因为知识本身并非思想。旷世大儒马一浮先生对思想有如是认识："从闻见得来的是知识，由自己体究，能将各种知识融会贯通，成立一个体系，名为思想。"① 笔者尤为认同此论。积累作为思想根基之重要性，是无可否认的，尤其对哲学社会科学领域而言，没有几十年的积累功夫是很难贯通知识并形成体系的。因此之故，社科领域学术之创新绝非易事，年轻的研究生朋友不要为创新而创新，创新不是在材料的排列组合上做文章，而应在"量"的积累，在知识的感悟、反思和贯通上下功夫。

五、优化视角，拓展视野，敢于质疑

研究生须优化学术视角，拓展学术视野，并渐次培养质疑的精神和说"不"的勇气。研究方法往往能体现出研究者的视角。所谓的学术视角并非诸如逻辑实证、归纳演绎、辩证分析等具体方法，而是看待问题、剖析问题的方式。譬如研究"中西交流史"，我们大都习惯于大而化之地进行选题、研究，如以年代为序列，罗列各种史实，但这样的研究有沦为堆积材料的危险。在现当代学者中，季羡林、鲁迅诸先生可谓"善于转化问题"的典范。譬如，季羡林先生以糖作为中西文化交流的载体进行学术研究，通过描述"糖史"而呈现出一幅波澜

---

① 刘梦溪：《马一浮的文化典范意义》，《新华文摘》2009 年第 17 期。

壮阔的"中西文化交流史";同样研究魏晋文学,鲁迅先生亦是从"药与酒"等"小物件"入手而呈现出魏晋文学、玄学之风貌。因此,笔者所提倡的学术视角也许理解为"视角转换"更准确些。也许有人认为这种视角转换仅仅是一种技巧,其实不然,它恰恰反映了治学的境界,只有学术功底深厚且在整体上把握问题症结的大学者才具有"转化视角"的慧眼(兹不做论证)。毫无疑问,培养"视角转换"的敏锐力对研究生学术水平的提高大有裨益。

研究生学术品位不高亦与其学术视野相对狭隘有关,如不少研究生自以为是的"新课题"竟然是前人研究业已成熟的"老问题",这种状况之发生与其学术视野密切相关。学术视野既反映其学术积累之厚薄,也透射出其思维之宽狭:一篇质量上乘的论文应当视野宏阔,虽就"小题"立论,但透过小题挖掘出与此相关联的整体之大全,且问题的提出或解决应能置于学术发展之前沿。无疑,没有深厚的积累、宏观的学术视野以及活跃的思维是难以做到的。此需要研究生朋友充分利用各种论坛(全国博士生论坛及各高校自己举办的各种研究生论坛等等)、讲座,加强学术交流,完善知识结构;关注学术动态,活跃思维;渐次拓宽学术视野,进而避免"低层次的重复劳动",真正奉献出质量上乘之作。

研究生品位不高亦与其缺乏理性的质疑有关。提倡怀疑精神,历来是大学的必修课,研究生阶段尤为如此。怀疑不是盲目的否定,而是顺从学术自身的逻辑理路之推演。若前人之论不符合学术推进之逻辑,则须大胆地提出,即便自己导师亦无须谦让。要之,须践行"吾爱吾师,吾更爱真理"之信条。就目前而言,当下的学术风气重在"师承",这一则与研究生的学术能力相关;二则与缺乏质疑的勇气相关。譬如,同出师门的研究生甚至在思维方式上都是导师的复制和克隆,此种情势,遑论创新!这显然不利于学术研究的发展和推进。研究生朋友应有敢于挑战权威、敢于向导师(权威)说"不"的勇气,只要本着学术发展之目的，循着学术思想内在逻辑之路径，相信即便权威、导师亦会理解你、支持你、鼓励你的。学术进步在于"疑"，学术创新亦在"疑"，望研究生朋友切实树立"理性的质疑精神"，不盲从、不屈从，力求提高自己的学术品位，为人类贡献有益的精神食粮。

第五章　研究生的学术研究方法[①]

研究生教育重在培养其学术之提升，也要重视学术方法之训练。须知，好的研究方法不仅有助于学术探索，且本身也是学术品质的重要组成部分。研究生进行学术研究应在以下诸方面入手：树立远大而坚韧的学术志向，抓住学术"细节"，遵循一般的学术研究规律并养成良好的"问题意识"，同时，还要注重学术积累并逐渐培养坐冷板凳的"恒审"精神。

研究生教育的特殊之处在于以学术研究、学术探索为要旨，对博士研究生而言，尚须强调其创新性和创造性；倘若仅仅以一纸文凭为跳板去达到其他功利性目的，那么，攻读学位（尤其博士学位）至少不是最佳选择。研究生当然有选择职业的自由，但是，至少在读研期间，研究生须以学术研究为核心，否则，"研究生"就真的徒有虚名了。

近年来，随着研究生的扩招，即便博士生，其就业压力也愈来愈大；与此相关联，所谓博士的"金字招牌"的"含金量"似乎有贬值的倾向，"金字招牌"渐有逐步滑向"银字招牌"甚至"铜字招牌"的

[①] 本章原题为《研究生学术研究入门发凡》，载《学位与研究生教育》2012年第6期，编入本书时有改动。

趋势。悉心考量之,"招牌"贬值的主要原因不在于扩招而导致的数量增多,而在于研究生学术含量的缩减。

正如前面内容强调的那样,在校研究生的主业是学术研究;学术研究乃是无止境的事业,且不同学科有不同的要求,但就其共性而言,从事学术研究还是有些基本的"方法"的。

一、做学术要"立其大"

"立其大"本为孟子所谓君子的"成人"之教,"此天之所与我者,先立乎其大者,则其小者弗能夺也"①。其意为:只要抓住重要的东西(指善或良知)不放,那么次要的东西就不能把它剥夺。我们姑且借用于学术研究的方法论层面。就方法论层面,此处的"立其大"当包含三层含义:一为远大的学术志向;二为宏大的学术视野;三为博大的学术胸怀。

远大的志向。真正以学术研究为业之人,一定要树立起宏大且坚韧的志向,远大的志向不但给学术研究带来强大的精神动力,亦在某种程度上构成制约学术成就大小的关键因素——狭隘的志向有时会成为影响创造能力充分发挥的障碍。对此,宋人苏东坡说得明白:"古来成大事者,不惟有超世之才,亦必有坚忍不拔之志。"②唐人王勃亦有"老当益壮,宁移白首之心;穷且益坚,不坠青云之志"③之慨叹。在今天,谈"学术志向"似乎显得背时,因为当下的"志向"多集中于物质利益的层次上:不但青年学子缺乏"为学术而学术"的兴趣,即便在"学术界"叱咤风云多年的所谓名流也玩起了曲线救国的游戏——假学术之名而获某种实惠。也许,就个人而言,缺乏远大而坚韧的学

---

① 杨伯峻:《孟子译注》,第98页。
② 杨金鼎主编:《古文观止全译》,安徽教育出版社1984年版,第1018页。
③ 杨金鼎主编:《古文观止全译》,第613页。

术志向顶多意味着人生职业的改变,但对一个民族而言,若不能树立起远大的学术志向抑或缺乏学术兴趣,这样的民族是注定没有前途和希望的。恩格斯曾对19世纪德国的哲学现状进行严厉的批评:"那种旧有的在理论上毫无顾忌的精神已随着古典哲学完全消失了;起而代之的是没有头脑的折衷主义,是对职位和收入的担忧,直到极其卑劣的向上爬的思想。"① 无疑,一个民族是时刻不能离开刚健的学术精神的,而作为学术研究生力军的研究生,更没有理由不树立远大的志向。

宏大的学术视野。宏大、开阔的学术视野是提升研究生学术品质的关键要素,某种程度上,学术视野甚至决定着研究者的学术研究的深度和广度。学术视野,或曰学术眼光,是指学人在学术积累的前提下,对其研究领域及相关领域的关注度、把握度及对问题未来发展的预测度。很明显,宏大的学术视野固然需要广博的知识积累做铺垫;但同时,学人还必须把视野放宽,不仅仅局限于本领域的问题,还应对相关领域乃至其他学科的最新成果有所关注,并从中吸收有益的思想、观点及研究方法。物理学家杨振宁先生就非常关注数学领域的新进展,他成功地把计算数学的方法运用到物理领域并取得了重大的突破;数学家丘成桐不但关注与数学相关的领域,甚至非常关注文学领域的进展;物理学家钱学森除了深研物理学外,还关注思维、教育等人文领域的研究,并提出了"大成智慧学"这一跨学科的综合命题。当然,更有说服力的例子当属马克思,正如恩格斯所说:"(马克思)一生中能有两个发现(即剩余价值和唯物史观),该是很够了。即使只能作出一个这样的发现,也已经是幸福的了。但是马克思在他所研究的每一个领域,甚至数学领域,都有独到的进展,这样的领域是很多

---

① 《马克思恩格斯选集》(第四卷),人民出版社1975年版,第254页。

的，而且其中任何一个领域他都不是浅尝辄止。"① 我们也可以反过来理解恩格斯的论述，正是因为马克思有了宏大的学术视野（即多学科的综合），才最终导致他的两大发现。

倡导宏大的学术视野，并非让研究生去研究各种问题，必须承认我们没有马克思那样的天才，而是通过学术视野的拓展，为年轻学者提供一个更为宽广的学术舞台和空间；否则，学术研究将窒息在本领域狭隘的"一亩三分田"里，尤其在学科分工如此精细的今天，不但隔行如隔山，甚至同行之间都有很多的不同，如理论物理同实验物理都有很大的差别。因此，若突破制约学术发展的禁锢和瓶颈，必须要树立起宏大的学术视野。更何况，宏大的学术视野亦有助于学术品位的提升。

博大的学术胸怀。 作为一个真正的学者，必须具有兼容并蓄、博大宏阔的学术胸怀，要能容忍并吸纳不同的学术观点。学术事业不是哪一个人的事业，它承载着人类文化传承、精神润泽的使命。个人的学术说到底是人类文化、人类精神作为"类智慧"的整体性精神在个体中的投射，对于具有地域性的人文学术而言，这种探索打上了民族色彩的烙印；对于自然科学领域而言，学术探索尤其是典型的"共命慧"，它反映了人作为"类存在"对自然宇宙的认知。无疑，个体通过自己的学术研究与探索既分有、发展了整体性的智慧，同时客观上也丰满、提升了个体的智性生活。学术作为探索性的精神活动，也许就个体而言带有"私人（有）"的特征，但就整体推进而言，它是属于整个民族乃至整个人类的。因此，治学者必须有谦虚的胸怀。唯其如此，学者才能博采众长，与志同道合者协力推进学术研究的进程。若自以为"天下老子第一"、故步自封，不能吸收别人的优长，不能与他者形成合力，不能形成团队精神，其学术研究最终亦难以取得重要突破。

方法上能"立其大"，就不会误入歧途，所谓"其小者不能夺也"。

---

① 《马克思恩格斯选集》（第四卷），第 574 页。

二、做学术要"抓细节"

"立其大"主旨在志向、视野（境界）与胸怀，是谓大；真正深入学术研究还要"观其小"，这里的"小"指的是"细节"。在管理界，人们提出管理的核心在于细节；学术研究的核心亦在于细节。以中国哲学为例，当谈及中国哲学的发展历程，大凡了解中国哲学史的人皆可脱口而出，无非是先秦诸子、两汉经学、魏晋玄学、唐代佛学、宋明理学和清代朴学等等；然而这只是粗线条的常识概括，真正的学术（问）在于"细节"。以研究宋明理学为例，人们势必要追问宋明理学的基本内容为何，导致宋明理学产生的原因何在，为什么周敦颐成为"北宋五子"的开山人物，是谁影响了周敦颐……这样层层追问下去，问题越来越深入，愈来愈专业，亦愈来愈"细节"化。又如遗传学中，导致遗传的外界因素很多，若在这种复杂的环境中寻找变异的原因无疑是充满了艰辛和困惑的"系统过程"。经过数代科学家的努力，终于发现遗传/变异的因素在于微小的细节——基因。学术研究的最终目的就是揭示出隐藏在庞大现象后的"细节"，这在考古学、侦探学中尤其如此。

学术的核心问题固然在于找出决定、影响整个体系的核心点——细节，这只是问题的一面；我们还须强调另一面，即问题的切入同样要重视"细节"。比如，对资本主义制度的研究，可以从宏大的社会背景如政治制度、经济体制等角度入手，然而马克思却从微观的细节——商品——入手，层层剖析，步步推进，进而把资本主义的制度解剖殆尽；著名学者季羡林先生在解决佛教传播的问题时，同样绕开了宏观的研究模式，而是从"细节"出发，他通过分析梵文"佛"字的演变，恰当而正确地解决了长期困惑人们的佛教传播问题；与其他的魏晋文化研究者不同，鲁迅先生并非采取传统的宏大叙事模式，而是从"药与酒"等"小物件"入手进而呈现出魏晋文学、玄学之风貌；号称清华"四大导师"之一的陈寅恪的史学研究更以善于细节研究著称，例如，在研究白居易的《琵琶行》时，他甚至考证白居易与琵琶女谁先下船的细节，这种"细节"研究可谓到了"琐碎"的地步。然而大师毕竟是大师，研究细节而不拘泥于细节，其宗旨在于细节背后的东西。这种"细节"研究凸显了研究者的视角和方法。那么人们不禁要追问，为什么大师能有一双发现细节的"慧眼"？王国维先生的《人间词话》曾有"一切景语皆情语"的论述，即言"感情所至，皆成美景"；同理，大师研究问题的"细节"之所以能"遍地开花"亦在于隐藏于其慧眼背后强烈的"问题意识"：正是在问题意识场域之中，一切对象或问题皆有可能成为他们所寻找的"细节"。

三、做学术要善于"找问题"

如上所述，要拥有一双发现"细节"的眼睛，关键在于要有一种问题意识。问题意识对于学术研究与学术创新至关重要，科技哲学家波普尔甚至认为科学始于问题，他认为："从科学发展来说，科学开始于问题——这是因为理论是一种对自然界的普遍性的猜测，而猜测是从问题开始的。"① 对于科学的起源问题，学术界虽意见不尽相同，但波普尔的意见仍然值得重视。道理很明显，很难想象，一个没有问题意识的人能有什么大的发现！人们平素所谓的"牛顿看到苹果落地而发现万有引力"的说法大抵是一个美丽传说，但故事背后却也道出了部分真理，那就是牛顿始终有一种"问题意识"，否则，若常人一般，即使整天待在苹果园也断然不会产生万有引力的想法。回顾人类科技发展史，许多重大发现/发明似乎都诞生于"灵光一现"，如苯的分子结构竟然出现在德国化学家凯库勒的梦中，"浮力定理"竟然"爆发"于阿基米德的浴室中，如此等等超常发现，看似偶然，实属必然，因为种种偶然皆处于科学家的"问题意识"之中。正是由于科学家对"问

---

① 〔英〕波普尔:《猜想与反驳》，傅季重等译，第222页。

题"的魂牵梦绕、锲而不舍的探究，才最终导致了"众里寻他千百度，蓦然回首，那人却在灯火阑珊处"的惊喜，才能使其在司空见惯的寻常现象中捕捉到稍纵即逝的思想火花，并于微小的"细节"中获得灵感而"顿悟"。

如何培养研究生的"问题意识"呢？笔者以为，至少从两个方面入手：一则是悉心保护其好奇心；二则倡导一种怀疑精神。

"好奇心"是科学发现的"触发器"和"药引子"，古希腊哲学家亚里士多德说："人们开始哲学探索源于对自然万物的好奇，他们先是对身边种种迷惑的好奇，逐渐积累一点一滴的解释，然后对一些较重要的问题，例如日月与星的运动以及宇宙之创生，提出了许多困惑。"[①] 不独哲学如此，任何一门科学（学术研究）皆需要"好奇"，由"好奇—问题—困惑—解释—探索—好奇"以至于无穷，概括出人类学术研究的进程。当然，若抽出问题环节，单独考量，则成为波普尔的"问题—解决问题—新问题"的范式。鉴于此，研究生要时刻保持自己的好奇之心，不要为他人所讥讽的"幼稚"所吓退，殊不知，科学发现总是从无知和幼稚开始，恰恰因为近乎"无知的好奇"，才引起兴趣，并在浓厚兴趣的牵引下，持续探索，人类才得以将科学研究事业持续推进。

研究生应逐步培养"怀疑"精神。怀疑精神，既包括对权威、前人、导师说"不"的勇气，亦包括对惯常理论、常识敢于质疑的创新品质。怀疑，不是无端地怀疑，而始终在"困惑"中怀疑，在"探索"真理的维度中怀疑，唯其如此，学术事业才得以整体推进。倘若人类缺乏怀疑精神，那么所谓的学术事业、科学发现将保持在原有水平，止步不前。关于"怀疑精神"的论述，本书已多次强调，兹不多谈。

---

① 〔古希腊〕亚里士多德：《形而上学》，陈一楼译，第184页。

四、做学术要"重方法"

是不是借助"好奇"和"怀疑"所培养的问题意识，研究生就可以在自己的学术领域内纵横驰骋呢？非也，学术研究固然需要上述品质，但学术方法亦至关重要。研究生朋友，正处于学术研究的入口处，掌握恰适的方法无疑有助于学术研究的推进。由于不同的学科有不同的、具体的研究方法，且具体的方法多须在学术研究的实践中产生，故空谈方法似乎无益。由此，本节侧重于"共性的方法"，以求为研究生学术入门做一导引——也许，将之称为"研究生学术研究路径"更为恰当。

首先，学术研究最直接、最有效的方法是直扑原典，无论人文社会科学还是自然科学，钻研经（原）典乃是进行学术积累和学术训练的最有效方法。经典著作是人类智慧的结晶，是经过历史检验的精华，其作用不可替代。德国大哲学家叔本华特别重视经典著作的作用，他在《论哲学与智慧》一文中写道："谁想学哲学，谁就得读原著；要在那神杰的圣地，去寻找大师的英灵。这种真正的哲学家在其光辉篇章中展露的洞见，是那些拙劣的转述者所作的啰唆冗长的报告罕难匹及的。"[①] 诚然，经典并非意味着没有问题，也并非意味着不可超越。恰恰相反，经典中亦存在"问题"，否则，柏拉图就不会被亚里士多德所"扬弃"，牛顿的经典物理学就不会为爱因斯坦超越，欧氏几何也不会为非欧几何所超越。直扑经典并试图在经典中发现问题，本身就意味着学术研究站在高的起点，倘若从二流、三流的著作入手，就注定了学问很难做到极致。譬如研究庄子，须从庄子的原著入手，若从"××讲庄子"入手，那么其学术水准将大打折扣。亦须说明，笔者并不否认学术普及的价值，亦不否认确实有一流学者能将问题研究得深入而透彻，但别人的研究再好最终只能是参考，不能代表自己。学术

---

① 李瑜青主编：《叔本华哲理美文集》，第 226 页。

贵在自悟，贵在"如人饮水，冷暖自知"的独特体认和真知灼见，而此真知灼见非从自己心田中流出不可！倘若不能有自己的洞见，只能亦步亦趋地"死在他人言下"，这样的学术做得再好最终也不过起到"传声筒"的作用而已；长此以往，则势必落入《楞严经》佛陀所谓的"与人说食，终不能饱"之窠臼。

其次，当（研究生）找到自己感兴趣的问题（研究对象）后，要做一番"学术问题史"的梳理工作（文科研究生尤其如此）。确定研究的对象后，要尽可能多地占有古今中外的"参考文献"，并对诸多文献资料做一专题研究，其作用大致有三：其一，通过对该问题的梳理，做到心中有数，明了前人将该问题研究到哪个程度，哪些问题还没有触及，自己能将问题解决到哪种程度；其二，通过"学术问题史"的梳理，纵览各种观点，以避免出现"自己所谓的学术创新不过是前人早已说出的常识"之尴尬局面；其三，从前人那里获得有益的启示，以推进自己的问题研究。这种启示是多方面的，既有方法上的借鉴，也有思路上的开拓；既有材料上的支撑，也包括思想观念的启迪等等。这种方法历来为学者所采用，且行之有效。如牟宗三先生一旦找到问题，就寻求各种关乎其问题的文献资料，闭门不出，直至将问题研究清楚，然后又历经沉思、酝酿，最后洋洋洒洒，将厚重的学术思想呈现于世人面前。

上述两方面，侧重于"学术的路径"，其实还有一个最重要且最吃力的方法，那就是学术积累。学术研究，只有途径，然而却没有捷径。任何方法都必须建基于丰厚的学术积累上面，否则一切方法皆是空谈。马克思之所以有如此丰厚的思想，就在于他有非同一般的学术积累，且不说马克思写《资本论》时对经济学的涉猎如何广博，即便早期的马克思对哲学、社会学、人类学、法学、文学乃至自然科学等领域的涉猎就足以惊人。马克思去世后留下的七大箱的文稿和笔记即是明证。鲁迅先生言，他是把别人喝咖啡的时间都用到阅读和写作中了。山东大学何中华教授，做学问的积累功夫亦不同寻常，开始做摘录、分类卡片，后来卡片越来越多，以至于给卡片做索引，甚至发展到给索引做索引了。正因为何先生在学术积累上做足了功夫，所以何先生的学术思想才源源不断地流注于笔端，并滋养了诸多后学。

也许，有的研究生认为自己不是大师，只是常人。须知，大师与常人的区别并非天生就那么大，亚当·斯密曾言："就天赋资质说，哲学家与街上挑夫的差异，比猛犬与猎狗的差异，比猎狗与长耳狗的差异，比长耳狗与牧畜家犬的差异，少得多。"① 大师与常人的差别，更多地表现为这种后天的"积累"功夫上。确乎如此，没有深厚的学术积累，断然不可能有深厚的学术思想。学术积累是最笨的方法，却也是做学术的不二法门。离开了丰厚的学术积累，空谈学术，无异于沙上建塔，痴人说梦。研究生风华正茂，正值精力旺盛之时，一定要在学术积累上下大功夫，为今后的"学术创新"做好准备。

五、做学术要"恒如一"

通观历代学术大师，则发现，大师之所以成为大师，并非其神通广大，智慧超常，因为大师亦是常人来做；不同的是，大师乃将全部心思凝集于一个点上，成就大师须作"凸透镜"。此言大师终其一生致力于一件事，孔子所谓"一以贯之"的精神，即此。现代新儒家的卓越代表牟宗三先生在八十大寿时云："从大学读书以来，六十年只做一件事，即'反省中国之文化生命，以重开中国哲学之途径'。"② 著名翻译家草婴先生曾言："一个人的一生其实并不很长，所谓人生苦短，讲的就是这个意思。能集中你所有的精力，在你的一生中做好一件有意

---

① 王亚南主编：《古典政治经济学选辑》，商务印书馆 1979 年版，第 299 页。
② 蔡仁厚：《牟宗三先生年谱》，台北联经出版事业股份有限公司 2003 年版，第 75 页。

义的工作，那就算不错了。"① 大师表现出来的才华，也许有学识渊博的一面，但其渊博的学识就在于为某一特定的事服务。如，牟宗三先生学贯中西，但其目的仍在于深研并弘扬儒家，若无广博、雄厚的基础，怕是很难彻悟儒家的精髓——这其实表现了"博"与"专"的关系，"博"的目的在于"专"，与笔者提倡的"恒一"论述并不矛盾。比如，在古代社会，确实有诸多百科全书式的人物出现，因为当时学科分化不甚细密，且人类对宇宙万物的认识不甚深入。在今天"信息爆炸"的时代，学科分化如此精细，很难有亚里士多德那种百科全书式的人物了，这尤其凸显出恒一、聚焦的重要性。看准了的问题，就要有一种穷追猛打的"刨根究底"精神。当代科学家袁隆平先生将一辈子的能量聚焦于杂交水稻，数学家陈景润数十年痴迷于"哥德巴赫猜想"，陈省身终生沉醉于"微分几何学"……，他们之所以能做出如是之贡献，皆在于践行了"凝聚"与"恒一"的精神；否则，若用"散光"的、面面俱到的"凹透镜"方式做研究，则事倍功半甚至一事无成。

除了对学术目标的专注外，"恒如一"还表征了冷板凳的"清教徒式"的精神，学术研究必须具有"殉道者"的精神：既要耐得住寂寞，不为外物干扰；又要遵从学术规范，用严格的逻辑和缜密的推理客观对待数据、结论。这种扎实的学术功底和学术训练亦迫切需要"恒如一"的精神。在这点上国外的学术工作者似乎做得更好，他们能在默默无闻的状态下，致力于严谨的研究工作。剑桥大学之所以闻名于世，就在于其始终洋溢着一种将学问"做透"和"做到底"的扎实、严谨的学风，难怪剑桥大学的一位华人博士说"剑桥的论文一出，30 年无人能超过"②，也许此言有夸张成分，但大抵反映了其务实、恒一的学术精神。我国研究生在学术研究上多缺乏坐冷板凳的"恒、审"的精神，

---

① 赵兰英：《草婴：一生只做一件有意义的事》，《光明日报》2011 年 9 月 1 日。
② 邓勇主编：《科学的思维》，科学出版社 2007 年版，第 161 页。

这既与外在的学术考核、评价机制有关，亦与研究生的"定力"有关，如何保持住研究生的学术热情"定力"，仍是研究生朋友面临的一道难题。倘若对学术研究有了兴趣和"定力"，那么肯定有助于学术事业的提升和拓展。

第四编　　他山篇

他山之石，可以攻玉。

——《诗·小雅·鹤鸣》

物固莫不有长，莫不有短，人亦然。故善学者假人之长以补其短。

——《吕氏春秋·用众》

第一章　传统书院制度的特征及启示

书院制度的育人模式有其优点，譬如，书院制度所蕴含的"非功利性"的治学态度、以"自由、和谐"为特征的"讲学、辩论"之教学方法、"谦虚、开放"的辩学心态、意蕴深厚的文化"道场"、灵活多样而又注重创造性的教育方法等等，即便在当代仍然有其启迪意义。事实上，当下的研究生教育在某种程度上同古代的"书院制度"有着某种相似；借鉴、吸收古代书院制度的合理成分以促进当下的研究生教育，依然有相当的意义。

提及书院制度，不少人倾向于将之与中国特有的"封建教育体制"联系起来，且多认为"书院"乃科举之陈迹，无甚现实意义。持此看法的人有一般教育工作者，亦有部分从事高等教育工作的管理者，甚至个别研究生导师亦持类似观点，此未免让人遗憾。其实，书院制度并非为我国古代所独有，亦非人们所说的"历史陈迹""无甚价值"。客观地讲，书院制度不但有其历史意义，亦有其现实价值，譬如，"书院制度"在西方一些著名高校中不但继续保留，且有效运行，闻名于世的剑桥大学至今仍遵循着古老书院的教育模式。更耐人寻味的是，剑桥之为剑桥，就在于其书院之特色。香港大学原副校长金耀基先生写道："对于剑桥大学而言，其特色就是它的书院制——剑桥大学不只是一大群'学部'的组合,更是一大群'书院'的结合。"① 金先生之言,不免引人深思:即便世界一流名校剑桥都以"书院式的剑桥"为荣,缘何我们的教育工作者对之不屑一顾呢?

究其要因,在于不少学者对书院制度缺乏研究甚至缺乏最基本的了解,仅凭道听途说的感性认识——甚至想当然地将书院制度与科举制度联系起来——而轻率得出并非那么客观的结论。由于历史的原因,自"五四"以来,科举制度几乎被现代人彻底判了"死刑",因为人们持"科举害人"之立场,认为书院很大程度上服务于封建社会的科举制度,是为封建王朝的统治服务的。于是,所谓"书院属于封建社会的糟粕"之逻辑推演也就顺理成章了。当然,限于主题,本章姑且不讨论科举制度之价值②,仅对书院制度的教育模式进行概略的探讨,以正视听。

事实上,书院制度不但在人类教育史上发挥了重大的作用,而且对当今高等教育尤其是研究生教育亦有着相当的启迪意义。

一、书院及其演变

何谓书院?按惯常理解,"书院是我国封建社会特有的一种教育组织形式。它是以私人创办为主、积聚大量图书、教学活动与学术研究相结合的高等教育机构"③。追溯书院之历史,其名称始于唐代,但其源头则肇始于先秦掌管文献之"史馆",如《史记·老子韩非列传》称老子为"周守藏室之史也"④;照此说,老子可算得上最早的书院"院长"了。当然,先秦的文献藏室在性质上更接近图书馆。其实,早期书院

---

① 金耀基:《大学之理念》,生活·读书·新知三联书店2001年版,第28页。
② 科举制度即便在封建社会,也是相对公平的选拔制度,有其积极的意义,不可采取"一刀切"的否定态度。
③ 毛礼锐:《中国教育史简编》,教育科学出版社1984年版,第67页。
④ (西汉)司马迁:《史记》,岳麓书社1988年版,第494页。

的主要功能之一在于藏书，且不论唐以前的书院类似今天的图书馆，即使赫赫有名的宋初四大书院亦以藏书为主。书院发展至唐代，其功能有所拓展。据《唐六典》记载，唐代集贤殿书院活动内容和职责为："掌刊辑古今之经籍，以辨明邦国之大典，而备顾问应对。凡天下图书之遗逸，贤才之隐滞，则承旨而征求焉。"[①] 此言，唐时书院不但是宫廷图书馆（藏书功能），而且还兼有推荐贤才和提出建议的功能，以供皇帝咨询和参考，类似皇家"智囊团"或者今人所谓的"智库"。自唐以后，尤其宋代书院发生了较大的变化，这一则在于私人书院的兴起；二则在于书院的功能有所拓展，由"藏书""校书""智囊团"之功能逐步转向具有聚徒讲学、明辨是非之教育功能的书院。

需说明的是，这种"具有教育功能"的书院并非为科举而生，恰恰相反，官学的衰落和科举腐败反而成为促使书院产生的重要原因。换言之，书院本来就是反叛科举制度的产物。对此，黄宗羲在《明夷待访录》中有明确说明："其所谓学校者，科举嚣争，富贵熏心，亦遂以朝廷之势利一变其本领；而士之有才能学术者，且往往自拔于草野之间，与学校初无与也，究竟养士一事亦失之矣。于是学校变而为书院。"[②] 由此可知，书院才是真正有志于学术兴味之人的积聚处和研学地。唐以后尤其宋明时期的书院大力倡导读书讲学之风，支配并影响着整个社会的风气。著名的书院如白鹿洞书院、岳麓书院、龙岗书院、濂溪书院等皆以学术传承、析理辩道闻名于世，在中国教育史上留下了重重的一笔。至清代，由于政风大变，书院亦随之变更，由清初明文规定禁止创办书院到雍正"由消极抑制转变为严格监控下的积极发展"。清末已有书院两千余所，数量创历史之最；但由于清代书院处于官府的监控之下，丧失了独立性和自主权，几无活力，且不少书院确

[①] 毛礼锐：《中国教育史简编》，第68页。
[②] （清）黄宗羲：《明夷待访录》，中华书局1955年版，第132页。

实与科举相关联。光绪二十七年，清廷将各省城书院改为大学堂，如北大前身即为"京师大学堂"，将各府、厅及直隶州书院改为中学堂，各州县书院改为小学堂。自此，书院退出历史舞台。

书院并非我国特有，西方亦有之：古希腊时期的哲学家柏拉图所建立的阿卡德米学园（Academy）其实就具有书院性质，可谓开书院之滥觞；其弟子亚里士多德建立的吕克昂学园亦带有书院性质；它既储藏丰富的典籍，又汇聚诸多英才从事学术研究工作。中世纪书院多依教堂而立，以供志同道合之人研修学问。不过按照剑桥史学家屈威廉（Trevelyan）的说法，书院并不具有"传道、授业、解惑"的功能，它只是老少"居息一堂"的场所。16世纪以后，特别是18世纪，由于书院自身的优势，深得皇室教会之眷爱，其教育功能才逐步加强。20世纪，大学与书院的结合较过去更为密切。剑桥大学为其中佼佼者，金耀基先生曾如是评价之："书院无大学不足以完成其教育之功能，大学无书院亦不足以显剑桥之特色。"①

书院既然能在历史上独领风骚，如中国的书院制自唐至清逾千年，剑桥大学现存最古老的彼得书院亦有七百多年的历史，自然有诸多缘由；然而，其中关键因素在于，书院自身必定有其独特魅力，否则它又何以能延续千年而不衰？

二、书院之特点

也许，相对于经过现代化洗礼的当代大学教育之模式而言，产生于古代的书院，其节奏过于缓慢且缺乏现代气息，未免给人一种封闭的感觉，不值得人们留恋。然而，考诸历史又绝非如此，如19世纪牛津大学著名学者纽曼（John Henry Newman，1801—1890）在其著作《大学的理念》中对大学与书院做过如是之对比："假使给我两个大学，

---

① 金耀基：《大学之理念》，第28页。

一个没有住院生活和导师制度而只凭考试授予学位的，一个是没有教授和考试而只聚集着几辈少年，过三四个年头的学院（书院）生活的。假使要我选择其一，我毫不犹豫地选择后者。"① 纽曼之言，势必引起人们思考：书院究竟有何独特优势，值得他毫不犹豫地做出如此之选择？

追求非功利性的学问。"书院"不同于以科举为目的的学校，因为书院之兴起本为对抗"钓声名，取利禄"的科举制度，它是一些志同道合之士近乎全然围着志趣而联结成的思想交流园地。在这里，人们可以心无旁骛地研究感兴趣的问题，而不必问其目的或曰实用价值如何。正是基于这种远离实用主义的非功利性追求，才使得他们的研究视域在整体上呈现出一种开放式、全景式的画面，为后人留下一份珍贵的精神财富。比如，亚里士多德带领弟子研究形而上学、物理学、生物学、天文学、心理学、数学乃至进行学科分类，那种工作在当时确实无甚具体用处，也不会给他带来功利。又如，南宋时期，白鹿洞书院进行的理学研究，亦不能带来具体的实用价值。抗战期间，马一浮先生创建的复性书院，其目的亦在于纯粹治学，非为稻粱谋，正如其在《告书院学人书六》中所言："书院所求者为真实学人，不能为诸君谋出路，亦无何等资格可以取得。故于去者无所容心，而留者则不可以苟然。诸君亦勿胶执三年之期以相要。"② 恰恰因其非功利性、非实用性，也才造就纯粹之学问，并注定成就其恒久、超越之价值。

自由、和谐的"讲、辩"氛围。书院的非功利性实则蕴含着自由的精神：自由的思考，自由的辩论。因其无利益之争，故不但使得不同学派和平共处成为可能，而且也为在不同学派间自由地展开辩论提供了前提。当然，辩论不仅限于书院内部——如"王（阳明）学"内

---

① 转引自孟承宪：《大学教育》，商务印书馆1939年版，第105—106页。
② 马一浮：《尔雅台答问》，江苏教育出版社2005年版，第202页。

部意见分歧就很大,经常存在辩论,更在于不同书院之间进行的辩论,即书院所谓的"讲会"制度,这种辩论更体现出学术自由的精神。南宋时期,发生在朱熹与陆九渊两人之间的著名的"鹅湖之辩",即是其中典范。虽则立场不同、观念各异,然而双方却能本着宽容态度彼此交流,取长补短。明代心学两大宗主王守仁与湛若水亦有不同的主张,两派著名学者往往标其宗旨到对方书院进行讲学、辩论,辩论气氛可谓自由而激烈。对于书院间频繁展开的自由辩论之风,今人兴许感到不可思议,然而在当时,不同学派共同讲学、自由辩论实为正常之现象。对此,明代学者吕柟曾有如是之回答。时人问吕柟,"今之讲学,多有不同者如何?"吕答道:"不同乃所以讲学,既同矣,又安用讲耶!"[①]吕氏之回答,一语道出学术交流的重要性。

谦虚、开放的心态。自由的氛围有助于不同书院形成不同的学派,但各学派并非持故步自封、夜郎自大之立场,而是以开放的心态对待"异己"。如朱熹与陆九渊虽有"鹅湖之争",但此并不妨碍彼此间的正常交流,甚至他们还谦虚地学习并由衷地赞美对方。"鹅湖之辩"后数年,陆象山应朱熹之邀在白鹿洞书院讲"义利之辨",朱熹听后,感动得几乎流泪,连连称赞对方,并把陆氏所讲内容刻石于院内,其谦虚、开放之胸怀可见一斑。明代王阳明与湛若水之论辩亦大致如是,双方弟子时常为对方的理论所折服,而老师非但不怪罪,反而鼓励弟子学他人之长。此无疑体现出书院所独有的兼容并包、自由开放之心态。

当然,书院的开放还体现于对大众的开放,即是说,若书院聘请知名学者讲学,听众并不局限于本院弟子,而是面向世人,非但来者不拒,且还给予力所能及的安排和照顾。南宋时期,朱熹弟子黄榦在白鹿洞讲学,南北人士多来参与;明王阳明在濂溪书院讲学,来自两湖、广东、直隶、南赣、安福、泰和等地的听讲者达三百余人;明东

[①] (清)黄宗羲:《明夷待访录》,第136页。

林党人顾宪成在东林书院讲学时,学者"闻风向附,学舍至不能容"。毋庸置疑,此开放的心态无疑颇有利于其学术研究之精进,亦有益于推进学术的影响与传播。

意蕴深厚的文化"道场"。纵观历史上诸多书院,尤其有悠久历史的书院,无不散发出浓厚的文化气息。这首先与书院的性质有关:一则书院本身就汇集了丰富的文献资料;二则书院亦网罗了一大批有学识、有见解的一流学者。如果说前者提供的是丰富的但同时却是"死"的文献,那么后者奉献出的则是"活泼泼"的学术思想。南宋时期,当时理学的著名学者几乎都是书院的主持人或主讲,朱熹在福建、湖南、江西等地主讲理学,杨时、游酢、罗从彦、李侗、陆九渊、吕祖谦等知名学者在江南诸书院讲学。名师主讲书院的传统一直保持到清代,清代诸多硕学巨儒多在书院任教讲学,譬如,孙奇逢讲学于河南辉县百泉书院,黄宗羲讲学于浙江山阴证人书院,戴震、段玉裁讲学于山西寿阳书院等等。这种由大师所营造的意蕴深厚的文化氛围,或曰"道场",颇益于学者水平之提升,其功用可谓大矣!

提及"道场",尤其值得一提的是书院主持人(古称山长,今曰老师)对学子的熏陶作用。古代书院,无论东西方,书院主持人与求学者皆同饮一食,共处一室,几乎形影不离。因此,老师对弟子的影响不仅限于思想语言上的,更在于实践行动上,此种囊括品行、学识、修养于一体的、内涵丰富的道场,既给予学生以渊博的知识,又利于学生品德之磨砺。马一浮先生尤看重书院制度下的熏习作用:"至于师资之间,所望熏习以渐,相喻益切,斯相得益彰,不务速化,而期以久成;不矜多闻,而必求深造。惟日孜孜,如恐弗及。因时而惕,虽危无咎。如是,则气质之偏未有不能化,学问之道未有不能成者。"[①]

灵活多样、着重创造性的学习方法。书院当然以读书为主,尤其

---

① 马一浮:《尔雅台答问》,第 195—196 页。

以学生个人读书为重,以培养学生的自学能力。但书院绝非提倡"死读书",相反,较之于科举制度下的官方学校,书院的读书方法可谓灵活多样。就横向方式而言,有导读式,有群辩式,有研讨式,有疑问式等多种"读书法";就读书的纵向方式而言,则讲究"知行合一"的渐进式推进。其中尤为著名的有朱熹的"循序渐进、熟读精思、虚心涵泳、切己体察、着紧用力、居敬持志"六步读书法;程端礼(朱熹再传弟子)针对学生的接受能力之不同复强调乃师提出的"敛身正坐、缓视微吟、虚心涵泳、切己体察、宽着期限、紧着课程"的读书法等等。至于马一浮先生的书院学习方法,更是超越传统的书院,充分体现了灵活多样的学习方法,正如其言:"此与昔时书院课经解、制举文者不同,亦与今时学校重记问、计分数者迥异。设题任自选,不求备。不为苟难,亦不为苟易,深浅随人,所以尽其才。宽其时日,使可从容操翰。不限篇幅长短,所以纾其力,不明定甲乙,所以岷其争。各言尔志,所以观其趣。"[①]

此外,书院还尤为重视质疑的精神和创造性学习(偏重于研究)。宋儒朱熹提出的"读书须有疑","疑者足以研其微","疑渐渐解,以至融会贯通,都无所疑,方始为学"[②]的读书观,始终洋溢着怀疑的精神。另一位著名学者吕祖谦则尤为重视创造精神,他认为,做学问须追求独到见解,而非流俗之常识:"今之为学,自初及长,多随所习熟为之,皆不出于窠臼外。惟出窠臼外,然后有功。"[③]学问不仅仅在于理解与传承,更在于拓展与创新,发前人之未发,成一家之言。

三、研究生教育存在的问题

我们强调书院的特色并非意味着书院制度尽善尽美、完美无缺,

---

① 马一浮:《尔雅台答问》,第197页。
② (清)黄宗羲:《宋元学案·晦翁学案》(卷四十八),全祖望补修,第1549页。
③ 转引自毛礼锐:《中国教育史简编》,第81页。

而在于通过对书院制度的优长之挖掘，以期为当今高等教育尤其是研究生教育提供某些有益的参考——因为传统书院开创的师傅带弟子的育人传统与现代研究生教育制度极为相似。

自20世纪80年代重新恢复研究生培养制度以来，我国的研究生教育事业取得了长足的发展和进步。然而，毋庸讳言，目前的研究生教育存在着不少问题。

研究生教育过于注重功利性。功利性有两种表现：其一，有关部门过分强调"学以致用"。当然，研究生教育提倡学以致用是必要的，然而若过分强调实用价值，以至于为了"功用"而使得教育走向"工具化"，则势必偏离研究生教育之宗旨，最终亦难以达到真正的致用。因为着眼现实的工具性实用有其时效性，随着时效的消失，其"用"亦随之废矣。其二，研究生本人强调的"实用"。部分研究生把"接受研究生教育"看作打开职业的"敲门砖"，而非提高学术研究能力的"奠基石"。无疑，上述过分强调功利性的行为，实质上是"教育自性"迷失的结果。关于其弊端，前文所述甚多，在此不赘。

研究生院普遍缺乏特色，缺乏学派之形成。当下，全国的硕士点、博士点多如牛毛，然普遍没有自己的特色，即便重点学科，其特色也不甚突出。一个不争的事实是，目前的研究生教育不论重点院校还是非重点院校，培养模式（包括学科设置、教学方式、管理方式及考核方式等）近乎千人一面；如果说有差别，也仅仅是硬件设施及学校排名上的差别，实质意义上的差别并不是太大。与此"无特色、平面化"的大一统的培养模式相关联，各高校乃至研究机构亦多无"学派"之形成；其所谓的学术交流也往往流于"求同式"的附和，缺乏必要的辩论，当然难以将问题引向深入。在这一点上，古代书院学派间的讲学、争辩之风尤值得借鉴。如宋朝时期，学派林立，张载之"关学"、二程之"洛学"、朱熹之"闽学"、胡宏之"湘学"、陆九渊之心学、陈亮与叶适之"浙东学派"等等，可谓百家争鸣、百花齐放，并因此造就了宋代新儒学的繁荣。春秋战国时期，诸子百家雄起，亦是学派之争，自不待言。道理很明显，若无学派之形成，无学派之互辩，学术断然难以创新。因此，在不同的大学及研究机构中，应鼓励其发展自己的特色乃至形成"学派"，如此，学术研究才有活力，学术创新才有希望。

缺乏自主创新能力。 研究生教育，应注重培养其拓展知识、创新知识的能力，而不应仅仅局限于接受固有的知识。须知，创新能力不但是知识的渊源，更是应对各种疑难问题的法宝。现状是，我们的研究生教育尤其是硕士生教育大多仍然停留在"知识传播"的层次上，普遍缺乏自主创新能力。甚至即便在传播知识层面上，也未能做到尽善尽美。例证之一：不少硕士研究生毕业后对自己的专业仍没有明晰的认识。此种状况，遑论创新能力？

近几年，虽然"创新"理念已成为人们之共识，但如何培养并提升研究生的创新能力却没有真正落到实处。但愿"书院"特有的怀疑精神、自由精神以及"跳出自我"以"求异"的开放精神对培养研究生的创新能力有所启迪。

没有形成良好的"道场"。 研究生教育应该是一种"小班教学"，小班教学的优势在于：（1）通过导师和学生充分接触、交流，以达到相互启发、共同提高之目的；（2）通过导师及导师组的人格、学识之熏染，让学生于"耳濡目染"之无形的道场中，真正体会师长学养的魅力，并借此培养其学术志趣。美国总统伍德罗·威尔逊谈到百年前美国大学的危险在于老师与学生的"隔离"，"这种大学教育理想过于狭隘，将教师变成了兜售专业知识的商人，和学生隔绝开来，再也不关心他们的生活和性格，只会在课堂上与他们见面"[①]；马丁·布贝尔（1878—1965，犹太神学家和哲学家）在其名著《品格教育》一书中同

---

① 〔英〕以赛亚·伯林：《观念的力量》，胡自信、魏钊凌译，第284页。

样写道:"具有教育效果的不是教育意图,而是师生间的相互接触"①。二者虽职业不同、年代不同,但对教师与学生的接触皆给予极高的重视。当代研究生教育,其所实施"小班教学"的意义即在于提供"相互接触"的机会。然而,现实问题在于:由于研究生连年的扩招,高校普遍存在师资不足的现象,于是导师带十数人甚至数十人的状况时有发生(法律硕士更是如此,几乎成为批量生产),研究生与导师一个学期难得见上一面,三年下来,学生难得几次交流机会;且导师大多"各顾各"(甚至导师仅关注自己的学生都难以做到),缺乏导师组形成的"合力",自然也无法形成"道场",更谈不上熏染与涵泳。殊不知,这种缺乏交流沟通与熏陶,仅靠"程式化"批量生产出来的研究生不仅无甚特色,且缺乏学术底蕴,当然谈不上学术创新能力了。顺便提及,纽曼先生之所以看重书院,看重的即是其颇具人文底蕴且散发着生命活力的学术氛围。

此外,研究生教育还存在着诸如学术视野狭窄、学术交流过少、学术目的不明确、学术生态不严谨等诸多问题,不再一一列举。

四、书院对研究生教育的启示

笔者鼓吹书院制度之特色,痛陈研究生教育存在的问题,并非意味着现代研究生教育就一定落后于书院模式,更非要把研究生教育拉回到书院;笔者的本意在于:人们当借鉴书院制度之优长,以资于今。事实上,书院模式所具有的诸如学术自由、"开放、良好"的道场及灵活多样的学习方式对当下的研究生教育的确大有裨益。

有意识地弱化研究生教育的功利性。当下的研究生教育,无论研究生接受教育的目的还是院校设立专业的意图,都不同程度地存在着功利性追求。如学生考研的目的在于将来能谋取较为满意的职业,院

---

① 《现代西方资产阶级教育思想流派论著选》,人民教育出版社 1980 年版,第 303 页。

校招生（特别是个别盲目扩大规模的院校）也势必受到经济利益的驱动，即是说，二者皆程度不一地存在功利化的倾向。如前所述，"功利化"当然有其必要性——因为个人、学校皆要生存、发展，更何况在竞争如此激烈的当下；但若以功利为目的，则未免本末倒置。在这点上，书院的无功利、"学之为我"（提高自我）的做法确实值得今人借鉴。研究生院要始终坚持贯彻"以学术为目的"的办学理念，同时也要做好研究生的思想导向、服务保障等工作，以期逐步弱化功利化的价值取向。

加强学术交流。书院制度尤其重视学术交流，通过不同学派、不同观点的碰撞，将问题引向深入。当下研究生教育普遍存在的问题是：不同专业、不同学科间普遍缺乏交流意识；缺乏必要的学术交流、缺乏不同观念的交锋，思想的火花断然难以形成。为提高研究生间的交流意识，教育部若干年前已开始启动并运作"全国博士生论坛"，但其受众仍然过于狭窄（偏向于重点高校）。实际上，各高校还应根据自身实际情况，就某前沿课题，经常性地组织开展不同学科、不同专业的"研究生论坛"，以拓展学生的知识面，提高研究生思维能力和创造能力。有条件的院校尽量邀请与本学科有关的国内外一流专家举办"学术前沿讲座"（一如朱熹与陆九渊的"鹅湖之会"），让研究生尽可能地了解学术前沿，以便为将来的科研工作提供一种前瞻的眼光。

采取灵活多样的教育方式。目前，研究生教育尤其是硕士研究生教育中，"单向灌输"的方式还普遍存在。在基础性学科中，单向灌输尚有其必要性；但对于研究生层次来说，课程应以研讨为主，以问题导向为主。授课老师可就教学内容设计出具有探索性的问题，供学生探讨；或者针对研究生存在的难题讨论。在研讨中，老师不作定论，以引导为主；同时鼓励不同的观点，甚至与自己不同的观点，力求营造热烈而自由的和谐氛围。除了研讨课以外，还可以根据课程特点及研究生的接受能力采取其他灵活多样的教学方式。

导师和导师组要努力营造"学术道场"。导师(导师组)和研究生之间应形成一种和谐的"学术道场",此处"道场"既包含营造良好的学术氛围乃至形成不同"学派",也包括师德、师品、师风等对研究生品质的熏陶和润泽。学术方面,自不待言,研究生应以学术为主业;但研究生教育亦不可忽视导师(导师组)的德性、人格对学生的"导"向作用[①]。导师的人格魅力对研究生的影响是全方位的:真正做到"学为人师、行为世范"的导师,其优秀的"师风"对于激发研究生的学术志趣、丰沛完善研究生人格等,作用极大。更何况,就教育的终极目的而言,修身、做人当然是第一位的;只学知识,不懂做人、品格低下,是难以成为有用之才的。

此外,研究生教育也可借鉴书院制度的"访学"之举。目前,部分重点高校已经实施这一举措,如山东大学同兰州大学、中山大学、吉林大学建立了本科生"互访"的交换制度,即优秀的本科生可以到吉林大学、中山大学、兰州大学进行一年的"访学"。此教育上的"杂交优势"对开阔学生的学术视野、培养创造性思维极有帮助,研究生教育不妨借鉴之。

---

① 参见第三编第二章"导师的'导'学之责"。

第二章 西南联大的治学之道

西南联大堪称中国教育史上的奇迹。全校人数不过千人,生活条件极其艰苦,然而却在短短七八年的时间内,为中国培养出一百多名院士(含学部委员),至于蜚声国际学术界的大家亦不乏其人。探求西南联大的治学之道,对于当下的高等教育不乏有益之启迪。

"大师",无疑是当下的"稀缺品",虽然当下各种"大师"的帽子仍然满天飞;殊不知,真正开风气之先的大师却凤毛麟角。有人讲培养大师需要有一流的硬件,即所谓的实验室、设备及大楼之谓也。然而,若回顾20世纪西南联大的办学条件,则未免让人诧异。在炮火连天,生命都无保障的岁月里,办学条件极其简陋的西南联大却创造了中国教育史上的奇迹:全校不到一千人,创办七八年却培养出118名院士(含学部委员),蜚声国际学术界的大家亦不乏其人。人们不禁惊诧:西南联大究竟用何等"魔法"培养出如此多的大师呢?此势必要牵涉到西南联大特有的"治学之道"了。

一、治学方法:务实与创新并驾齐驱

治学最基本的态度同时也是最重要方法,莫过于"务实"二字。如,新文化运动中"开风气之先"的胡适先生,他虽倡导"大胆假设的创新精神,但他更注重"小心求证"的实证态度——这里的"小心求证"其实也可理解为注重"务实的功夫"。当然,治学又非仅仅停留在务实上,更在于于务实的基础上开出一片新天地,此即为创新。

关于务实与创新的关系,也许曾任教于西南联大的冯友兰先生的看法更具有启发性。冯友兰先生治学尤重实证方法,他曾引用元好问《论诗绝句》来表达自己的看法:"眼处心声句自神,暗中摸索总非真。画图临出秦川景,亲到长安有几人?"他认为,治学只有亲身实证,身临其境,才有真正的体悟,学问才能站得住脚。但这并不意味着冯先生因此就忽视了"创新"。恰恰相反,以研究古代哲学为业的冯先生反而是创新的代表。冯友兰认为,治学应须"宋学"与"汉学"兼顾:所谓"汉学",其侧重点在于文字的考证、训诂,注重实证,但汉学的缺点在于缺乏对义理的探究;所谓"宋学"则着重文字义理的诠释,但缺乏考证的功夫。冯先生进一步指出:研究哲学,如果只是懂得以前哲学家的语言文字而不懂得体会其义理,那就很难写出符合哲学本来面目的哲学史。反之,若轻视考证,忽视史实,其义理也未必靠得住。由此看来,冯先生所谓的汉学、宋学兼顾,实则是强调治学须务实与创新兼顾。二者的关系为:创新建立在务实的基础之上,务实(夯实基础)的宗旨乃在于创新。

西南联大的毕业生杨振宁先生在《读书、研究四十年》一文中提到,"西南联大的教学风气是非常认真的,我们那时所念的课,一般老师准备得很好,学生习题做得很多"。[①] 对于人文学科,要注重基础的积累,对于从事理学(指自然科学)研究的人,同样要重视夯实基础,"做一定数量的习题"是非常必要的,因为它为将来的深造打下坚实的基础。今天的大学生,普遍缺乏务实的态度,基本功大多下得不深,考试只求过关。以数学为例,除了考研的同学因考试之需做数学题外,

---

① 杨振宁:《科学、教育与中国现代化》,人民日报出版社1987年版,第77页。

大多数同学在毕业时,基本上将"高数"还给了老师。基础不牢,何谈创新?须知,创新绝非随便拍拍脑袋就能想出来的东西,没有务实的基础则没有实质的突破,这是一个非常简单的道理。

西南联大的师生在日军空袭下,做得最多的是中规中矩、夯实基础的基本功,而十数年后,当初默默无闻的西南联大的师生俨然是"破茧的蝴蝶"了,因为中国乃至世界的学术舞台上到处能见到他们的新理论、新思想了。

二、治学精神:生命与使命浑然一体

钱钟书先生言,学问是"荒江野老屋中二三素心人商量培养之事",言外之意,似乎学问无关国是。其实,那不过是大学者的自谦,不必太当真。学术看似个人私事,实则不然;虽然"醉心学术"涉及学者的兴趣,但从事学术即表明其作为"类存在"对未知世界发起关注和探索,故其本质上属于并代表了人类。况且,真正的大学者往往将生命灌注于其钟爱的学术研究之中,而当其将生命与学术融为一体之时,恰恰是其自觉地履行学术(文化)使命之际。梁漱溟先生可谓"以生命做学术"的典范。梁先生不但以宋人张载"为天地立心,为生民立命,为往圣继绝学,为万世开太平"之言来勉励自己,更以切身行动来践行之。在谈到责任意识时,梁漱溟曾言:"我觉得我有一个最大的责任,即为替中国儒家作一个说明,开出一个与现代学术接头的机会。"① 面对生活的艰难乃至生命的孤绝,梁先生竟有如此感人至深的话语:"前人云'为往圣继绝学,为来世开太平',此正是我一生的使命,《人心与人生》等三本书要写成,我乃可以死得;现在则不能死。又今后的中国大局以至建国工作,亦正需要我;我不能死。我若死,天地将为之变色,历史将为之改辙,那是不可想象底,万不会有的

---

① 梁漱溟:《梁漱溟集》,群言出版社1993年版,第62页。

事！"① 梁先生的"我不能死"的宣言固然过于狂放，然而其自觉"承载大道，舍我其谁"的使命感、担当感，又绝非那些为"稻粱谋"的知识分子所能比拟。其实，钱钟书先生又何尝不是如此呢？默默无闻耕耘书斋数十载，在追求个人兴趣之时（给人类留下了丰厚的人文思想），他不同样也担负起一名真正知识分子的使命么？

正如梁漱溟先生的"我不能死"一样，西南联大师生同样秉承学术使命，在上有空袭、下缺炊粮，连生命都朝不保夕的状态下，依然苦心孤诣，痴迷、醉心于学术。若无"为天地立心，为生民立命，为往圣继绝学，为万世开太平"的使命感、担当感，是断然难以做到的。此种真正将生命与学术使命融合一体的真挚情感，亦是当下那些以学术为跳板的"聪明人"所不能理解的。

道教典籍《唱道真言》中有规劝世人学道的劝语："天下事皆是凡夫做得，人惟不肯做凡夫。吟诗作赋，自谓多才，不知天地间哪少你这几句文字。描山画水，自有专家，不知天地间哪少你这几笔墨水。枉将有限之光阴，徒为无益之闲戏。要做事，须做天地间少不得的事，凡无之不为轻，有之不足重者，让那一班闲汉做去。"② 此规劝世人学道的言论似乎用于"以生命做学问的人"更相宜，譬如，学问在梁漱溟式的学人心目中，当是"天地间少不得的事"，"少不得的事"又必然带有"舍我其谁"的色彩，这看似狂放、孤傲的做派，又何尝不浸透了学者的使命意识？

三、学术氛围：自由与平等相得益彰

西南联大虽然处于颠沛流离之中，然而却是大师云集：人文领域有金岳霖、汤用彤、钱穆、贺麟、郑昕、沈有鼎、叶公超、闻一多、

---

① 梁漱溟：《梁漱溟集》，第62页。
② 宋崇实主编：《中国文化精华全集》[宗教卷（三）]，中国国际广播出版社1992年版，第693页。

朱自清等大师级学者，理工科则有赵忠尧、周培源、吴大猷、王竹溪、陈省身等一流科学家。西南联大之所以培育出众多院士、精英（包括获诺奖的杨振宁、李政道），当然与雄厚的师资力量有关，俗言"名师出高徒"，超一流的师资当为西南联大成功的重要因素。

除此以外，尤为可贵的还在于，西南联大秉承了蔡元培先生倡导的"思想自由、兼容并包"之办学理念。在此理念下，诸多"开风气之先"的大师并不故步自封，更不目中无人；相反，自由、谦逊、开放、平等的品质使得诸位大师彼此之间能相互交流，相互切磋。如冯友兰先生在西南联大著述《贞元六书》时，就经常与金岳霖、汤用彤、钱穆诸先生探讨、谈论；同样，金岳霖先生著述《原道》亦同沈有鼎等先生相互交流、学习。又，由于师资充裕，西南联大常常是几位教授同时开讲一门课程，如文学院的必修课《中国通史》，就分别由吴晗、雷海宗、钱穆等讲授，虽然他们观点、立场各异，但仍能和平相处，若无学术自由与学术包容之品质，怕是难以做到。

学者、教师之间拥有此良好风气，自不待言；师生之间也是如此。西南联大提倡师生平等对话和"启发式"教学。西南联大允许学生跨学科、跨专业自由选课。一份资料记载了当年开课的状况："每当学年伊始，教务处公布全部课程，无数的课程单把好几堵墙壁都贴满了，真是壮观！学生们一连几天，在课程表前挤来挤去，记下自己要选的、想听的课程。"[①]学生可以自由地选择课程，还可以自由地选择专业。由此可见，西南联大充分尊重学生的兴趣、爱好，鼓励学生发挥自己的优长。

授课过程中，学生和教师之间可以平等、自由地讨论问题，如金岳霖先生上逻辑课，几乎变成了和某学生的对话课，此已传为学界佳话。自由、平等并非意味着放纵和无规矩，恰恰相反，西南联大有着

---

① 张建新、薛飞：《大学非"大楼"乃"大师"也》，《文汇报》2007年10月31日。

严格的考核制度。据联大校友张凤鸣回忆,联大一个学生考了59.5分,去跟教务长求情。教务长不开口子,学生愤愤地说:"59.5分跟60分有什么区别?"教务长回答:"如果没有区别,59.5分和59分也就没有区别,依此类推,60分和零分又有什么区别?"① 此又透露出西南联大自由、平等精神的背后是其严格的培养制度,据毕业于西南联大的著名化学家申泮文先生回忆,西南联大对学生的淘汰率相当高。申泮文所在的化学系,1938年入学的一年级学生,实有43人,其中只有9人通读四年到1942年毕业,但就在这9人中,出了2位院士;其他34人留级、退学、转系等。

四、学术体验:寂寞与审美形影不离

在常人眼里,学问是冷峻甚至是乏味的,故"做学问"意味着与寂寞为伴。前文所引钱钟书先生"荒江野老屋中二三素心人商量培养之事"之言,在于表明从事学术研究必须承受"寂寞",当然只能是"素心人"的事了。关于做学问的孤寂之状,方东美先生亦有妙论,据台大教授张尚德先生(方东美先生的弟子)言,"方东美先生曾言做学问比守寡还难",此喻颇形象生动。数十年,只与冷板凳相遭遇,与清贫、孤寂为伴,这种坚守,非有相当的定力不可!正因为"做学问"难,故才能显出学者坚定之抱负和坚忍不拔之毅力。"苦"当然只是问题的一面,问题的另一面则是做学问的"乐":正所谓阴阳相合、苦乐相伴,做学问亦如此,同样是苦乐交融。

国学大师王国维广为流传的治学"三境界"理论,又道出了学者之乐:"众里寻他千百度,蓦然回首,那人却在灯火阑珊处",即是至乐。寻觅良久、绞尽脑汁、百思不得其解的难题,突然在某一个时刻"灵光乍现",堵塞已久的思路瞬间顺畅起来,那种欢愉如同禅修者

---

① 胡洪江、徐元锋:《西南联大70年的启示》,《人民日报》2008年2月10日。

突然证得醍醐灌顶之智，顿觉清爽无比，无法用语言形容，此非至乐乎？也许学者不可能时时处于"巅峰式"的欢愉状态，但是即便在平淡的治学中，依然有精神的愉悦，这种愉悦固然来自兴趣，亦来自学术本身的魅力。因为当一个人真正沉浸于学术之中，他不仅不是孤寂与乏味，反而会成为一名好奇的、充满探险色彩的"真理寻求者"；同时他也是美的发现者与思想的享受者——这种美就是精神上的观照。爱因斯坦曾说过："照亮我的道路，并且不断地给我新的勇气去愉快地正视生活的理想，是善、美和真。"① 爱因斯坦对宇宙怀有一种宗教式的感情，他认为，最微妙的、最高尚的乐趣，就是"对艺术创造和思维的逻辑秩序的美的乐趣"。他对认识到的各种复杂现象之间的统一性，有一种"壮丽的感觉"和"狂喜的惊奇"。无疑，这种美感之获得就在于那看似枯燥的学术探究中，但前提是你必须感兴趣且能深入下去。类似的话，杨振宁先生也曾讲过。在《美与物理学》的报告中，杨振宁先生同样认为，牛顿运动方程、狄拉克方程、海森堡方程像诗一样美，包含"一种庄严感、一种神圣感、一种初窥宇宙奥秘的畏惧感"和哥特式教堂建筑师所要歌颂的"崇高美、灵魂美、宗教美、最终极的美"②。

探求自然宇宙的奥妙，探求社会发展的规律，探求人生的意义，探求某一现象背后的本质，探究一切不为人所知的荆棘地，开辟新的处女地，既是学者的旨趣所在，亦是学者的使命所在。并且，学术自身的魅力最终将"惊喜"回馈于兀兀穷年、持之以恒的研究者。故此，治学乃苦与美、苦与乐的统一体。常人以为学问是苦差事，只是没有"进去"而已。

明乎此，当知西南联大的师生虽在炮火纷飞、连生命都无保障之

---

① 〔美〕爱因斯坦：《爱因斯坦文集》（第三卷），许良英等编译，第43页。
② 邓勇主编：《科学的思维》，第132页。

时，依然能沉醉于充满神奇魅力的学术之中，是因为这种"沉醉"是生命、使命与兴趣的统一，是寂寞、愉悦、美感的交汇。它是"无目的""无功利"的追求，同时又蕴含"大目的""大功利"——大目的、大功利一则表现于学术研究将推进人类探索未知世界的步伐；一则表现在通过追求真理，彰显学者对国家和民族的耿耿情怀与拳拳之心。

浓厚的兴趣、务实的作风、和谐的氛围、固守寂寞的治学精神以及对学术事业持有的强烈使命感、担当感，终使西南联大造就了一大批享誉中外的学术大师。在今天这个"经济至上"、大师匮乏的喧嚣时代，思索西南联大的成功之道，其意义自然不言而喻。

第三章 佛陀的"圆善教育"

对于古代教育的研究，人们多以孔子、苏格拉底等古代教育家为研究对象，对佛陀的教育特色未免有所忽视。事实上，佛陀所开创的"佛学教育"有其鲜明之特征，其"精进不止"的"终身教育"理念、"一视同仁"的平等教育态度、因材施教且又"苦口婆心"的教育方式、充满艺术特色的全方位的教育手段乃至严密、科学的教育体系皆有其恒久之价值。

在人类古代史上，至少有三种智慧及与之相应的、各具特色的教育方式，它们皆深刻而隐秘地影响着人类发展进程，其代表人物分别是古希腊的苏格拉底、古印度的释迦牟尼以及我国春秋时期的孔子。对于孔子、苏格拉底的哲学智慧及其教育思想，今人研究颇多，自不必重复；相比之下，对于佛陀教育思想的探讨与研究，则明显弱了些。其实，释迦牟尼的教育思想亦博大精深，于今人尤具启发性。

细思来，佛陀的教育思想若老子之"道"，"博兮、渊兮"，若强以名之，大抵可用"圆善"二字概括。"圆善"二字约略能透射出佛之本怀（即现代意义上的"教育宗旨"或"教育目的"），即佛陀依靠种种教育方式劝说"迷失自性之众生"，使其通过修持"戒、定、慧"之学，重新复归"圆满至善"之佛性。佛陀教育的具体内容，端的是深邃博大、包罗万象，但总体上亦可用"圆善"二字概括，然此话题超出本章的视野；本章的焦点在于从"圆善"视角阐发佛陀的教育方式或曰"教育方法论"，其中也势必触及教育态度的问题。在方法论意义上，"圆善"之义，可分而论之："圆"代表方法之圆满，举凡能引人发菩提心之法，佛陀莫不用之，正所谓"人有八万四千烦恼，佛有八万四千法门"；"善"既表方法之善巧，又表一视同仁的教育态度，因佛陀之本怀在于救人，故佛陀以大慈之心、大悲之愿去普度众生，不分贵贱、贫富、愚智，皆一视同仁救度之。

姑大略考察佛陀教育之特色。

一、精进不止的教育追求

纵观佛陀一生，自菩提树下悟道直至八十圆寂，讲经说法凡四十九年，精进不止，可谓伟大的教育家：他既是教学相长之楷模，亦是躬身践行终身教育理念之典范。若对佛学进行相关研究，当知此言不虚。譬如，按照天台宗的判教理论，即依照佛陀讲学（经）的顺序而判为"五时"（八教）；所谓"五时"，即华严时、阿含时、方等时、般若时、法华涅槃时。"五时之判"当然有天台自誉之嫌——因天台以《法华经》为宗，佛陀最后宣讲《法华经》，此隐含天台宗最为"圆融"——但其"五时"之路径大致体现出佛陀教育"精进"之路径，其中亦体现出佛之应机说法之技巧。

据《法华玄义》载，"五时"根据《大般涅槃经·圣行品》"五味"之比喻而来，"五味是从牛出乳，从乳出酪，从酪出生酥，从生酥出熟酥，从熟酥出醍醐，这是次第相生的连带关系"[①]。显然，"五时"之精进当从两面考量：一则为佛陀自身智慧之精进；二则为弟子智慧之精进。就前者言，佛在应对弟子种种困惑、种种质疑的过程中，也在

---

① 朱封鳌：《天台宗概说》，巴蜀书社2004年版，第119页。

不断完善其理论，由小乘之阿含（"牛乳"）入手，逐步牵引出四谛、六度、十二因缘等理论，并渐次进入大乘，最终圆融三谛，成最上智（醍醐）。就后者言，弟子智慧的精进势必推动并激励佛陀之精进，此乃"教学相长"之良性循环。其实，即便我们避开天台宗之"五时"循序渐进的判教理论，华严宗判教理论同样亦能彰显佛之精进之过程。华严宗将佛陀一生讲学划分为小乘、始（大乘）、终（大乘）、顿、圆之过程。其间，小乘为佛学入门功夫，历经大乘始、终乃至顿教之功夫后方可得究竟涅槃，成阿耨多罗三藐三菩提（无上正等正觉，此喻"圆教"，为华严宗所宗）。此种判教理论固然也涉及教学技巧（如循序渐进）问题，更涉及"终身教育"之追求，若无终身精进之精神，悟道、成佛断然难以完成。

　　佛陀的"终身精进教育"之理念当然与其慈悲本怀有关，亦与其教育目标有关。我们知道，佛陀的教育为至善之教（类似儒家的成人之教），"至善之教"须终身践行之，离开躬身践行，再美妙的说教亦是空幻。《楞严经》中佛陀开示阿难时，即表明此理："今日乃知，虽有多闻，若不修行，与不闻等。如人说食，终不能饱。"[①]

　　言及佛陀的修行，内容颇广，几乎涵盖了人世间的所言。佛陀认为，人生于世，无时无刻不与外物打交道，无时无刻不有人性之流露，而"至善"即隐含其中；圆满一事，则向至善靠近一步。生命不息，修行不止，可见终身修行实则蕴含了"终身教育"的理念。其实，儒家孔子乃至后儒亦作如是之主张。孔子自"十五志于学"至七十，仍学习不止，岂非中国最早的"终身教育"践行者？宋儒朱熹所谓的"今日格一物，明日格一物"之渐进功夫，亦凸显"终身教育"的必要性：欲使德性完善，须有渐进、实修之功夫，极言德性之教须贯穿生命始终。如此看来，佛陀精进不止的教育追求，同儒家的教育观颇具

[①] 《楞严经》，中国社会科学出版社2003年版，第17页。

一致性。

就微观层面言，佛陀的终身教育尚孕育着全时段、全方位的"立体教育"思想[①]：从时间维度而论，坐、卧、行、立无时无刻不践行教育；就空间维度而言，则眼、耳、鼻、舌、身、意乃至其营造的道场无不"专注于"教育。此种"全身心"投入的立体教育思想，对当今"肢解式的教育"无疑有着积极的借鉴意义。

二、一视同仁的教育实践

如果说孔子之教打破了"学在贵族"的神话，将贵族之专利的教育"下放"到底层百姓，那么佛陀的教育则更为彻底，因为佛陀要"救助"的不仅仅是身份、地位不同之人，他甚至还将慈爱惠及整个"有情世界"（即整个动物界）。佛陀的"慈悲"（或博爱）当然有其理论基础（佛性论）作支撑，佛陀认为，人与动物处于"交互流变"（"众生六道轮回"）的过程中，故而某种程度上可以认为，关注万物、关注世间一切众生，即是关注人；反过来，关注人亦意味着关注众生。二者是一而二，二而一的问题，此构成佛陀"一视同仁"教育实践的哲学根基[②]。此种看法颇似儒家"天人不二"的思想，但比儒家走得更远。

佛陀曾发如此大愿："若卵生，若胎生，若湿生，若化生，若有色，若无色，若有想，若无想，若非有想，非无想，我皆令入无余涅槃而灭度之。"[③] 佛陀之所以发此大愿、躬身教育实践以帮助一切众生脱离苦海，实有其"佛性论"做基础。两千多年来，人们津津乐道佛陀的"菩提之悟"（佛陀于菩提树下开悟），那么佛陀到底悟出了什么

---

① 关于佛陀的"立体教育"思想，下章有专论。
② 佛陀的平等教育思想，除了"六道轮回"的理论根基外，尚有社会根源，因当时占统治地位的婆罗门教是贵族教育，故佛陀持"一视同仁"的教育观亦可视为对婆罗门教的"反抗"。
③ 《金刚经》，山西古籍出版社1999年版，第7页。

呢？其实佛陀悟出的道理很简单，那就是"一切众生皆具如来智慧德相"（佛性论）。只是由于人们执迷不悟，在各种欲望的追求中丢掉了自己的"一真如性"不能开悟罢了。既然众生皆有佛性，若能通过见闻、修持和学习，逐渐摒除不良习气，那么人人皆能止于至善，人人皆能成佛。基于此，佛陀的教育彰显出一视同仁的平等品质，无论对人还是对其他有情（主要指动物），皆持平等态度。且此理念为后学所发展，譬如，后世禅宗所开显出的"何期自性，本自清静；何期自性，本不生灭；何期自性，本自具足"乃至"一阐提人"（恶人）皆能成佛之理念，实为佛陀"一视同仁"教育理念之延续。在佛陀看来，不但人能成佛，包括饿鬼、畜生在内的一切众生皆能成佛。他认为，众生并无分别之相，只要众生能获知正见且能如法修行，皆能成佛。正如《坛经》所云："迷则佛是众生，悟则众生是佛"①。佛陀之愿望无非是通过教育来帮助众生从"六道轮回"的苦海中解脱出来，故其弟子几乎涵盖了所有阶层，有贵族、有白衣，有知识分子、有文盲；有君子、有盗贼，有健康者、有残疾人，有良家妇女、有妓女……作为教师的佛陀，终其一生将其"无缘大慈，同体大悲"之情感关注众生，此情系众生、一视同仁的"无分别"之教育可谓至矣！

反观当今教育之现状，则不免让人慨叹，贫富差别、出身贵贱、智商高低等因素，皆可能构成受教者的"限制"，且此带有"差异性"的教育将通过"差别累积"影响到孩子的一生！以此而论，佛陀"一视同仁"的教育理念尤其值得今人学习、借鉴。

三、用心良苦的慈悲情怀

若言孔子是中国教育史上"因材施教"的楷模，那么，佛陀则堪称印度教育史上"灵活教育"的典范。在教育态度上，佛陀虽然主

---

① （唐）慧能：《坛经》，第57页。

张一视同仁,但由于众生之根器、年龄、经验、阅历乃至领悟力参差不齐,故佛陀对众生的教育方法亦千差万别,姑称之为佛陀的"因材施教"。

佛陀因材施教的案例可谓比比皆是。如,《圆觉经》记载,十二位菩萨依据其自身之不同状况,就如何修证分别向佛陀发问(十二位菩萨代表着十二种不同的修行方法),佛陀依次解答,然其解答的内容皆根据对象之不同而有极强的针对性,此即所谓"权巧方便、对机说法",借此获得最佳的教学效果。又如,《法华经》本为佛陀"三乘归一"的"圆教"法门,然而,佛陀针对不同的弟子仍采取区别对待的态度:对上乘弟子直入本体,对中、下乘弟子则以权变方便之门,并设种种比喻而苦口婆心说服之。至于对最上根之人的教育,佛陀还曾采用"以心传心"的不言之教,如佛陀在灵山对摩诃迦叶的"拈花一笑",已是世间佳话。概因二者彼此会通,不需语言,即可领悟个中真理,故"拈花一笑"已经足够。此教法亦开禅宗之滥觞,对中国文化的影响颇大。

上述案例侧重于佛陀在同一次"授课"时采取因材施教之手段,下属案例则表明佛陀还为"某一类人"专门诊断,更能凸显其"因材施教"之苦心。如《佛说阿弥陀经》是为普罗大众所讲,佛陀以最方便之门开启众生,所谓"只需一声佛号不断,定能往生净土";《楞伽经》是对高级知识分子所讲,因为其中涉及高深晦涩的唯识理论,非一般人所能契入,故佛陀极尽思辨、推理之能事,从惯常之现象层层剖析,直至"如来藏"之自性真如,此种讲授即便高级知识分子亦不得不为之折服;《金刚经》乃佛陀为开悟(即已获得一定智慧)弟子所讲,以不执着于所得之"法",以免为破"空"而陷入"空"执;《胜鬘经》为在家女居士所说之经,《维摩诘经》则是佛陀为在家男居士所说之经……要之,佛陀之教育充分体现其灵活性、针对性,当然是"因材施教"的典范。事实上,即便从佛法传入我国后出现的"一分为八"之现象亦能知晓此义,佛学在中国之所以有"八宗鼎立",根底上在于人们根性、爱好、志趣之不同,否则何以分八?斯为佛陀"因材施教"又一例证。

佛陀"因材施教"以至于"苦口婆心",实基于其"救世心切"的慈悲心。"因材施教"恰恰折射出其用心良苦,佛陀发誓普度众生,唯恐漏掉一个,故采用种种权变之法而教之;苦口婆心则更彰显其教育家的慈爱之心。以《楞严经》为例,为了让弟子阿难破除妄见、明心见性,佛陀不厌其烦,甚至喋喋不休地明辨析理,其中七处征心、八还辨见、二十五圆通、五十阴魔,层层深入剖析,最后给出如是之结论——法性常真,各随根性,门门方便,皆可证入圆通。此等"苦口婆心"之作风怕是今人亦难以做到。君不见,诸多名师、教授,往往照本宣科,机械行事,既缺乏对学生必要的了解,更缺乏必要的交流。结果一学期下来,学生疑惑照旧,此种状况,着实让人担忧。

四、善巧灵活的艺术手段

佛陀对众生的教育,在具体操作上颇具艺术性;某种程度上可以说,佛的教育堪为"艺术化的教育"。此处所谈的"教育艺术性(化)"主要体现在教育方法与教育手段的艺术性,如种种譬喻及相关的文学手法,暂不包括后世建筑、雕塑、造像等造型艺术对教育的熏染作用。

由于众生根器不同,即便佛陀苦口婆心,但其所持的"正见"仍有不为人理解的可能,更何况作为"体悟式"的佛法智慧,在本质上属"不可说"!故佛陀采用种种譬喻、种种"方便说"将抽象、复杂、玄奥的道理化为生动、浅显的故事,以化解说"不可说"之悖论,让受众一目了然,得无上益。

譬如,佛陀在创教之初,曾遇学者迦尸婆罗堕阁之诘难:"我终年耕耘,才获得了粮食,你呢?"佛陀回答说:"我亦终年耕耘,并获得了不朽的成果。"接着佛陀进一步运用比喻表明其立场，他说："我的田地是法，我除去的野草是欲望，我的锄头是智慧，我收获的成果是涅槃。"

《妙法莲华经》著名的"法华七喻"，同样是"用喻"之典范。为了彻底救赎众生，最终实现"三乘归一"之旨，佛陀分别以羊车、鹿车和牛车作喻，对应声闻乘、缘觉乘和菩萨乘（即"三乘"），以嬉戏之诸子比喻"世间众生"；以"火灾"比喻轮回之苦，以长者比喻觉悟之人（佛陀），通过长者（佛陀）对诸子（众生）的引导而最终"弃小归大"选择牛车（大乘佛法），进而让弟子了解大乘自利利他的殊胜。

《观佛三昧海经》中，佛陀举了六个譬喻，让弟子了解念佛三昧的殊胜；《如来藏经》中，佛陀举了九个譬喻，让弟子了解众生都有佛性的理论；《般若经》中，佛陀举了十个譬喻，让弟子明白"缘起性空"的道理。流传最广的当属历来被视为佛教文学精品的《百喻经》，它通过近百个（比喻）故事，从多方面阐发佛理。其中，既有生动之事例，又有缜密之推理；既让人兴味盎然，又让人油然而生信服之心，可谓"艺术化教育"的典范之作。

除了善用比喻之外，佛陀还善用"偈"的形式来表达思想。"偈"与诗歌相似，但它不是用来抒发感情，而是用于"浓缩"佛陀思想之精华。鉴于"偈"读起来朗朗上口，易于诵读，故为广大受众接受。如，佛陀在《金刚经》结尾处用"一切有为法，如梦幻泡影；如露亦如电，应作如是观"[①] 短短二十字的偈语，对全部经文做了精辟之概括，这种充分利用文学手法的"诗化教育"之方式，因利于记诵，故于"学术思想"之传播大有益处。

当下人类的教育总体倾向于"技术性教育"，一切教学手段几乎皆为技术所控制和垄断，以至于教师蜕变为"技术性的存在"。殊不知，

---

① 赖永海编：《佛教十三经》，中华书局2010年版，第16页。

技术就本质而言乃是"死"的、刻板的，技术驯化的结果属于工具层次上的固定"器物"；艺术性的教育则是"活"的，它具有无限暗示力与丰富想象力，艺术的熏陶有助于学生思维羽翼之延展。不消说，艺术化教育的产品将是"无定形"之创造力。佛陀的"艺术化教育"值得借鉴。

五、严谨邃密的教育体系

佛陀讲经四十九年，内容可谓广博矣！关于佛陀的教育内容，后人将其概括为"三藏十二部"。限于论题主旨，本章亦不对其"宏伟架构"做整体性评价，仅针对其"具体教育流程"试图做一番简要剖析。以笔者浅见，佛陀颇具灵活性、艺术性的教学手法并不妨碍其教法体系之严密。若分析其"教学"之流程，佛陀的教育又呈现出严谨、科学的特征，甚至具备现代意义上的"体系性"特征。姑且以经文不超过五千字的"教科书"《金刚经》为例简析之——虽然《金刚经》为其弟子整理之作，但基本上是整个教学过程之写实。

先言作为教科书的《金刚经》"编写"与"编译"的严谨性。所谓"编写"，主要是佛陀弟子阿难将老师的演讲记录（背诵）下来，其"记录"须在其他一同听讲"同学"的监督、润色下进行，借此减少错误，最大限度地还原佛陀的"讲义"，可见，"编写"本身业已充分体现了佛教教育严谨、真诚之学术精神。编译，则是将佛经翻译成汉语的过程，此亦能透露出古人对"教科书"的严谨、真诚之态度。与当代个人的翻译著作相比，"中国古代的佛经译场可以称得上世界上最严谨、最彻底、最完美的翻译组织形式"[①]。翻译道场分为东序、西序与中堂三个译场，中堂负责讲解与讨论，东序对中堂的讨论进行记录并由负责文笔的人进行翻译初稿（若通过西序的认可，再对经文进行润

---

① 释见明：《图解楞严经》，百花洲文艺出版社2009年版，第29页。

色），西序主要审查东序的译文是否能表达原意，若有错误则重新返回东序进行改正。事实上，东、西序的工作是交互进行的。若翻译道场不能解决问题，还需向社会征集"答案"，甚至去"原地"学习、取经，以求教科书的准确无误。如此看来，一部仅五千余言的《金刚经》之编译颇费心力，此亦充分体现了佛教教育的严谨。

次言教科书的形式，《金刚经》可谓"麻雀虽小，五脏俱全"，具有完整的结构和体系。从结构看，首先是"序分"，阐明佛陀说法之缘起；其次是"正宗分"，主要围绕佛陀解答弟子的问题而展开，在讲述过程中，又穿插生动的案例；最后是"流通分"，它既对经文进行总结，又对众生"践行"正知、正见提出期望。序分中开宗明义给出"六种证信序"，按佛教学者尢智表居士（1901—？）的说法，"所谓六种证信序者，就是信、闻、时、主、处、众六个要素"[①]。譬如"如是我闻，一时佛在舍卫国祇树给孤独园，与大比丘众千二百五十人俱"[②]即含有上述六种要素。"如是"表信，"我闻"表闻，"一时"表时，"佛"是主（人物），处是"舍卫国祇树给孤独园"（地点），众则是"与大比丘众千二百五十人"。"六种证信序"交代清楚时间、地点、人物以及佛陀讲法的缘由。仅序分所呈现的外在形式言，就颇有客观的"实证主义"风范，更不必说其整体结构形式之完整了！难怪尢智表居士在考察《楞严经》序分时，觉得佛经更像一份科学实验报告书，以至于他惊叹道："从没有看到一本结构严整的像几何学这样的书。"[③]较之于孔子"感悟式""随心式"的教育模式而言，佛陀可谓开系统化、理性化教育之先河；在这个意义上，将"佛经"视为古老且又具有现代规范性的"教案"，亦不为过。

[①] 李刚编：《佛教大德谈佛法》，宗教文化出版社2002年版，第370页。
[②] 李刚编：《佛教大德谈佛法》，第370页。
[③] 李刚编：《佛教大德谈佛法》，第370页。

最后言及其内涵,《金刚经》又兼具逻辑之严密与客观实证之特色。《金刚经》全文围绕"弟子须菩提与佛陀的对话"展开,佛陀为了破除须菩提对"相"之执着,从"灭度众生"至布施、功德、福相之辨析入手,层层递进,直至破除万有之幻相,可谓思路连贯,系统邃密;又,佛陀讲学不唯以纯粹思辨服人,更以实证精神服人,世人所谓的"现身说法"即是对佛陀实证精神之盛赞。《金刚经》中,佛陀以其往昔"节节肢解"之遭遇与燃灯佛前授记之经历与众生分享,在在处处充斥着科学的实证精神。另外,佛陀在"讲课"结束时,又重新强调信、奉、受、行的重要性:其中,"信""奉"主要强调理论上要通透,若理论不透,信奉之心则难以建立;"受""行"则强调实践的重要性,若不"践行",不但理论无法验证,人亦无法真正证得佛性。

六、宽容、谦逊的教育品质

佛法本来就是宽容之法,其教育亦体现出该特色。《妙法莲华经》记载如是之事:佛陀在讲授上乘之法时,竟有五千听众退却,因为他们(指五千听众)自以为已经得到解脱了,不愿听讲,竟离席而去。佛陀对此没有发怒,更没有进行追究或责备,他反而认为:他们的机缘尚没有成熟,与其听了不相信而引起反感、增加罪业,还不如让他们离开好。这是何等包容的教育品质!

如果说这种品质在对待弟子方面表现为宽容,那么在"老师之间"则表现为"谦逊"。《华严经》载,毗卢遮那佛为了让弟子善财童子开智,便鼓励弟子向其他老师学习,此即是佛学史、文学史盛传的"善财童子五十三参"之典故。按佛家理论,毗卢遮那佛实为佛陀之化身;佛陀能放下手段,放手让自己的弟子向"他者"(包括远不如自己的人)学习[①],此足以彰显先知佛陀的谦恭品质。反观当下不少学者多有

---

① 类似的例子,佛典中举不胜举。

贡、高、我、慢之陋习，此非但不利于学生之成长，亦不利于自身学术之发展。

综上，佛陀的教育思想充分体现了"圆善"之特征：其教学目的为至善之教，其教学手段则是围绕其教学目的"无所不用其极"——无论形式、内容，举凡能为人们所接受，皆煞费苦心，巧设种种方便，以求圆满解决问题。这种创造性（圆）的教学方法、谦恭而又仁慈厚爱（善）的长者之风，在"信息化""智能化"充斥人间的互联网时代，在"知识"充斥社会各领域而真正的教育精神却日益成为稀缺产品的今天，尤其显得弥足珍贵。

第四章 佛教的"立体教育"及启迪

作为教育的佛学,就特质言,是圆善的;就方法言,则可用"立体教育"概括之。佛教教育贯穿一切时、一切处;同时,佛教又在全过程、全视域的"立体教育"中彰显了快乐教育的品质。佛教教育呈现出立体、多面之特征,对人类正在从事的"现代化教育"具有一定的启迪意义。

一、贯穿一切时、一切处的教育

作为教育的佛教是"圆善"的,上文已论,自不待言;若换一个角度,譬如,以终身教育的维度观之,在人类历史上,佛学教育堪称最系统、圆融的"立体教育":从时间维度讲,此教育贯穿于个体生命之始终,即当下人们所谓的"终身教育";从空间角度看,此教育亦是调动"全身心"的教育。因此,佛学教育,亦可名之为"全息教育"。

贯穿"一切时"的终身教育。从时间的维度看,佛教可谓早期"终身教育"的倡导者与实践者,这当然与其创始人——佛陀——的教育宗旨有关:佛教之宗旨乃通过渐次修习最终达到至善之境,即成佛。按照佛教的"因果轮回"理论,要成佛需要人终其一生乃至数生的艰苦修习,此非树立起"终身教育观"不可!当然,虽然佛教后世之禅宗有所谓"顿悟成佛",然而,即便禅宗也讲究"顿悟渐修",顿悟只能说明其在"知见"上有所突破,然若欲真正明了"真如",则须在事上逐渐经历之。《楞严经》言"理则顿悟,乘悟并销;事非顿除,因次第尽"①,即明确地表明此理。另则,人只要处在世上,就势必面临各种各样的"事"(业),生命不止,事务(业)不休。在佛家看来,处理"事"即是修行,由此可见,佛教"修习之教育"理所当然地应贯彻于完整生命之历程了。

佛教虽然主张"出世",然而佛教教育在实际运作中却又不得不融入世俗而日益"生活化":这一则在于佛陀所要拯救的众生本来就是"世俗之众生",佛陀只有躬身入于世俗且首先顺应众生之习性才能真正教化、救助众生;二则在于佛陀之教理亦应契合众生,否则,将落入"虽有嘉肴,弗食,不知其旨也;虽有至道,弗学,不知其善也"②之尴尬结局。以上双重因素,势必促逼着佛陀及其后期的佛学教育工作者极尽权变之能事,以便使其教学内容、教学方法尽量贴近并融入世俗生活。

于是,在这种理念下,佛教的教育方式与生活不但密切融合,而且"时时"地存在于世俗生活之中。诚如禅宗所述,"挑水砍柴,无非妙道";正所谓坐、卧、行、立是修行,吃饭喝茶乃学道。《五灯会元》曾载赵州从谂禅师逸事:"问:'学人乍入丛林,乞师指示。'师曰:'吃粥了也么?'曰:'吃粥了也。'师曰:'洗钵盂去。'其僧忽然省悟。"③以此立场透视佛教,当知佛教并非像人们惯常所思的那样:佛教是玄远而彻底出世的。相反,后期佛教与世间"不离不即",六祖慧能在《坛经》所言的"佛法在世间,不离世间觉,离世觅菩提,犹如求兔角"④,即是明证。如此看来,佛教的教育具有"生活教育化,教育

---

① 《楞严经》,第251页。
② 《礼记·学记》,第115页。
③ 释延佛编:《禅宗智慧》,中国致公出版社2008年版,第141页。
④ (唐)慧能:《坛经》,第57页。

生活化"之特征,并且它贯穿"一切时"。佛教"终身教育"之理念亦因其"生活的介入"而彰明较著。

充满"一切处"的"全身心"教育。若从空间维度言,佛教教育又是"全身心"的教育。言其为全身心教育,在于佛法教育充分调动了人体的全部认知器官,并将之有机地协同起来。我们知道古人学习颇推崇"三到"读书法,即"心到、眼到、口到",能做到"三到"进而摆脱"有口无心"的被动学习局面已属不易;然而佛教则力求通过眼、耳、鼻、舌、身、意等诸感官的"协同作战",要求耳闻、目睹、口颂、心想、身止,全身心地聚焦于一处。换言之,人之一切认知器官皆围绕着佛法之轴心而展开。以现代教育观点来看,这种使感官"合一"的做法加强了受教者的注意力、凝聚力,又加之日常生活中"坚持不懈"的修行,其"学业"自然能取得出其不意之效果。亦需说明的是,佛教对诸感官的"发动"实则是从消极层面入手,即它最大限度地"停止"感官对万物的接受,以避免外物对"真心"的熏染(外界环境对感官的熏染形成妄心,不利于人们认识宇宙人生);换言之,其所谓的"调动全身器官"的目的实在于最大限度地使人体感知器官"失效"。当然,佛教对"眼耳鼻舌身意"的"屏蔽"(即佛教所追求的"止"),恰恰凸显了其(指意志或信念)对感官功能的控制力。试想,假若历史上的诸多高僧大德真的能凭借"一心不动"的功夫证得"菩提",那么这种"全身心的教育"就确实值得我们研究、借鉴。

我们说佛教教育是全身心的教育还在于它尤善于营造"道场"。尤其后期的佛教教育,尤善于通过特有的授课(讲经)仪式及艺术化的场地去营造特殊的氛围,借此来调动人的一切注意力。例如,一般的正规寺院,无论其所处的自然环境,还是由建筑、雕塑、壁画等诸种艺术形式所营造的人文环境,皆充满着宁静、祥和之氛围,这种宁静、祥和之氛围既是佛教所追求的"人间净土"的当下显现,亦是熏陶、教化世人的"艺术化"的教学手段。当人们亲临或威严、或慈祥、或宁静的塑像之下，身处由梵乐声、诵经声、钟磬声所营造的艺术化的道场中，内心自然充满一种祥和与宁静——特殊的氛围胜过语言的说教，此足见道场熏染之效用。更何况，寺院的雕塑或壁画不但大略地勾勒出佛学史——从释迦牟尼及其弟子的雕像之位置大略透射出佛法传承之路向；而且还用形象的艺术手法将佛之奥义表示出来，如四大天王及其手中所持器物的意义，又如将佛法奥义与中国文字艺术相结合的楹联、书法等等，让人无时无处不处于佛法教育的气氛之中。

这种对"内"充分调动感知器官、对"外"充分营造学习氛围的教学手段，将人全身心置于佛教理念所营造的学习"空间"中，"受学者"自然有大精进。

二、全过程、全视域的快乐教育

正因为佛法教育充斥于"一切时""一切处"，贯穿于人们生存的时空之中，故而笔者将之定位于"立体教育"。自然，人们对此称谓也许颇有微词：贯穿"一切时""一切处"的教育可谓多矣，其他如基督教或伊斯兰教不同样可看作时空教育么？诚然，若依上文对"立体教育"设定之标准，其他宗教教育似乎亦应属于"立体教育"的范畴，譬如基督教、伊斯兰教，况且，它们皆有其固定的艺术化的活动场所，如教堂、寺院等等。然而要强调的是，佛教的立体教育不仅仅体现在形式上的"立体"，还有教育内容（细节）上的立体：内容上，它融"戒、定、慧"为一炉；形式上，它集"信、愿、行"①（快乐教育）为一体。正是其形式与内容的相互契合与融摄，才构成其独创性的"立体教育"之模式，这是其他宗教教育所不具备的。

---

① "信、愿、行"实则蕴含佛教的快乐教育理念。因为相信，所以有所"愿"，有所"行"，所愿、所行皆从个人心底流出，当然洋溢着快乐的氛围。

集戒、定、慧三位一体，凸显全面教育之主张。 如上所言，佛教教育之目的在于让人证得"无上正等正觉"（即成佛）。诚然，世俗之人若要成佛绝非局限于理论之修习，更在于躬身修行与自我之省悟。如何才能由"初门之学"达到"无上之智"呢？佛陀给出的答案非常明确，即：全面做好"戒、定、慧"三大功课，此内容差可比拟为现代教育中的德、智、体（劳）。

所谓戒，广义而言，善习、恶习皆称之为戒；如，善习为善戒，恶习为恶戒。不过，佛教主要是从其消极意义上规定人们不应该做的事，即所谓的戒律。戒律是佛陀为出家的和尚及在家的居士所制定的戒规或行为规范，借此规范行为，以防止恶习之发生。以佛学教育观之，戒是修习佛法的起点。考察佛教戒律之内容，可知进入"佛教学堂"的基本条件大略同儒家的"入则孝，出则悌，谨而信，泛爱众而亲仁，行有余力，则以学文"的"德"之要求有其一致性。即是说，欲修习佛法，首先要成为一个"善人"，必须不杀、不偷、不抢、不撒谎等等。经过长时间的修习，当"学生"具备了强大的善心或者说能将"恶念"充分抑制住之后，才有资格进入高级阶段，即修习"定"的阶段。

定，是指经过一定的身、心修习而达到精神高度集中、一心不乱的精神状态。欲达到"定"，须首先严格遵守戒律（德），因为"戒"通过对外界诱惑及欲念的抵制，对心而言，亦算得上是一次让心回归于"常"（定）的训练。关于"定"的修习，不可仅停留于"戒"的层次，"定"之修习还包括对身体诸感官的控制，如通过瑜伽或观想、止念、禅定等方式将身体乃至意识活动"定"住，并以期进入一种超自然的神秘境界。很明显，"定"之目的在于"止"念（指杂乱之念），但"定"之修习确实对身、心尤其对身体有着近乎极限的考验，譬如，高僧入"定"数日乃至数月的事例，对身体来说是极为严峻的考验。

"慧"，又称开悟，是通过"定"而获得的通达事理、决断疑念的大智慧。表面看来，高僧开悟时并没有入"定"，相反，其开悟多发生在日常生活之中，如在吃饭洗钵中，在言谈步行中，乃至在一个眼神中（如拈花微笑）。以近代高僧虚云和尚为例，竟因开水烫手、茶杯落地而开悟、得慧。其实，"慧"之获得并非一定要在身体的"定"中求得。故而，人们需对"定"做全面的理解。从本质上言，佛法中的"定"，不仅是身体处于"物理的静止状态"，更是心意识处于"静止"状态；心意识的静止状态，指的是心的凝聚或曰聚精会神的状态。若按现代心理学理论，只有调动全身感官，将全部注意力聚焦于"问题"之上，问题终究有解决之时，解决问题即是佛教的开悟、得慧。可见，"定"属于心理状态，它强调的是"心"的注意力、聚焦力；定之所得即是"慧"。

在修习的过程中，戒、定、慧作为佛教教育的重要内容在逻辑上呈现出渐次递进之过程，但三者必须相资而行。即使禅宗有所谓的"顿悟"之智，亦需要兼修。正如佛法所讲的那样：依戒资定，依定发慧，依慧断惑，如此方可显发真理，成正等觉。广义的戒律指"如理如法"，只有如理如法地生活行事，才可以使心处于定境中，不至于散乱无序；也只有使心定下来，才可以生发出智慧。"戒"是一切修行的前提条件，也是修行的根本。定、慧二学，虽然谈的是体育、智育，但是在佛陀看来，品德教育离不开智、体、劳、美等领域，此言戒、定、慧三学是三而一、一而三的，不可分割的有机整体。无疑，此既凸显了立体教育的特点，又凸显了全面教育的理念。

信、愿、行贯穿学习过程之始终，彰显"快乐学习"之理念。谈及佛弟子的生活，人们一般以"苦行僧"称之，似乎从事佛教修习之人皆在"苦不堪言"的修行中忍受人生，事实上并非如此。也许单就物质生活的占有与享用方面，比之于常人，他们当然是清苦的。然而，就生活的整体内容而言，即综合物质、精神、情感、心灵等内容总体考量之，他们却又时时处于洋溢着"法喜"的教育之中，享受着智慧、正见之快乐。试问，人世间还有比"祛除"烦恼更快乐的事情吗？佛教的本义即在于离苦得乐、得大自在，佛教学习本身即是获得"轻安"求其涅槃的过程。试想，若无"法喜"之充斥，此苦行生活将何以堪？一个明显的实例，若我们通读佛经，则知几乎所有佛经的结尾均有"闻佛所说，欢喜奉行"之言，此即表明：学习佛法是快乐事。

探索其"欢喜奉行"之缘由，可从佛法对弟子教育的三原则"信、愿、行"入手。

佛法教育的入门课程是"信"，即言对从事佛法修习之人来说，首先要"信"服之，信其言、信其理、信其行；一句话，确信自己从事的学习乃"正见"而非偏见、邪见。

"信"可比之于普通教育为达成"教学目标"而进行的"信心教育"。如果一个人对自己的学习不抱有任何信心，又何以在学业上取得成就？更谈不上"快乐学习"了。故而，将佛学中的"信"比作"信心教育或信念教育"更适切些。佛法中讲"信为功德之母"，对佛教徒言，若没有坚定的信念，是断然不能求得佛法三昧的，遑论成佛。道理很简单，没有坚定的信念做基础，修习中的"苦难"也就变成了真正的苦难。对于虔信的"学员"（佛教徒）来说，坚定的信念不但能"消解"当下之苦恼，更因为未来能成就永恒之涅槃而时刻洋溢快乐的情绪。

"信"无疑乃其修习中至关重要的阶段——如果一个人连自己所学的东西都不相信，怎么能学好？又如何有快乐呢？但是，一个人若取得成就，仅有"信"也是不充分的；若要达到其理想之"目的"，还需要"愿"与"行"的相互配合。"愿"可比拟为将要达成的学习目标（或学习计划），"行"则是未达成愿望的实践行动。佛学教育要求信众须从"正信"入手，然后在"正信"的基础上确立目标，即发愿。对"愿"而言，佛家颇重视，欲有所成者，莫不立下大愿（即定下目标），如《药师琉璃光如来本愿功德经》中药师如来为普度众生有十二大愿，

《胜鬘经》中胜鬘夫人在佛前许下三大愿,《无量寿经》中法藏菩萨有四十八大愿,即便现代高僧亦无一例外,虚云和尚、宣化上人、弘一法师等等,皆然。

树立坚定的信心(信),确立明确的目标(愿),又加之刻苦的修习(行),"成功"当然是水到渠成之事①。更何况在"信、愿、行"三者交互一体式的学习中,始终洋溢着"修行"的快乐:从"信"中求其人生之凭借,在"愿"中择取解脱之途径,于"行"中践行其恢宏之理想,在在处处,无不充斥法喜。可见,"闻佛所说,欢喜奉行"之语,并非虚言。

三、立体教育对当下教育之启迪

综上所论,佛教的教育不但贯通"一切时、一切处",彰显出其"终身教育"之特色,而且还在"戒、定、慧"三位一体、"信、愿、行"彼此涵摄的基础上,始终洋溢着"快乐教育"的气氛。由此可知,佛教教育可谓圆满至善的"立体教育"!纵览中国佛教发展史,自汉唐至清初,出现了一个"奇怪的现象":一流的人物多遁入佛门。唐朝"高僧如云"自不待言,宋明清亦多有一流人物遁入空门,譬如,世间称誉的"宋代四大高僧""明代四大高僧""清代四大高僧"等等,皆是明证。导致此现象出现的原因固然很多,但不可否认,佛教所特有的"立体教育"肯定发挥了重要的作用。

较之于佛教"圆满至善"的立体教育,无疑,当下我们的现代教育存在着诸多问题。

首先,我们的教育丧失了传统的整体教育观而变得日益"支离破碎",呈现出孤立、间断的"点、线"化状态。姑不言佛教立体教育之圆满,即便传统的"科举制度"对教育要求亦是全面(一切处)的,

---

① 由于"行"贯穿佛教徒修习之始终,故不再赘述。

是家庭、社会、学校（书院）三者的密切配合，个人时刻处在教育的场域之中，且学校、家庭和社会的教育理念也几乎是一致的：追求德才兼备的全面发展。任继愈先生在《今天看科举制度》中曾言："教育的实现可以有三条道路，即家庭教育、学校教育、社会教育，现在只剩下学校教育这一条路了。要提高人的素质不能只靠学校教育。"①然而，当下似乎只有学校才是教育的承载者，学生也只有在学校才是"学生"，出了校门，其身份则迅速转化为难以约束的"社会人"；家庭教育基本上处于真空状态，不但农村留守儿童家庭存在教育缺失，城镇儿童的家庭教育也存在着诸多误区。孩子本来应该时刻处于学校、家庭和社会所营造的和谐教育的氛围之中，在连续的时空内接受教育。遗憾的是，现在的教育是"三缺二"，这种把教育完全寄托于学校的行为无疑肢解了教育氛围的整体性，极不利于少年儿童的成长。更有甚者，即便学校，也受功利主义影响而缺乏一种浓烈的学习氛围；殊不知，氛围的"引燃"作用是至关重要的。

其次，社会、家庭与学校在教育理念上的"冲突"往往造成学生在"知"与"行"上的尴尬，甚至因此引起学生的心理障碍。由于目前学校、家庭、社会和"个体"（学生）之间并没有在教育理念上达成一致：如学校希望学生能成为学术精英，社会则需要将来的就业者给企业"带来更多的利润"，家庭则希望孩子找到一份不错的工作，而"个体"（学生）则希望按照自己的兴趣发展，诸种矛盾交织在一起，让学生无所适从。故而其学习乃被动的甚至痛苦的"要我学"，而非由内心发出的"我要学"，此种状态，又如何奢谈"快乐学习"与终身教育？试想，如果学习是痛苦的，谁又愿意在痛苦中度过一生呢？在其"学"与兴趣相违背的状况下，学生学业层面的知、行分离普遍存在，如机械工程专业的毕业生改行到行政部门，学化工的可能一辈子都不

---

① 任继愈：《今天看科举制度》，《光明日报》2010年1月14日。

会接触化工行业……这种知行不一的行为,既浪费了社会资源,又牺牲了学生大好年华,可谓得不偿失。如何在学生的兴趣、社会的需要、家庭的期望之间寻求一种平衡点,如何让学生最大限度地发挥其潜力,如何让学生"乐其学、乐其用",当为教育工作者不可规避的重大课题。

知、行的背离还表现为"道德教育"的困境。当下最为棘手的问题在于,学校的道德、理想教育一碰到复杂的社会现实问题,就陷入尴尬之中,最终结局往往是将"仁义道德"抛入脑后,"降低精神换物质""抛弃道德换利益",象牙塔的单纯与美好竟然如此不堪一击!这种知行不一固然与追求"经济利益最大化"的"唯利主义"有关,也与仅仅停留于口头上的"大而空"的形式宣传有关。目前,大学生的思政课程甚至达到十多门,但"道德困境"问题依然存在。试想,如果我们的道德教育能真正深入人心,能真正内化为其处世之信念,做到像佛教教育所主张的"有大信、发大愿、终身行",而非停留于说教层面,大学生定能以高标的道德风尚引领社会,而不会轻易为社会不良风气所影响[①]。

最后,当下我们的教育普遍缺乏"凝聚力",缺乏坐冷板凳的专心精神。信息时代固然可以让学生快捷地获得大量信息,与此同时,铺天盖地、泥沙俱下的信息亦分散了学生的注意力,他们很难做到聚精会神、"一心不乱",很难"定"下来守住"冷板凳"。此种状况下,似乎每个人都是"万事通",但在实际问题上却又"一事不通",这种现象不但在大学生中存在,在硕士生乃至博士生中亦普遍存在。如果听任其"心"散乱而无所"收",那么培养合格的人才都很困难,更不用说打造一流的大师了。须知,"戒生定,定生慧",历来欲成就大业

---

① 当然,问题的解决超出了老师的能力范围,因为它还牵涉到社会、家庭及教育主管部门等多方面因素。

者无不在"定"中磨炼,佛家如是,儒家亦如是:"知止而后定,定而后能静,静而后能安,安而后能虑,虑而后能得"。此为儒家修身之法门,亦是治学之要津。因此,当下教育亟待解决的问题是:如何在浮躁的时代将学生的散乱之心"定"下来,让其回归到"学"上来。

针对当前教育存在的诸多问题,也许我们可以借鉴佛教的"立体教育"之优长,即借鉴"一切时、一切处、全身心、快乐学"等优点,对治当今教育之流弊。其实本章主张的"立体教育说"并不新鲜,钱学森先生在20世纪80年代初提出的"大成智慧学"与立体教育思想颇为相似,钱氏"大成智慧学"的人才观意为"培养现代科学技术体系下的德、智、体、美、劳等全面发展的创新型人才",此内容亦含有"立体教育"的意味。只是,笔者视域下的佛教"立体教育"观,其意蕴更为丰富,它既囊括全面发展的素质教育,又涵盖教育环境、教育心理、教育方式等诸内容。笔者深信,随着人们对佛教教育思想的进一步研究和挖掘,将会有更多有价值的东西呈现出来,并能予当下教育以有益的启示。

第五章　康德的理性教育观[1]

康德的哲学思想历来为学界所重视,其实,他的教育思想亦博大精深,颇具超前意识,同样值得今人研究。总体而言,康德的教育思想建基于先验理性哲学之上,并彰显理性哲学之特质。康德的先验(理性)哲学的核心问题乃是追问"人是什么",其教育理念自然围绕"如何成就人、培养人"而展开,尤其围绕"如何让人之自然禀赋(理性)逐渐地从自身中发挥出来"这个核心问题展开。康德的教育思想主要内容包括人须接受教育、人应接受全面的教育、教育始终将人视作目的、教育应面向未来等。康德的教育思想对现代教育不乏重要的启迪意义。

自思想启蒙运动以来,西方出现了许多著名的教育家,譬如德国的赫尔巴特(1776—1841)、意大利的蒙台梭利(1870—1952)等等,皆在教育实践的基础上提出了卓越的教育理念,丰富了人类教育思想。相比之下,本章要探讨的哲学家康德(1724—1804)的教育思想,似稍显陌生。康德并非以"教育家"名世,但由于其独特而深邃的哲学思想,且又具长达数十年的教育实践——他曾经教授过物理学、数

---

[1] 本章原题为《康德教育哲学探赜》,载《现代外国哲学》第23辑(下)。

学、工程学、伦理学、地理学等课程，得到时人的一致好评；故而其教育思想无论在理论深度还是实践维度上，皆对人类的教育事业有着重要而深远的影响，当然值得重视，值得探讨。

康德一生著述何其丰富，然其探讨的主题乃是"人的问题"，正如他写给哥廷根神学教授卡尔·弗里德里希·司徒林的信中所言："很久以来，在纯粹哲学的领域里，我给自己提出的研究计划，就是要解决以下三个问题：1. 我能够知道什么？（形而上学）2. 我应该做什么？（道德）3. 我可以希望什么？（宗教）接着是第四个也是最后一个问题：人是什么？（人类学）"① "人的问题"之解决，固然要靠理性的推演与思辨，但又不能仅停留于此（停留个体理性的自我实现）。康德通过"三大批判"及晚年关于宗教、历史等问题的思考，在理论上解决了"人是什么"这个总体性问题，按邓晓芒先生的说法，康德的最终结论是："人之为人的目的，是因为他自己就是最高价值，这个价值就在于人的自由。"②

康德关于"人是什么"的回答无疑是伟大的，它第一次以系统的理性思辨方式在理论上将人从神学中解放出来，然而若真正落实下来，尚需要具体的启蒙与教育。对普罗大众而言，亟需一场启蒙运动，所谓"启蒙运动就是人类脱离自己所加之于自己的不成熟状态。不成熟状态就是不经别人的引导，就对运用自己的理智无能为力"③。广义地讲，启蒙当然也是教育——当然是成人教育（主要指针对成年人的教育），或曰对普罗大众的"理性之唤醒"。通过启蒙教育，让拜服于上帝脚下的理性之人真正站立起来，并逐渐成长为理想中的人。对处于教育时期的未成年人来说，则需要真正的、"具体而实在"的学校教育

---

① 〔德〕康德：《纯然理性界限内的宗教》，李秋零译，中国人民大学出版社2012年版，第1页。
② 邓晓芒：《冥河的摆渡者》，武汉大学出版社2007年版，第124页。
③ 〔德〕康德：《历史理性批判文集》，何兆武译，第23页。

（也包括家庭教育）。康德的《教育学》（1803）即从普遍意义上，对儿童的教育给予系统的阐述，以期通过教育培养并造就"真正的理性之人"：让人成为（理性的）人，让人成为目的，让人的理性（或曰人的自然禀赋）完全、彻底地生长出来。这构成了康德教育思想的核心，当然也是康德哲学的终极旨归。

康德的教育思想在《实践理性批判》《道德形而上学》等著作中多有涉及，但主要体现在他的《教育学》中。故本章主要以康德的《教育学》为依据并结合相关著作对其"理想教育观"进行探讨、剖析。

一、人须接受教育，教育借文化进行

人是必须要接受教育的动物，且教育有赖文化方能进行。

1. 人是必须要接受教育的。在人与动物比较的基础上，康德得出"人必须要接受教育"的主张。在康德看来，人与动物的区别至少有二：（1）动物不需要"照管"，它顶多需要食物、温暖和引导，或者某种基本的保护。因为动物天生有一种合乎规则的、以不损害自己的方式运用自己的力量。譬如，刚刚破壳而出、尚未睁开眼睛的雏燕，就知道将粪便落到巢外；又如，动物刚出生时不会像婴儿那样无休止啼哭，因为那样会招致其他野兽。人则不然，人出生后亟需父母（或其他成人）的照管，既包括食物的喂养，也包括父母的悉心照看，否则，他根本就无法存活下来。及长，人还必须接受一定的训诫、管制与塑造，这样方能将人由动物性提升至"人性"。（2）动物从出生到成长，除了本能的充分展现外，并无任何质的变化。即便从动物发展史来看，也是如此。以蚂蚁为例，虽然其在地球上已生存有数十万年，但迄今为止，它依然靠本能生存，几乎没有任何改变，因为"动物通过其本能就是它的一切"[①]。人与动物不同，其显著区别在于：他不仅要从后天

[①] 〔德〕康德：《康德教育哲学文集（注释版）》，李秋零译，第9页。

获得生存的能力，还要获得处世的能力 —— 作为人的能力。因为人是有理性的动物，是被（特定文化）塑造、培养出来的，因此他必须接受教育："人惟有通过教育才能成为人，除了教育从他身上所造就的东西，他什么也不是。"① 人是理性的动物，理性是大自然赋予人的独特礼物，"一个被创造物的全部自然禀赋都注定了究竟是要充分地并且合目的地发展出来的"②；因此人唯有将自己的天然之禀赋（理性）充分发挥出来，方不愧大自然之馈赠。显然，人的理性并不能自觉（自动）地生长出来，它需要后天教育的培养、塑造与启蒙。唯有让先哲启发/启蒙并教育后人，后人方能从野蛮中摆脱出来，进而运用理性，完成人格之塑造。基于此，康德明确指出："人类应当通过自己的努力，把人性的全部自然禀赋逐渐地从自身中发挥出来。一个世代教育另一个世代。"③ 由此可知，康德所主张的"人是必须要接受教育的"思想实基于"人具有理性"的观念之上。倘若人同动物一样压根不存在理性，那么人压根不需要教育。

2. 教育须借文化进行。既然人是理性的动物，那么，教育的内容当然在于启发人之理性，让"受教者"达到理性自觉，并能在理性的指导下采取行动。康德认为，人高于动物的特征在于人借助理性"创造"了文化；借助文化，教育才是可能的。文化当然包括生存技能、劳动技能乃至科技发明等内容，但并不限于此，因为"并非任何文化都足以成为自然的这个最终目的"④。技能性的文化固然是人类获得幸福的手段，却非理性本身之终极诉求；照直说，理性在康德那里主要指实践理性或曰道德理性。故而，文化的最主要的教育功能在于通过理性的启蒙与开发，最终指向人的道德意识或曰"道德心"。

---

① 〔德〕康德：《康德教育哲学文集（注释版）》，李秋零译，第9页。
② 〔德〕康德：《历史理性批判文集》，何兆武译，第3页。
③ 〔德〕康德：《康德教育哲学文集（注释版）》，李秋零译，第7页。
④ 〔德〕康德：《判断力批判》，李秋零译，中国人民大学出版社2017年版，第248页。

关于文化的属性及其教育功能，康德在《判断力批判》中虽给予一定说明，但毕竟言之过简，且在该著中，其所言的文化又是一个相对宽泛的概念。在《教育学》中，他虽然强调了文化的重要性，但却未能给予文化以清晰之厘定，加之康德的"批判哲学"所特有的晦涩，未免使读者觉得康德在文化与理性关系的处理上，有语焉不详之感。康德之后的德国古典哲学家费希特对文化之定位则更清晰、更明确，他从功能上予文化以重新界定，并将其明确指向理性。费希特认为，文化是一种技能，此种技能有两种作用：从消极性层面言，它能抑制和消灭人类的理性觉醒之前的、固有的错误意向；从积极层面看，它能改变外在的事物，使之符合人类的理性（概念）。文化只有程度的不同，亦正是由于文化存在程度的不同，所以教育才有进行的必要与可能。但是，不管怎样，费希特始终认为，文化的最终目的乃是指向理性本身："如果人被看作有理性的感性动物，文化就是达到人的终极目的、达到完全自身一致的最终和最高手段；如果人类被看作单纯的感性动物，文化本身则是最终目的"①。费氏关于文化的上述论述，可谓集中、完满地诠释了康德的"文化教育"思想，即：教育必然地指向理性。

二、围绕道德人格之旨归，人应接受全面的教育

康德主张，人接受的教育应该是全面的，其终极目的须指向道德人格（实践理性）之完善。如果说动物在幼年也接受教育的话，此种教育也仅限于动物本能的训练与成长，换言之，其所接受的教育不过是"维护并延续本能"而已。甚至在严格意义上，动物的训练，如虎狼捕兽、蜂蚁筑巢等皆算不上真正的教育，因为它不过是动物按其本能尺度在生命过程中的展开而已。人则不然，他不但要接受教育，而

---

① 〔德〕费希特：《论学者的使命》，梁志学、沈真译，第10页。

且为了实现"其自然禀赋（指理性）的自然展开"，尤须接受全面的教育，以便其获得完满的人格。康德在"三大批判"中对人之能力进行了卓有成效的探讨，他认为，人之"理性能力"（指广义上的理性）分为感性、知性与理性，即世人所谓的知（识）、情（感）、意（志）。人唯有知、情、意三驾马车并驾齐驱，和谐发展，方可能获得健全的人格，如此才符合其主张的"自然禀赋（理性）逐渐地从自身中发挥出来"之理念；否则，人就可能走向偏颇或极端，甚至偏向动物的生蛮而背离终极的道德指向。基于此，康德指出：人类所接受的教育应该是全面的。

就人之成长而言，康德认为，儿童至成人期间必须接受四类内容的教育，即训诫、（技能）培养、文明化及道德化的教育。四类内容大抵呈现出循序渐进的"阶段性进化"姿态，其中亦不乏交叉之处，如技能培养与文明化、道德化之教育即呈现出交叉：在培养技能时，同时渗透文明化、道德化的教育；"文明化"教育的同时，亦须"道德化"教育的支持等等。

1. 训诫的教育。训诫是针对人的野性而设定的教育。盖人类在根底上毕竟属于动物，带有动物的野性。野性主要表现为对自由的任性，因为人天生对自由有一种强烈的趋向，以至于为了其习惯的自由①，可以牺牲一切。处于童年时期的人类，对自由并无一点真正的认识，其表现的散漫、任性并非真正的自由，"而是动物在某种程度上尚未在自身发展出人性时的某种生蛮性"②。为了避免"生蛮性"之发生，避免生蛮的动物性给人类带来的伤害，又加之幼童理性未启，故训诫教育（甚至包含一定的惩罚）就显得尤为必要。

---

① 严格说来，这种自由属于任性的自由，或者说仅仅是一种任性，因为他对自由尚无任何理性的认识。

② 〔德〕康德：《康德教育哲学文集（注释版）》，李秋零译，第8页。

2. 培养的教育。"培养"主要包括教诲与教导，它属于技能的教育，既包括读、写等获取、传递信息的基本技能，也包括音乐等"招人喜爱"的技能。广义的技能教育尚包含谋生的技能，如今天大学的专业技能教育等。技能的教育属实践教育[①]之范畴，其中，康德对技能教育所持的"精湛"观念，于今颇具启发意义。他认为，技能一定是精湛的，而不是短暂的，它属于才能；"技能中必须有精湛，它逐渐地成为思维方式的习惯"[②]。康德对技能的"精湛"之要求及将此理念上升为思维的习惯，颇具洞见，当下人们追求的工匠精神、专业精神无非是技能"精湛追求"的另一种表达而已。

3. "文明化"的教育。康德认为，所谓"文明化"即是实践教育中的"善于处世"。人毕竟是社会性的动物，是否善于处世关涉到人的生活质量，故而人须受到"文明化"的教育。"人们还必须关注使人也成为聪明的，适应人类社会，招人喜爱且有影响。这就需要某种人们称之为'文明化'的培养"[③]。"文明化"的培养能促使个体加入社会，并在社会交往的实践中尽量做到"善于处世"。"善于处世"颇有价值，按康德的话讲，它是将我们的技能用于人身上的艺术，"也就是说，如何能把人们用于自己的目的"[④]。善于处世，善于与人打交道，当然需要一定的技能：良好的沟通力、必要的礼仪、一定的艺术素养、精湛的技能等等，皆是必要的。然而由于社会风尚、社会礼仪变动不居，故而善于处世者尚需在"应变（时俗）"中保持"不变"的品质，不可为赢得"善于交往"的名声而过度矫饰，更不必用虚伪、欺骗之手段讨

[①] 康德认为，实践的教育其内容有三：技能、善于处世及道德性，这里的技能教育亦属于实践教育，但康德意义上的实践理性则主要指道德。
[②] 〔德〕康德：《康德教育哲学文集（注释版）》，李秋零译，第57页。
[③] 同上书，第16页。
[④] 同上书，第57页。

好社会，那将违背教育的目的①而导致人的"异化"。无独有偶，美国实用主义学派的卓越代表杜威颇看重"文明化"的环节，只不过，在他那里，有两点同康德稍微不同：（1）称谓不同，康德称之为"文明化"的教育在杜威那被称为"参与社会"，"我相信，一切教育都是通过个人参与人类（或种群）的社会意识而进行的"②，实则，康德主张的"善于处世"即暗含了分享社会之意；（2）康德的"文明化"或曰个体参与社会须接受过一定的教育后方可进行，杜威则认为"参与社会"始于出生之时。杜威认为，此过程（指参与社会意识分享的过程）自人出生就开始了，个体正是在"参与"的互动中，性格得以塑造，习惯得以养成，思想得以锻炼，情感得以唤醒，"即便是世界上最形式、最抽象或最专门的教育也肯定不能离开这个普遍的过程，它们只是按照特定的方向对这个过程加以组织和控制而已"③。杜威的"文明化"看法在何种程度上受到康德的影响，笔者不得而知，但至少表明：伟大的理性主义者康德同 135 年后出生的、卓越的实用主义者杜威在"文明化"教育上的看法具有一致性。此足见康德的真知灼见。

4."道德化"的教育。"道德化"的教育，是"善于处世"中的"不变"的那一项。人固然有多种目的，有为实现诸目的而具备的技能；但是，人尚需具有只选择"完全好的目的"的意念。所谓好的目的，就是必然为每个人所认可的共同目的，此被康德称之为"任何人目的的目的"，其实就是康德在《实践理性批判》中所论证的"道德律令"所规定的"义务"。"道德律令"表面上带有强制性，其实它本质上完全是一种自律行为。因为道德律令并非是外在之物提出的，而是由理性之人借内在理性发出。康德认为伦理学的根本原理可表述为：

---

① 康德认为，教育的终极目的应始终把握住"人是目的"这个宗旨，下文将涉及。
② 〔美〕杜威：《我的教育信条》，彭正梅译，上海人民出版社 2011 年版，第 1 页。
③ 同上。

"一定要采取必然可以作为普遍的自然律的行为格准"①。鉴于康德的表述稍显拗口，故仍可借用费希特的描述，即，"你要这样行动，就是把你的意志的准则能够想象为你自己的永恒规律"②。欲担承道德律令"赋予"的义务，则需接受"道德化"的教育。康德对"道德化"教育给予较详尽的描述，概括起来，主要包含以下诸内容：

（1）基本品质的培养。a.克制力的培养。塑造良好品质，人须除去其激情，尤其不能使自己的偏好成为激情，因为激情不仅会导致理智的丧失，而且激情本身的"短暂性"将导致人缺乏"忍耐与克制"的能力，缺乏克制力在处世时势必常为情绪所控制，不能做到"处变不惊"。b.持久力的培养。康德曾引用格言"festina lente"（要快而不急）来阐明"持久力"的必要性。康德认为 festina 的意思为："要抓紧学习，以便学习很多东西"。"抓紧"其"持续的学习"不失为培养持久力的方法，然而，一个人是样样都学，以求渊博的知识，还是学有专攻，以求其精湛？康德给出的答案是："较好的是知道得少，但却对这少数东西知道得精湛，胜似知道得多却肤浅。"③若不然，他可能会以其肤浅地学来的知识欺骗和迷惑他人，此当然不利于品质之养成。很明显，持久力之培养同时也意味着"专注力"之培养。c.执行力的培养。康德认为，"品质就在于要做某事的坚定决心，然后在于这决心的付诸实施"④——此亦可归结为"执行力"。康德对"执行力"颇重视，它甚至意味着"品质的确立"，"许诺过的东西就必须执行，即便它给我带来伤害"⑤。若稍加探究，则知"执行力"的培养同"意志"密切相

---

① 〔德〕康德：《道德形上学探本》，唐钺译，第54页。
② 〔德〕费希特：《论学者的使命》，梁志学、沈真译，第9页。
③ 〔德〕康德：《康德教育哲学文集（注释版）》，李秋零译，第58页。康德此观点虽然主要针对童年阶段的教育，但是，对高等教育同样适合。
④ 同上书，第58页。
⑤ 若有悖于道德，则须排除，其品质已经叫作顽固。

关；换言之，坚定的意志与良好的执行力是相辅相成的。

（2）道德品格之确立。具备了诸如好的执行力、适当的克制力、持久的忍耐力等基本品质固然是好的，可是，"假如运用这些优点的意志，就是所谓品格是不好的，那么这些天赋才性也会变成极恶毒极害人的东西"①，故而确立道德品格就显得尤为重要了。基于先验道德之义务（指理性道德律发出的人人皆应遵循的指令）立场，康德认为，道德品格的教育，应建立在准则上，而非训诫上。"道德准则"发出的命令，即是道德义务。晓得哪些是应该履行的道德义务，方是培养品格的真正法门。为此，教育工作者应弄清道德义务。对儿童道德品格的教育，主要任务在于厘清"义务"，为此，康德对"义务"进行了严格的区分：a. 对自身的义务。对自身义务进行教育的总原则在于维护自身的尊严，易言之，要学会尊重自己。人之所以为人，是因为他是有尊严的动物。维护人的尊严，既要符合自然律，又要符合道德律。维护个人尊严应遵循自然律，不要随意戕害自己的身体，那样做可能会贬低自己的（自然）尊严。譬如，不要酗酒，倘若酗酒，必然违背自然律（人的肉体符合自然律），势必受到自然的惩罚（如头疼、呕吐），甚至还可能因失去理性做出无德之事，使其堕落得禽兽不如，从而否定了人性的尊严。维护个人尊严应遵守道德律。比如，作为理性之人，应不撒谎，因为撒谎将导致人格的自我否定。诚如康德所告诫的那样，"撒谎使人成为普遍鄙视的对象，并且是一种使人丧失尊重和可信的手段，而这些东西本来是每个人都应当拥有的"②。b. 对他人的义务。主要教会孩子对他人的权利的敬畏和尊重，即言，学会尊重他人。尊重每一个有理性之人，即意味着尊重自己。因为人之理性的运用并非个人之事，而是关乎每一个理性之人，故而对他人的义务根底上也是"他

---

① 〔德〕康德：《道德形上学探本》，唐钺译，第8页。
② 〔德〕康德：《康德教育哲学文集（注释版）》，李秋零译，第60页。

人对己"的义务。同时，探讨"对他人的义务"时，且不可抱有"他人对己"之目的，而是纯然从义务的角度出发；否则，（道德）义务就成为"他律"（即为某种目的而尽义务），此反而成为不道德；在道德教育中，应力求避免。进一步，康德还区分了两种义务：必要义务与不完全义务。必要义务是道德律令发出的义务，譬如欠债还钱属人的必要义务。倘若同情乞丐，把还债的钱捐给乞丐，导致自己无力还债，在康德看来，这种行为不但不值得鼓励，而且是不正当的。因为慈善属"不完全义务"，行善当然是好的行为，值得推崇和鼓励，但一定要在有能力的前提下且不可和自己的义务相抵触，方可去做。倘若为了行善而放弃了必要义务，譬如把还债的钱捐出去导致无力还债，虽获得赞誉，但却违背了自己的义务，当然是"不正当的"。

在"义务"区分的基础上，康德认为，德行总体可分三种。即功绩的、尽责的及无辜的。功绩的德行包括大度、慈善、自制（属对人的不完全义务）；尽责的德行，即是严格遵循道德律令的品质，如正派、中规中矩、温和等（必要义务）；无辜的德行，指真诚、庄重和知足，此属于自我人格的修养（属于对己的不完全义务）。此种区分，对于道德认知颇为重要，在《道德形上学探本》（1785）中，康德对之有详尽的论述，然基于《教育学》毕竟针对的是未成年的孩子，故其内容有所删减，但其思路毕竟一以贯之。

三、教育应始终执守"人是目的"之鹄的

"人是目的"乃康德哲学的核心理念，其教育观也始终围绕"人是目的"这一主旨展开。

1. 人是目的的证明。世人皆知康德有"三大批判"，外在地看，作为"第一批判"的《纯粹理性批判》，其分量最重。无论"厚度"还是其在哲学界的影响，当居首要地位自是毋庸置疑。然而，就康德哲学的真正意图而言，"第二批判"即《实践理性批判》方带有终极性，才

是康德哲学的落脚处。康德固然重视知识的确定性，重视人之理性能力的考察，但诸问题之探讨终究是为探求"人是什么"这个根本问题服务的。在康德看来，"道德人格"乃宇宙中最值得研究的，诚如其在《实践理性批判》结论中所言："在另一方面，第二个景象（指"内心的道德法则"。——笔者注）却借我的人格，把作为一个灵物的我的价值无限提高了，在这个人格中，道德法则就给我们呈现出一个独立于动物性，甚至独立于一个全部感性世界以外的生命来，这一层至少可以从这个法则指派给我的有目的的命途推断出来。"① 人的问题不仅是康德研究的核心问题，而且基于理性原则，康德还推理出"人是目的"的结论："我们把有理性者称为人，因为他的本性就证明他就是目的，不能只当作工具"②；"人乃是客观的目的，那就是说，他的存在即是目的，没有什么其他只用它做工具的目的可以代替它；否则宇宙间绝不会有具有绝对价值的事物了"③。在道德律令的"三原则"④中（康德认为，三原则实则相互包含，只是同一规律的不同说法而已），康德强调指出："一个实质，就是目的；它的公式是，有理性者，因为他照他的本性是个目的，所以自身就是目的，所以一定要在一切格准上作为限制一切相对的任意的目的之条件。"⑤ 可见，"人是目的"的理念建基于理性推演的基础上，故而启蒙人固有之理性并在此基础上培养、完善人的道德人格，便构成了康德教育的根本宗旨。

康德所持"人是目的"之理念，并非仅借理性推理自行给出，那未免有独断论的嫌疑；他还试图给出理论的证明——目的论之证明。

---

① 〔德〕康德：《实践理性批判》，关文运译，广西师范大学出版社2012年版，第158页。
② 〔德〕康德：《道德形上学探本》，唐钺译，第54页。
③ 同上书，第46页。
④ "三原则"即康德给出的三条道德律令，详见康德《道德形上学探本》（唐钺译，商务印书馆2012年版）。
⑤ 〔德〕康德：《道德形上学探本》，唐钺译，第54页。

最初的证明（严格意义上，此证明当称之为"说明"或"描述"更合适些）体现在 1785 年撰写的《人类历史起源臆测》一文中。康德从自然对万物选择的历史维度给出"人是目的"之论述。他认为，首先，大自然赋予个体的最原始的功能乃是饮食，离开饮食之本能，个体不能生存。其次，大自然赋予个体的功能则是"男女的本能"，离开此本能，种族则不能持久——此两种本能几乎为所有动物所具备。再次，大自然赋予人类这种特殊的动物以"深思熟虑地期待着未来"的理性功能，此为其他种类的动物所不具备；缺乏理性的动物，其存在方式不过是"当下性的存在"，而人类却有谋划未来的能力。最后，唯有理性之人才能意识到（不管是多么模糊地）"他才真正是大自然的目的"，康德认为这是人类超出动物性的最后一步，"大地之上所生存着的没有任何一种东西在这方面可以和他相匹敌"[1]。该文章的主旨异常明确，即所有"论证"在于表明：（道德）理性乃"人是目的"的根据。

五年后（即 1790 年），康德在《判断力批判》中对"目的论"给予更为系统的证明。其证明顺序依次按照"审美中的无目的的合目的性（通过'知性与想象力的协调'而衍生的'主观合目的性'）——机械目的论（外在目的论）——生物有机体的目的论（内在目的论）——历史目的论即道德目的论（理性目的论）"展开[2]，最后得出这样一个结论：作为道德存在的人，才是这个世界的最终目的。用康德的话讲，即是："人就是创造的终极目的，因为若是没有这个终极目的，相互隶属的目的的链条就不会完备地建立起来"[3]。

2. 教育应把人当作目的。既然论证了"人是目的"这个核心命题，那么人类的教育必须围绕该宗旨而展开。在具体的教育实践中，应时

---

[1] 〔德〕康德：《历史理性批判文集》，何兆武译，第 68 页。
[2] 限于篇幅，康德之证明不予展开。
[3] 〔德〕康德：《判断力批判》，李秋零译，第 251 页。

时将学生看作目的，而不可视为工具。

"人是目的"之理念贯彻于康德的哲学论著之中，自不必言；亦贯穿于康德晚年四次关于"教育学"的讲座之中[①]。在最后一次讲座中，康德系统地论述了人类从婴儿至青年时期所应接受的教育，演讲的核心内容聚焦于"理性之展开"与"道德人格之养成"这两个密切相关的问题。康德认为，"人是目的"的理念建基于"人是道德性存在"（指道德理性）的基础之上，故培养、完善其"健全的道德人格"（即履行道德律令所颁发的义务）将构成中小学教育的主要内容。

在现实的操作中，"人是目的"的理念难以得到真正落实。因为学生接受教育最主要的"场所"无非是家庭和学校（尤其公办学校），对孩子接受教育最热切期盼的则是父母与"君侯"（康德对当时统治者及其政府之统称）。此两者对孩子的影响与"期盼"常常使得实施中的教育脱离"人是目的"之宗旨。对家庭言，父母最大的期盼莫过于孩子在世界获得幸福；公办学校为"君侯"所办，君侯们最大的期盼莫过于"只把自己的臣民视为达成自己种意图的工具"[②]，譬如培养臣民的技能、关注臣民的繁衍等，以便达到自己的意图，又如维护国家的繁荣，以巩固其地位。即是说，无论家庭还是"君侯"皆有意无意地忽略了"人是目的"的终极宗旨。这在康德看来，是极不应该的。

退一步讲，贯彻"人是目的"的教育理念未必与家长、君侯的期盼必然地充满矛盾。譬如"培养的教育"（技能教育）及"文明化的教育"（参与社会）、道德化的教育（道德品格），既关涉个体的幸福，也有助于国家的和谐与繁荣。从长远看来，"人是目的"的教育理念，更有助于冲破狭隘的地域（家国）观念，有助于提升人类的整体品质。

[①] 康德四次讲座的时间分别是：1776—1777年冬季学期，1780年夏季学期，1783—1784年冬季学期和1786—1787年冬季学期。

[②] 〔德〕康德：《康德教育哲学文集（注释版）》，李秋零译，第14页。

只是，此理念过于超前，超出了众人的视野，众人（包括君侯）不能奢望那种伟大的目标。此正如罗素评判"工具论"带来的近视倾向时所言："当渴望获得美好事物时，我们首先并不会想到通过获取这些好处来达到某种宏伟目标。"① 如此看来，在康德时代推行"人是目的"的教育，无论私立学校还是公立学校，皆存在极大障碍。故而，康德只能将教育寄希望于开明的教育家、开明的大人物及其领导的开明政府。

现实的艰难与障碍并不能影响其理念之伟大，康德秉持的"人是目的"的"哲学—教育学"② 理念对后人影响极大，譬如继康德而起的德国大哲费希特即继承了康德的"人是目的"理念，他在《论学者的使命》中尤其强调此理念："因为人本身就是目的，他应当自己决定自己，绝不应当让某种异己的东西来决定自己，……是因为他希望成为这种东西，而且应当希求这种东西。"③ 费希特之所以强调"学者的使命"，首先在于学者应当是人类的教师，是人类的教养员；其次，更为重要的尚在于，能称之为"学者"，不仅意味着他具备更优秀的文化素养，受道德的支配，具有自相一致、知行合一的品质，更在于他是始终把大众（也包括自己）当成目的而非工具的真正的教师。费希特进一步指出，以"人为目的"的教育，将尊重人、成就人作为教育的终极目标，即便在现世中不能实现，它也应当作为教育的追求。

以实用主义著称的英、美等国家，在教育观上多持"工具论"者，他们认为，人只有作为工具而非作为目的，才更具有价值。因为作为目的之人，人一死百了；然而，作为工具之人，其产生的作用也许会继续永存。然而，成长于实用主义传统下的英国哲学家罗素，则给出不同见解，他反对把学生视为工具，甚至反对美国教育中所灌输的

---

① 〔英〕伯特兰·罗素：《罗素自选文集》，戴玉庆译，商务印书馆2012年版，第139页。
② "人是目的"固然来源于哲学，然却实践于教育学，故称之为"哲学—教育学"。
③ 〔德〕费希特：《论学者的使命》，梁志学、沈真译，第9页。

"美国式的爱国主义思想",他尤其严厉批判了当时日本人及基督徒实施的功利性教育。罗素认为他们错误的根源在于:校方只把学生当作实现某种目的的工具,而不是把学生本身当作教育的目的,"我说应当把学生当成目的,而不是当成工具"①,教师热爱学生应当胜过爱国家和教会,否则他就不是个好老师。罗素所持的"把学生当成目的"的理念,体现出教育之目的在于践行"为了人、解放人"的宗旨,此与康德的主张是完全一致的。至于当代,"人是目的"的教育理念已为国际教育界普遍接纳,此足见康德"哲学—教育学"思想影响之深远!

四、面向未来的"理性教育"

1. 教育面向未来。康德在论及教育应遵循的原则时指出:"教育艺术的一个原则应特别为那些制定原则的人士所牢记,它就是:'孩子们受教育,应当不仅适合人类当前的状态,而且适合人类未来更好的状态,亦即适合人性的理念及其整个规定'。"②其中"适合人类未来更好的状态"的教育理念,实蕴含着"教育面向未来"之义。

"教育面向未来"的理由,主要基于"把人的自然禀赋(即理性)充分地发挥出来"是一个长期、遥远之过程。教育追求的"人是目的"之凭借,建基于自然禀赋充分发挥。既然"人是目的"之终极实现寄希望于遥远的未来,故而人类的教育亦须围绕此终极目标,以启蒙理性为主线,向着"未来"(的实现)努力,此谓之"面向未来"。费希特忠实地继承了康德的思路,进一步给出解释,他认为"自然禀赋的充分发挥"意味着达到"人的完全的自相一致",人们通过理性"使一切非理性的东西服从于自己,自由地按照自己固有的规律去驾驭一

---

① 〔英〕伯特兰·罗素:《罗素自选文集》,戴玉庆译,第138页。
② 〔德〕康德:《康德教育哲学文集(注释版)》,李秋零译,第14页。

切非理性的东西"①，这一过程是极其漫长的，只能寄于遥远的未来。甚至，在费希特看来，人们所追求的终极目的，只能无限接近，却难以达到，"只要人不停止其为人，不变为神，就是不能达到的"②。康德则不然，他认为过程虽然漫长，但人类的"自然禀赋的充分发挥"是有希望达到的，他对人类的教育事业充满了希望和信心："有一类物种是具有理性的，并且作为有理性的生命类别，他们统统都要死亡的，然而这个物种却永不死亡，而且终将到达他们禀赋的充分发展。"③

"教育面向未来"的另一理由，则基于施教者（包括教师及相关的教育部门）对教育的认识的渐进性及自身素质有限性。康德认为，教育是一门艺术，必须经过许多世代方得以完善，因为"每一世代都配备有前一世代的知识，能够越来越多地实现均衡且合目的地发展人的一切自然禀赋，就这样把整个人类导向其规定的教育"④。换言之，教育面向未来的此层含义，在于说明每一代的教育都存在"有限性"，故必然要寄托于未来的"施教者"给予提升；因为愈是未来的教育，愈能均衡且合目的地发展人的自然禀赋。显而易见，康德是持（理性）教育进化论观念的。

教育面向未来，并非意味着它就必然地漠视现实，与现实脱节，而是说，就教育终极目的的实现的维度上，教育内容的设置应始终指向并呼应此目标。其实，康德从未忽视教育的现实性，譬如上文所谈的教育内容包含技能培训、善于处世乃至道德化教育，无一不既用于现实，又指向未来。

教育面向未来，亦昭示人类：就作为类的存在言，教育不是一蹴而就的事业，它是一个极其漫长的渐进过程；尤其是达成"实践理性

---

① 〔德〕费希特：《论学者的使命》，梁志学、沈真译，第12页。
② 同上书，第22页。
③ 〔德〕康德：《历史理性批判文集》，何兆武译，第6页。
④ 〔德〕康德：《康德教育哲学文集（注释版）》，李秋零译，第12页。

能普遍地使人的行为同善良意志保持一致"之目标，更是一个长期的过程，不消说此教育过程还将受到诸如战争、自然灾害及其他不可预期因素之影响。教育面向未来意味着每个理性之人皆应树立终身学习的理念，唯有人人践行"活到老、学到老"的终身学习理念，方能促进社会的整体进步；同时，群体综合素质的提高也为下一代提供更好的教育氛围与优质资源，从而为实现人之自然禀赋"充分而合目的"的实现夯实基础。

2. 理性的教育方法论。康德的教育理念建基于"人是理性的动物"之上，已如上文所述，自不必多言；本节所言"面向未来的理性教育"的"理性"之义，主要探讨康德主张的"理性教育方法"。由于理性乃是借教育、启蒙而逐渐成长的东西，故而幼童之时尚谈不上具体的"理性方法"；然而待至其具备了自我认知及有了一定的记忆力之后，则须为其即将到来的理性教育做好准备。譬如，应及早地培养记忆力，记忆力也许并不属于"理性教育法"的范畴，但却是实施"理性教育法"不可或缺的重要环节。唯有受教个体具备相当数量的、依靠记忆得来的知识，"理性教育法"方有运用之可能。亦须说明，运用知识的能力即是康德所谓的"知性"，在宽泛意义上，知性亦属于理性之范畴。康德的"理性教育方法"固然内容丰富，然就其特质言，主要有以下内容。

（1）重视"自然教育"中的"判断力"培养。此处的"自然教育"，总体来说，是围绕青少年的技能培养而展开的。其中，"技能"主要指认知层面的"判断力"①。何为判断力呢？以康德之见，判断力是把普遍的东西运用于特殊的东西②。通俗地讲，即是学会将"所学"（普

---

① 康德将判断力分为两种：一种是规定性的判断力，主要是知性的运用；一种是反思性的判断力，主要是审美。本章所谈，主要是前者。
② 〔德〕康德：《康德教育哲学文集（注释版）》，李秋零译，第41页。

遍性）运用到对象（特殊性）上去的能力。比如，学会了几何的相关知识，则须用之于相关问题的证明，或用之于土地测量；又如，学会了语法规则应马上投入应用，而不是简单地记诵语法规则等等。康德意义上的"判断力"同中国教育中的"学以致用"有相似之处，但康德的"判断力"又不停留在实用阶段。康德认为，个体接受教育固然须从感性开始，譬如从强化人们的记忆包括感觉、知觉、表象开始，然而，此初级能力或低等能力之培养是为将来的"知性"即判断力服务的。他反复强调这样一个理念：低等力量单独是没有价值的，譬如一个缺乏判断力的博闻强识之人，即便是一个活字典，也没有意义，"机智如果不加上判断力，所提供的就全然是瞎闹"[①]。康德当然重视记忆力、想象力等基本能力的培养，但只有益于知性的运用、益于判断力提升的记忆力与想象力才是有效的。

康德认为，培养"判断力"的目的在于进入实践理性的领域。若将此思路落实到方法论，则意味着"知性之判断"要必然地过渡到"理性问答法"。

（2）推崇实践教育中的"理性问答法"。在康德的语境中，实践教育即是关乎实践理性或曰道德理性的培育。由于实践理性即道德所遵循的律令不是外在的，而是理性自身发出的，故而此种知识——假若也称之为知识的话——一定让理性自行现身，自行给出答案。康德认为，促进理性自行现身的教学法当以苏格拉底的"问答法"（即世人所推崇的"思想助产术"）为楷模。

如上所论，知性判断力是将所学（普遍性）运用到具体的对象（特殊性），此种训练固然有益于知识乃至理性之提升，然此类知识终究给人如是之感，即知识外在于自己，并非通过自己的理性自发地给出。"问答法"则不然，"问答法"通过年长且睿智的长者与受教者的

---

① 〔德〕康德：《康德教育哲学文集（注释版）》，李秋零译，第41页。

对话，受教者自己就能够从其理性中得出道德律令这个先验的知识。康德不但推崇"问答法"而且还亲自撰写"问答教案"（《一部道德问答手册的片段》）。在《伦理教学法》中，康德设计的关于"幸福与理性关系"之问答即是模仿"柏拉图对话录"的典范之作：通过老师与学生对幸福的连续追问，进而引入理性与幸福的关系，最后得出配享幸福的条件是"遵循理性发出的道德律令"（道德义务）。通过此"理性问答"，学生按照理性自身的逻辑进展必然得出如是之"结论"（即康德意义上的"道德律令"）："道德律令"内在于己。两千多年前的孟子虽有"良知本有"及"良知内在"之说，但孟子缺乏缜密的逻辑论证。

"问答法"对老师与学生提出了较高的要求。对老师言，老师应具备娴熟的知识，有清晰的"思维导图"，能应对学生的问题，且能将其导向"要教授的内容"；对学生言，学生须有一定的基础，譬如，具有一定的知性判断力，能自由地运用概念并能对问题进行深入展开，否则"问答法"是很难进行下去的。

（3）重视"想象力"与"游戏精神"的培育。"想象力"与"游戏精神"虽属非理性范畴，但却是构成理性之落实不可或缺的重要因素与环节，故而仍将其纳入"理性方法范畴"。康德将教育分为自然的教育与自由的教育，此大抵为康德秉持的"现象/物自身""二分理念"在教育中的落实。然而，无论自然教育还是自由教育，皆须注重"想象力"与"游戏精神"的培育。自然的教育指就经验界（现象层）言，人须符合自然律，故而须受到训诫、培育及知性训练，尤其知性训练是断然不能离开想象力的，诚如其言，"想象力培养就是为了知性"[①]。自由教育就人的理性（本体）层言，因为人具有意志自由，故其行动须符合理性发出的善良意志律（道德律令），此即康德主张的"实践

[①] 〔德〕康德：《康德教育哲学文集（注释版）》，李秋零译，第41页。

理性"。此间所涉及的"自由"观念,固然需要理性的推演,同时亦需想象力及"游戏精神"的介入。鉴于此,康德认为,"应该让儿童以游戏的方式学习所有的东西"。康德还认识到,"教育中最重大的问题之一是,人们怎样才能把服从于法则的强制和运用自由的能力结合起来"①。若联想到康德的"三大批判"的解决方式,即以"第三批判"作为"桥梁"联结知性与理性,则可知晓培养"自由想象力"、培养人的"游戏精神"之重要。因为从康德哲学体系来看,想象力、游戏精神及建基其上的"审美鉴赏力"构成第一批判与第二批判的桥梁:审美固然不在于寻求知识,但审美所凭借的"想象力"同样是构造知识不可或缺的重要因素,由是"第一批判"与"第三批判"有了关联;审美固然不等于道德,但通过审美之契机,可使主体意识到"美是道德的象征",从而沟通"第二批判"与"第三批判"。如是,通过"想象力"及"游戏精神"的培育,"三大批判"贯通方有可能。

上述所论康德的三种理性教育法,貌似简单,实则不然,因其分别对应着"三大批判":重视"知性之培养"是对《纯粹理性批判》的方法总结,因该著要处理"知识何以可能"的问题;推崇实践教育的"问答法"则源于《实践理性批判》的方法论,该著需解决"道德自律(内在)"之必然;"想象力"及"游戏精神"(自由)之培育,主要来自《判断力批判》的"审美判断",借想象力与游戏精神,感性、知性、理性方能贯通,"三大批判"才能连接为一个整体。

五、康德理性教育观的影响

综上可知,康德的"理性教育观"同其哲学观一样,是系统的、缜密的,且能在现实中实践的,体现出"目的与方法"的统一。故而,康德的教育观对后人影响极大。且不言曾"执弟子礼"的哲学家费希

---

① 〔德〕康德:《康德教育哲学文集(注释版)》,李秋零译,第21页。

特延续了这一思想，即便以教育学家著称的裴斯泰洛齐[①]亦曾宣称自己的教育思想深受康德的启发。德国著名教育家赫尔巴特无论在教育方法还是教育宗旨方面，皆得益于康德良多。譬如，赫尔巴特对教育目标（宗旨）的设定，几乎是康德"人是目的"理念的翻版："我们可以将教育唯一的任务和全部任务概括为这样一个概念：道德"，"道德普遍地被认为是人类的最高目标，因此也是教育的最高目标"[②]。至于康德的其他教育理念，赫尔巴特在其名著《普通教育学》中更是大量采纳。德国柏林大学的创始人威廉·冯·洪堡同样认为，教育归根结底是人的问题，他认为教育的实际问题有三，即"人是什么？什么是人的教育？这种教育如何付诸实践？"[③]不消说，康德的"人是目的"教育理念对大教育家洪堡同样产生了重要的影响。

康德教育思想之影响绝非限于德国，据李其龙先生撰文载，德国现代知名教育家底特利希·本纳曾有如是表达，"康德的思想不仅在德国的教育学和教育理论中，而且被卡尔·马克思，也被约翰·杜威认可，杜威在他的论及教育的文章中大段大段地用肯定的词语引用了康德的教育论述"[④]。

康德教育理念对我国学术界、教育界亦有相当的影响，蔡元培先生提出的"思想自由、兼容并包"之主张，大抵可看作康德"人是目的"的中国表达；另，蔡元培提出培养健全人格的"五育"[⑤]涵盖了德、

[①] 裴斯泰洛齐，19世纪瑞士著名民主主义教育家，在教育理论上有许多独创的论述，为世界教育发展做出了重要贡献。
[②] 〔德〕赫尔巴特：《赫尔巴特文集》（第4卷），李其龙、郭官义编译，浙江教育出版社2002年版，第177页。
[③] 〔德〕彼得·贝拉格：《威廉·冯·洪堡传》，袁杰译，商务印书馆1994年版，第74页。
[④] 李其龙、胡庆芳：《康德的哲学与教育思想及其世界影响》，《苏州大学学报（教育版）》2016年第4期。
[⑤] 蔡元培先生的"健全人格"教育主要包括"军国民教育""实利主义教育""公民道德教育""世界观教育"及"美感教育"五项内容。

智、体、美及新哲学教育，可谓康德"全面教育"理念在中国的落实。自改革开放以来，诸如"三个面向"（面向现代化、面向世界、面向未来）的教育理念、以人为本（人是目的）的教育目标、"终身教育"的大教育观等等，皆与康德"人是目的"的教育观念相符。

康德的教育学固然具有恒久价值且影响深远，但也未必尽善尽美，譬如，其对"理想教育"的追求未免充满浪漫主义色彩，因为现实社会并非呈现出"连续的进步"，亦非严格按照康德所推崇的"理性原则"而展开。故而，在具体的实践中，如何处理未来与现实、目的与手段、技能（知性）与道德（理性）的关系就难免有扞格、浑漫甚至迂阔之处。诸如此类的问题其实已为后起的哲学家马克思所解决，马克思从实践的维度克服了浪漫理性之不足，正如李泽厚先生所言："马克思从劳动、实践、社会生产出发，来谈人的解放和自由的人，把教育学建筑在这样一个历史唯物主义的基础之上，这才在根本上指出了解决问题的方向。"[①] 不过，话说回来，在"工具主义""实用主义"大行其道的当下，重新反思康德的理性主义教育观，无论理念还是具体方法，对人类的教育事业总是大有裨益的！

[①] 李泽厚：《批判哲学的批判：康德述评》，生活·读书·新知三联书店2007年版，第435页。

附 录

孔子"师德"思想阐微[①]

孔子的教育思想相当丰厚,即便从"师德"层面挖掘之,也蕴涵着丰富的理论资源。如其博学多知、终身以学的思、学品质,其"成人之教"的教学理念,其"知人善教、谦诚以学"的教学方法乃至其对弟子平等真诚的挚爱之情,皆为后世师者树立起难以逾越的道德标杆。

提及孔子思想,人们习惯用一"仁"字统摄,具体到其教育思想,亦复如是。固然,若笼统论其教育思想(尤其涉及"师德"思想),用"仁"字概括未尝不可。然若仅仅停留在"仁"之哲学概念的解释层面,则势必遮蔽其生动鲜活的"德性生活"而遮其精义,恐于后世无补,故当深究细研。本文拟采用分解法,层层透析,通过对孔子教育思想的挖掘,以彰显其"师德"思想。

孔子教育生涯中所显现的"师德"思想大略可概括为以下诸方面。

博学多知。作为一名教师,最基本的要求当然是具备相对渊博的知识,至少有足够的"专门(业)知识",这样才能"有所教";否则,"教师"之"教"又将何以体现?孔子的教学目的固在于"成人之教",在于开发学生之"仁"心,但若孔子对"仁"无所认知,他又当如何

[①] 原载《中国德育》2020年第2期。

唤起弟子的"仁"心呢？古希腊哲学家苏格拉底曾有"知识即德性"之说，强调真与善的互通。撇开哲学上关于"真（知）、善（德）"之争不论，就作为教师而言，确实存在着"知识即德性"的预定。一个医术平庸的医生绝对算不上一个合格的医生，一个不知道"什么是善"的人绝难成为善良的人；同理，一个知识匮乏的人也绝不可能成为一名合格的老师。孔子自言"吾少也贱，故多能鄙事"，结果其"礼、乐、射、御、书、数"等"六艺"皆精通之，知识可谓渊博矣！此为其成为一名卓越的教师奠定了良好的基础。现代社会，社会分工愈来愈细，做到"博大"确实难度较大，但作为一名教师，至少要做到尽可能的"专"，要有相对精深的专门知识，否则，拿什么去滋养学生？博、专联系紧密，真正的"专"需要博，但就作为合格的教师言，至少要努力使自己的专业技能过硬。此实则涉及孔子所提倡的另一种品质：学。

终身以学。孔子深知学习的重要性，并洞晓学习的特点。一部《论语》，"学"字出现65次之多，足见其对"学"之重视。其实，《论语》开篇点题，就是一个"学"字当头，一句"学而时习之，不亦说乎"①定下了"学"的基调："行有余力，则以学文"（《论语·学而》），"温故而知新"，"朝闻道，夕死可矣"等等，皆强调了"学"之重要。自其"十有五而志于学"至终老，孔子无一日不学；《论语·述而》篇载孔子回答子路的话："女奚不曰，其为人也，发愤忘食，乐以忘忧，不知老之将至云尔。"此可谓夫子自道。从这个角度而言，孔子算得上倡导"终身学习"的第一人。

孔子深谙"学"之特点，他认为"学"非苦学，亦非"麻木之学"，而是"乐学"与"思学"。"学而时习之，不亦说乎？"即表明

---

① 《论语·学而》。本文所引《论语》材料，皆出自杨伯峻所著《论语译注》（中华书局2019年版），为方便计，下文所及引文只标注篇名，特此说明。

学之乐。在孔子看来，人生在世，学习自己不知道的东西是愉快的事，一个人如果沉浸于学习的快乐中，不但忘忧，而且还能忘记年龄，正所谓"不知老之将至"。颜回可谓好学矣，孔子曾这样评价颜回："一箪食，一瓢饮，在陋巷，人不堪其忧，回也不改其乐，贤哉回也！"（《论语·雍也》）颜回之所以能安贫乐道，很大程度上是因为其在"学"中找到了乐趣。孔子"乐学"并且还营造了乐学的场景；其学不拘泥于书本，不拘泥于固定形式，而是将"学"与活生生的现实生活紧密结合起来，进而将此"学"作为人生的有机组成部分。宋儒有"孔颜乐处"之命题，寻找的乃是"学"之乐；明儒王艮则有"乐是乐此学，学是学此乐"之概括，可谓精辟！从这个层面而言，孔子可谓倡导"快乐学习"的先驱。

孔子重视学习，并非沉浸于"死学"，而是学、思结合："学而不思则罔，思而不学则殆"（《论语·为政》）。清人王夫之对之曾有透辟之解析："致知之途有二：曰学，曰思。……学非有碍于思，而学愈博则思愈远，思正有功于学。"[①] 不过，总体而言，孔子更重视学："吾尝终日不食，终夜不寝，以思，无益，不如学也。"（《论语·卫灵公》）把"思"和"学"有机地结合起来，就有可能贯通所有知识，达到质的飞跃。孔子尤其注重这种贯通的精神，子曰："赐也，女以予为多学而识之者与？"对曰："然，非与？"曰："非也，予一以贯之。"（《论语·卫灵公》）

作为一名老师，应当具有"活到老，学到老，思考到老"的精神，若能将其学贯通起来，才有可能成为优秀的老师。因为老师不仅要传授现有之知识，更须用自身不断精进之精神去影响人、鼓舞人。在这方面，孔子可谓给后人树立起一个榜样。

成人之教。"成人之教"涉及教育目标或曰教育的终极理念。孔

---

① （清）王夫之：《船山全书·四书训义》，岳麓书社1990年版，第301页。

子深知教育之目的在于"成人"而非成器,"成人之教"非以"学"炫耀于世:"古之学者为己,今之学者为人""有教无类"等论述即表明其义。孔子认为,"学"之目的在于提高自身修养,成为一个大写的"人",在于成己,或曰为己之学;若学之目的在于炫耀自己之知,或借其学而达到某种目的,则非"真"学,而是"为人之学"。孔子教学之目的在于将人培养成"可以托六尺之孤,可以寄百里之命,临大节而不可夺也"(《论语·泰伯》)的君子,而非满足于一技之长的"器"材,一如孔子所言"君子不器"。笔者以为,当代的教育工作者应当反思:我们的教育应当把学生培养成什么样的人?这其实涉及教育的核心问题。由于各种社会因素的限制,当下我们的中小学教育竟蜕变为"竞争考试中心",高等教育则似乎蜕变为"职业培训中心",似乎一切都围着"器"材做文章。此等现状未免让人担忧。

作为一名老师,一定要知晓育人之目的:教育根本上是"成人之教",最终目的在于"让人成为人"[①]。爱因斯坦对教育之目的有过如是之论述:"我还认为应该反对把个人当作死的工具来对待。学校的目标始终应当是:青年人在离开学校时,是作为一个和谐的人,而不是作为一个专家。照我的见解,在某种意义上,即使对技术学校来说,这也是正确的,尽管技术学校的学生将要从事的是一种完全确定的专门职业。"[②]爱因斯坦所谓"和谐的人"与孔子倡导的"为己之学""君子之教"几近同义。无独有偶,美国汉学家克里尔在评论孔子时亦言:"孔子不是仅仅培养学者,而是训练治世能人,他不是教书,而是教人。"[③]此足见,孔子对"教育"的理解,不但凸显了其伦理思想之深邃,更凸显出作为一名教育家的责任,至今思来,仍振聋发聩。

---

① "让人成为人"的具体含义,在《教育的自性》中已有所阐明。
② 〔美〕爱因斯坦:《爱因斯坦文集》(第三卷),许良英等编译,第146页。
③ G. Creel, *Confucius and the Chinese Way*, Harper & Row Publishers, New York and Evanston, 1960, p. 79.

既然将教育定位于"成人之教",那么人人都有接受教育的权利,此即为孔子倡导的"有教无类"之伟大教育思想。在春秋战国时期,接受教育乃贵族阶层之特权,然而孔子却奉行"人无弃人"之信条,"自行束脩以上,吾未尝无诲焉。"(《论语·述而》)因此,其弟子多贫贱之士:颜回"一箪食,一瓢饮,在陋巷";仲弓其父为"贱人",家无立锥之地;子路是卞之野人;原宪居鲁"环堵之室,茨以生草";曾参居卫,"缊袍无表,颜色肿哙,手足胼胝"(《庄子·让王》);公冶长曾"在缧绁之中"(《论语·公冶长》);漆雕开形残,似受过刑罚(《墨子·非儒》)。要而言之,孔子真正践行其"有教无类"之理念,无论贵贱、贫富、智愚,人人皆应成为"受教者"。

知人善教。如果说"成人之教"是从教育之终极目的(宏观)来概括孔子之师德,那么"知人善教"则从教育实践层面(微观)彰显孔子之德性。

人们习惯于将"因材施教""有教无类"视为孔子的教育方法论,事实上,因材施教、有教无类不仅仅是方法,它们同时也凸显了老师的德性。

作为教师,首先要"知人",即老师一定要了解自己的学生,只有知人,才能"善教";否则"因材施教"将为"空中楼阁"。孔子是了解自己的学生的,岂止是了解,简直是熟知学生的爱好、性情。《论语·先进》记载孔子教学四门:"德行:颜渊,闵子骞,冉伯牛,仲弓。言语:宰我,子贡。政事:冉有,季路。文学:子游,子夏。"此可谓根据其潜质来具体引导其学术。同篇中孔子还对四个学生的性格做出点评:"柴也愚,参也鲁,师也辟,由也喭。"对于弟子天赋上的差异,孔子亦了如指掌,"子贡问:'师与商也孰贤?'子曰:'师也过,商也不及。'曰:'然则师愈与?'子曰:'过犹不及。'"(《论语·先进》)正是在了解、熟悉学生性情、天赋、爱好的基础上,孔子才真正地将"因材施教"落到实处,并成为教育史上"因材施教"之典范。譬如,《论语·为政》中诸弟子问孝:"孟懿子问孝。子曰:'无违。……生,事之以礼;死,葬之以礼,祭之以礼。'孟武伯问孝。子曰:'父母唯其疾之忧。'子游问孝。子曰:'今之孝者,是谓能养。至于犬马,皆能有养。不敬,何以别乎?'子夏问孝。子曰:'色难。有事,弟子服其劳;有酒食,先生馔,曾是以为孝乎?'"同样,不同弟子问"仁"而答案亦随对象之不同而各有差异,此反映了孔子真正做到了"知人善教"。

反观当下我们的教育之现状,且不说高校教授(师)与学生的交流仅仅局限于课堂,老师与学生一个学期下来顶多"混个脸熟",即便中小学,又有多少老师真正了解、懂得学生?

孔子的善教还体现在以下诸细节:(1)启发式教学。孔子从来不搞"满堂灌",而是针对不同弟子的具体情况进行启发,"不愤不启,不悱不发;举一隅不以三隅反,则不复也!"(《论语·述而》)朱熹《论语集注》对此解释为:"愤者,心求通而未得之意。悱者,口欲言而未能之貌。启,谓开其意。发,谓达其辞。物之有四隅者,举一可知其三。反者,还以相证之义。复,再告也。"① 此言孔子在教授弟子时,特别注重"旁敲侧击",注重"引而不发",靠学生自己感悟而获得真正的知识。对于缺乏反思能力甚至不能思考的人,他甚至认为是无法教的:"不曰'如之何、如之何'者,吾未如之何也已矣。"(《论语·卫灵公》)窃以为,孔子所言的"唯上智与下愚不移也",当从"反思"的角度理解之,即是说,如果学生压根不去思考,那么"下愚"就不可能变成"上智"。

(2)善于联系实际。孔子倡导的成人之教,本质上属德性之教,德性之教绝非靠枯燥的理论所能达成,而须由生动、鲜活的典型事例做"样板"。孔子尤其善于联系实际,他善于通过人物评价和时政评论

---

① 朱熹:《四书章句集注》,中华书局1983年版,第95页。

来向学生阐发自己的政治理想。正如匡亚明先生所述:"孔子评价过的人物很多,上自尧舜禹汤文武周公伯夷叔齐,下至春秋时期的管仲子产等各类名人,以及他自己的弟子。"① 事实上,只要稍读《论语》就会发现,孔子教人善用"事例""时评",如在《季氏》篇中,孔子通过季氏将伐颛臾一事,告诫弟子"有国有家者,不患寡而患不均,不患贫而患不安"的道理,让人易于接受。《礼记·檀弓》篇记载孔子经泰山遇农妇于墓前痛哭,知其乃为赋税所逼,于是发出"苛政猛于虎也"的评论。想必这种联系现实之"评论"较之照本宣科的教材传授更有振聋发聩之功效。

(3) 鼓励质疑精神。在谈及"中西比较教育"时,一般人倾向于认同中国传统教育为"点头式"教育,如邓晓芒先生曾就孔子与苏格拉底进行过比较,认为中国教育先天缺乏质疑精神。笔者以为邓先生的见解"是然而非尽然",尤其具体到孔子而言,更应作如是解。孔子当然有"保守"的一面,如对"周礼"的维护("是然");但在具体的教育实施时,孔子并不压制学生的质疑精神,他甚至提倡和鼓励"当仁,不让于师"的独立精神,这一点与亚里士多德"吾爱吾师,吾更爱真理"之主张颇有异曲同工之妙。孔子不但鼓励学生敢于超越老师,而且还颇欣赏学生对自己的质疑,此从孔子对颜回的评论中可以体会得出:"回也非助我者也,于吾言无所不说。"(《论语·先进》) 颜回的融摄能力过高,每每能融会老师之意但却从不向老师提出不同看法,因此孔子认为颜回虽然聪敏,但却不利于师生间的"教学相长"。事实上,孔子在教育过程中,颇重视质疑精神,所谓"多闻阙疑,慎言其余,则寡尤;多见阙殆,慎行其余,则寡悔"(《论语·为政》)。后儒亦重视质疑精神,《中庸》篇有"博学之,审问之,慎思之,明辨之,笃行之"之论,其中慎思、明辨即是"疑";孟子则更为明确地指出:

---

① 匡亚明:《孔子评传》,齐鲁书社 1985 年版,第 302 页。

"尽信《书》，则不如无《书》。"① 元人赵孟頫在《叶氏经疑序》云："大凡读书，不能无疑，读书而无所疑，是盖学于心无所得故也。"② 黄宗羲在《答董吴仲论学书》则有"小疑则小悟，大疑则大悟，不疑则不悟。老兄之疑，固将以求其深信也。彼泛然而轻信之者，非能信也，乃是不能疑也"③。自然，鼓励学生的质疑精神既可视作一种启人智慧的方法，更可看作老师宽容之德。

谦诚立学。孔子乃以伦理道德名世，所谓用仁、义、礼、智、信来修养自身，以便塑造谦谦君子之风尚。作为教师的孔子时刻将君子之德践行于教学实践过程中，可谓开一代师德之风范。

概括来说，教学中所彰显出来的君子之德可用谦、诚统摄之。

（1）先言谦。作为一名教师，能时刻以谦虚的胸怀对待学生，不以自己教师之身份而漠视学生或他人之意见，即便今天，亦难以做到。然而孔子却始终保持谦谦君子之风，不耻下问，故而才能成其"博"。

首先表现为"谦问"。孔子怀着虚心的态度向他人学习："三人行，必有我师焉"（《论语·述而》）；"孔子于乡党，恂恂如也，似不能言者；其在宗庙朝廷，便便言，唯谨尔"；"入太庙，每事问"（《论语·乡党》）；"子曰：'文，莫吾犹人也。躬行君子，则吾未之有得。'"（《论语·述而》）

其次表现为"谦教"。在教学中，孔子之谦还表现在与学生的平等交流、相互切磋上。孔子对待学生并非持居高临下之态度，而是持"春风化雨"般的平等之"闲谈"态度，故学生能与其平等交流，共同提高，此即为教学相长。《论语·学而》篇中，子贡与夫子的对话就鲜明地体现出此特色，子贡问曰："贫而无谄，富而无骄，何如？"子

---

① 杨伯峻：《孟子译注》，第364页。
② 李双碧编：《为学慧言》，第173页。
③ 同上书，第177页。

曰:"可也;未若贫而乐,富而好礼者也。"子贡曰:"诗云:'如切如磋,如琢如磨',其斯之谓与?"子曰:"赐也,始可与言《诗》已矣,告诸往而知来者。"《论语》中类似的例子很多,《论语·公冶长》中孔子与弟子共谈志趣亦是典型例子:"颜渊、季路侍。子曰:'盍各言尔志?'子路曰:'愿车马,衣轻裘,与朋友共,敝之而无憾。'颜渊曰:'愿无伐善,无施劳。'子路曰:'愿闻子之志。'子曰:'老者安之,朋友信之,少者怀之。'"孔子教人,多用谦逊、和风细雨之态度,与弟子侃侃而谈,而非居高临下的"教训"姿态。限于篇幅,不再赘述。

最后表现为"谦直"。作为一名老师,赞美学生也许可以做到,当着大众而承认自己不如学生,则很难做到,而孔子做到了。"子谓子贡曰:'女与回也孰愈?'对曰:'赐也何敢望回?回也闻一以知十,赐也闻一以知二。'子曰:'弗如也;吾与女弗如也。'"(《论语·公冶长》)此乃何等谦逊之胸怀!自然孔子的"谦"之品德建基于其"诚"之根基之上。

(2)次言诚。诚者,内外如一,澄明无碍之谓也。孔子终生以"诚"贯之,其曾对学生言:"二三子,以我为隐乎?吾无隐乎尔,吾无行而不与二三子者,是丘也。"(《论语·述而》)孔子对学生无所隐瞒,始终做到表里如一。即使有过错,亦不隐瞒,而是以反省、警醒之态度改正之。故而孔子的弟子子贡曾感叹道:"君子之过也,如日月之食焉;过也,人皆见之;更也,人皆仰之。"(《论语·子张》)

孔子对"诚"有一个判断的方法,即如《论语·为政》篇记载孔子所言:"视其所以,观其所由,察其所安。人焉廋哉,人焉廋哉!"作为正人君子是无法亦无需行骗的,观其言,察其行,自然明了其心志,又如何能骗得了人呢?更何况,即便骗了别人也骗不了自己,由是孔子对弟子极力提倡言行一致,以诚立世。孔子历来以言行不一为耻辱,所谓"君子耻其言而过其行"(《论语·宪问》)。这种品格在当下尤其重要,学生"诚"之品格的养成很大程度上来自老师人格魅力之熏陶，中小学生尤其如此。因此，如何挖掘并推广孔子的"诚教"（诚信）之德是一件极有意义的事。

真挚、平等之爱。孔子对待学生一视同仁，不因学生的富贵、贫贱、智愚而有所歧视，皆予平等、真挚之情而爱育之。颜渊何其穷也，然孔子不以其贫穷而轻视之，相反还经常赞美其高尚品德。冉伯牛为孔子弟子，少孔子七岁，其病时，孔子亲自探访，自牖执其手，曰："亡之，命也夫！斯人也而有斯疾也！斯人也而有斯疾也！"（《论语·雍也》）其对弟子的关爱之情由此可见。颜渊亡，孔子更是大悲："噫！天丧予！天丧予！"颜渊下葬时，孔子亦希望能以对待儿子的方式葬之："颜渊死，门人欲厚葬之。子曰：'不可。'门人厚葬之。子曰：'回也视予犹父也，予不得视犹子也。非吾也，夫二三子也。'"（《论语·先进》）子路莽撞、粗鲁，但性格直爽，以至于孔子曾赞叹其心胸坦白、敢于直言等优点："自吾得由，恶言不闻于耳。"[①] 后来，子路为人所杀被剁成肉酱，孔子闻子路死之惨状，立刻命弟子们把准备食用的肉酱扔掉，其对弟子"撕心裂肺"之情亦可见一斑。

孔子对弟子的真挚、平等之情还表现在教育的"无私"上，即便对待自己的儿子（伯鱼）亦如对其他学生一样，无所偏爱。《论语·季氏》篇记载的陈亢与伯鱼的对话即鲜明地体现出来：陈亢问于伯鱼曰："子亦有异闻乎？"对曰："未也。尝独立，鲤趋而过庭。曰：'学诗乎？'对曰：'未也。''不学诗，无以言。'鲤退而学诗。他日，又独立，鲤趋而过庭。曰：'学礼乎？'对曰：'未也。''不学礼，无以立。'鲤退而学礼。闻斯二者。"陈亢退而喜曰："问一得到三，闻诗，闻礼，又闻君子之远其子也。""远其子"，其分量何其重矣！大概只有胸怀坦荡的圣人才能做到吧，孔子此等气度值得当今教育工作者乃至天下父母学习、反思。

---

① （西汉）司马迁：《史记·孔子世家》，岳麓书社 1986 年版，第 420 页。

正所谓"爱人者，人恒爱之；敬人者，人恒敬之"，孔子对弟子深沉、诚挚的爱，亦受到其弟子由衷的尊敬。当有人诋毁孔子时，其弟子子贡辩解道："他人之贤者，丘陵也，犹可逾也；仲尼，日月也，无得而逾焉。人虽欲自绝，其何伤于日月乎？多见其不知量也。"（《论语·子张》）孔子死后，其弟子亦以崇敬之心对待先师："弟子皆服三年，三年心丧毕，相诀而去，则哭，各复尽哀；或复留。唯子贡庐于冢上，凡六年，然后去。"[①]孔子弟子的行为固然反映了弟子对师长的崇敬之情，但亦从另一侧面彰显如是之事实：作为教师的孔子在教育事业上是圆满的！

纵观孔子的教育生涯，始终贯穿一"仁"字，其"仁"在具体实践中显现虽不尽同，但皆从不同侧面反映出一个教师所应具备的知识素养和道德品质，其博学多知、终身以学的思、学品质，其成人之教的教学理念，其知人善教、谦诚以学的教学方法，乃至其对弟子平等挚爱的师徒之情皆为后人留下了一笔宝贵的思想遗产。

---

① （西汉）司马迁：《史记·孔子世家》，第421页。

怎样"传道、授业与解惑"?
——军校教员队伍存在的问题及成因浅析[①]

军校教员的能力、水平和素质是决定军校成败的关键,没有一流的教员就不可能有一流的军校。目前军校教员队伍中存在着一些问题,如思想动摇、业务不精以及授课缺乏"自主权"等;诸问题总体可概括为传道的困惑、授业的障碍、解惑的症结。认识和解决这些问题对军队院校的进一步发展有着重要的意义。

唐朝的韩愈在《师说》篇中对教师的职责曾有精辟之见解:"师者,所以传道、授业、解惑也。"韩愈所传之道,主要是上至"尧、舜、禹、汤、文王、武王、周公",下至"孔、孟"所共同遵循的原始儒家之观念,此需要"为天地立心,为生民立命,为往圣继绝学,为万世开太平"(张载语)的恢宏气度,需要"恨道之不传"的忧患意识与责任感。以韩子之见,此当是为师之前提。"授业"则是从职业角度来讲,即言如何将学业传于他人,此谓为师之"根据"。解惑乃是为师之使命,惑之不解,安能为师?应该说,作为一名教师在古代是不容易的,师为万人之表率,处于被"看"、被"监督"和被模仿的位

---

① 本文原题为《军队教员队伍存在的问题及成因浅析》,载《海军院校教育》2006年第3期。

置上，安能不谨慎为之？今天，作为一名教师依然光荣，然而诸多外在因素又使得今天的教师处于困境中，尤其作为军校教员，更是如此。双重身份和特殊的境遇使得军校教师经常处于一种尴尬的境地，这种"困境"一定程度上干扰了他们正常的传道、授业与解惑。本文拟就军校教员队伍中存在的问题进行剖析和反思，以期对症下药，解除教员的包袱，轻装上阵，更好地发挥其传道、授业、解惑之职责。

一、"传道"的困惑

本文所谓的传道，主要是从教员思想素质的角度谈起，如教员对教师职业的认识，能否为部队教育事业献身，能否耐得住寂寞，能否为人师表等等。总体上讲，我们的教员是能耐得住寂寞的，也有一种"铁肩担道义"的师道精神，近年来涌现出来的一批名师就是明证。但是，毋庸讳言，我们的教员队伍在"师道尊严"方面也确实存在着不少问题，如部分教员对教书育人的工作缺乏"传道士"的精神，对军队教育事业信念不坚定，心志处于游移状态，抱着"当一天和尚撞一天钟"、得过且过心态，挨到转业走人拉倒等等。之所以产生这样的心态，有教员自身思想素质的主观因素，如个别教员对此职业了无兴趣，某些教员虽热爱教育事业但本身却不具备教师的基本素质，还有的教员仅仅把教师作为一种"平稳"的过渡等等。除此之外，更有深层的现实原因，且现实诸因素对教员的影响颇大，兹分析如下。

1. 教员得不到应有的尊重。"教员不能得到应有的尊重"的现象，在不少军校（地方院校也不例外）仍然存在，文职教员的干部尤其如此。这种偏颇既有物质层面的，又有精神层面的，物质层面如分房、用车、晋级、调衔以及其他各种福利待遇而言，教员一般是排在后面的；精神层面则是教员似乎处于边缘地带，只有"教师节"才被记起来，平时几乎是被忘却的，甚至入伍不到半年的战士都有意无意地"忘记"对教员尤其是文职（指有军籍的文职，而不是"非现役"的文职）教员敬礼。当然，这也许是个案，但确实存在，此无疑会伤害教员的自尊心。

2. 某些教员处于"英雄无用武之地"的状态，军心动摇自然不可避免。自 20 世纪末以来，军队院校开始大批从地方引进人才，霎时硕士、博士（及少数博士后出站人员）等高学历人才汇集到军校，大大增强了军校的师资力量。但个别院校也存在盲目引进的状况，如某学校为了完成达标计划，在编制已满的状况下，竟一次引进四十余名研究生，且就其需求而言，大大过剩；很多专业并不对口，不少高学历人才事实上作为"商标"或填报资料时的"摆设"而存在，自然"英雄无用武之地"。闲置的人才无法施展才华，向外谋求发展或"心神不定"也就是顺理成章的事了。如何稳定军心，做到人尽其才是当前亟待解决的迫切问题。

3. 现实中的不合理现象使得教员产生消极甚至抵触情绪。如职称评定是针对一线教员，然而个别院校教管部门甚至后勤人员也参与竞争占用了本来就不多的名额。在评定过程中，不看水平看年龄、不看实力看资历等论资排辈的现象时有发生，此势必冷了一些有能力教员的心，客观上亦挫伤了教员的积极性，导致"师道"不稳。又如，军队院校的名师工程，金奖、银奖等措施，其目的在于激励教员的进取精神，然而若程序失当，导致公正失衡，无端地制造一些矛盾，则事与愿违，反而挫伤教员的进取心。更何况，靠物质手段刺激来提高人的积极性本身就是短期行为。如此种种匪夷所思的行为，均值得深思。

二、"授业"的障碍

"授业"是教员的天职，既然选择了教师这个职业，就应该义无反顾地将本职工作做好，确实，我们的教员大都兢兢业业地工作在教学第一线。但是，外在的干扰因素有时又使得教员的授业处于尴尬境地。如应该讲什么，怎样讲，采用什么方式讲，这些方案本来应该由教员设定，至少应该听取教员的意见；然而，在一些学校中，教员在一定程度上已蜕变为"录音机"或"传话筒"，几乎没有任何"自主权"。

1. 授业前丢失了选择权。 我们知道，任何一门学科尤其是新学科的设置、教材的选定是需要反复论证的，须听取各方面的意见，尤其是教员的意见。但有的学校在设置课程前几乎很少考虑教员的意见，到其他学校考察一圈就匆匆上马。作为军人，当然要践行"以服从命令为天职"的制度；但是作为教师，作为知识传播者与学术探索者的教员，他并非机械之物，而应有自己的独立见解。遗憾的是，我们的教员在授业前就丢掉了"自我"，只能被动地面对指定的教材、资料，失去了应有的"话语权"。

2. 授业时的被"看"处境使之丢失了控制权。 为了提高教学质量，大多院校（包括地方院校）都成立了督导组，这本来是一件好事。但是，若"督导"过于频繁，则可能事与愿违。如不少新教员心理上产生一种被"监视"的感觉，自然其授课不再为着学员讲，而是为了"迎合督导组的口味"讲，这种喧宾夺主的做法着实应引起注意。另外，在授课方式上也存在诸多问题。目前，大多院校对多媒体教学特别重视，有的学校甚至把多媒体教学作为教员考核的必备项目，这种"一刀切"的做法委实存在诸多弊端。多媒体教学在进行模拟实验、生化流程等工科类知识传播方面，其优势自不待言；对于人文类如哲学、文学等思想性较强的学科言，未必就是最佳选择。笔者曾就某学院的多媒体课件进行哲学教学，开始时学员对漂亮的画面、醒目的字体和恰到好处的配音感到好奇，然而一段时间以后，学员觉得"画面匆匆过，思想空中游"，被画面吸引而忘记了内容，有点买椟还珠、本末倒置的意味。且多媒体限制了人的思路，让人跟着课件走，而非跟着教员的思维走，可谓得不偿失。再则，多媒体亦在某种程度上培养人之惰性：一次备课，一劳永逸。笔者在这里无意论说多媒体的优劣，而是认为作为教员应是三尺讲坛的主宰，只要本着国防教育事业，本着党的宗旨，本着师道良心，授课方式和内容都可以也应该灵活多样些，不必拘泥于形式和"格式化"的规定。一句话，课堂应该由教师控制，而非受制于外物。

3. 授业后的反馈机制不够畅通导致教师失去知情权。正如只有食客有资格评价厨师一样，对于教员授课质量最有发言权的当然是学员，遗憾的是，现在的情况是学员和教员的沟通呈递减趋势。教员得到的反馈信息大都来自其他行政部门而非从学员本身，这种现象的发生既有教师和学员之间沟通不畅的因素，亦有管理层的干扰因素。个别院校的管理层充当"第三者"或者"教练员"的角色，这客观上不利于教员改进教学方式和提高教学质量。如何有效地建立起教员与学员的直接沟通、反馈机制应值得注意。

此外，尚存在与教学无关的因素，牵扯着教员的精力。比如，为了提高军校教员的综合素质，上级有关部门做出的必须过计算机二级的要求；为了完成某指标，要求必须发表多少文章；为了迎接检查，必须"炮制"一些标准教案等等。这些外在的、与教学无关的因素牵扯着教员的精力，在一定程度上影响着教员的授课水平。

三、"解惑"的症结

某种意义上，解惑乃是体现教师的终极价值之所在，离开解惑的授业不过是程序化的灌输，只有将解惑与授业结合起来，授业才能真正达到目的。为师不能解惑，算不得良师。

解惑是教员业务素质的综合体现，它也是对教员专业知识、科研能力及应变能力的综合检验。此势必要求教员不但要有渊博的学识、精炼的专业技能，而且要具备一定的创新能力，这当然是对教员的较高要求。由于某些原因，目前军队教员的解惑能力普遍不强。

1. 知识结构相对单一，缺乏广博的理论基础。这其实涉及"博"与"专"的问题，有些教员的知识仅仅局限于专业范围之内，这势必局限了视野，也未必真正能"专"得下去，尤其从事人文学科的教员更需要广博的理论功底。以文科教育为例，现状是，讲授马克思主义哲学的除了教材外一无所知，不懂孔子、老子、孙子；不知道苏格拉底、柏拉图、黑格尔、卢梭、海德格尔；不理会文学经典著作；不关心当下社会现实；不了解科学前沿问题……这样的老师在授业时就经常处于黔驴技穷的境地，遑谈"解惑"时的游刃有余。

著名史学家陈寅恪曾经有三不讲的说法，"书本上有的不讲，别人说过的不讲，自己说过的不讲"，而我们的教员基本上是在贯彻"书上有什么讲什么"的宗旨，基本停留在过去照本宣科的"宣传式"教育模式上。作为大学教师，不但要讲书上的，还要讲"书外"的；不但要讲"别人"的，也要讲"自己"的。此势必要求教员走出教材，博览群书并善于思考，要有"自己的"东西，否则就不是称职的教师。

2. 科研环节相对薄弱，缺乏精品；学校缺乏良好的学研氛围。俗话说教学相长，其实研学亦相长，通过对某问题进行独立深入地思考、研究，培养缜密的逻辑思维和发现问题的敏锐能力及表达能力，对教学工作将大有裨益。然而，军校教员的科研热情似乎没有被充分调动起来，即使搞科研，也多为"考核达标"、为装饰门面而被动地进行，非为学问自身而努力；更具讽刺意味的是，这种以"装饰"行为进行的科研多以编写教材和撰写"跟风式"的八股文为主。据《中华读书报》载，20世纪80年代以来，我国出版的各种版本的马克思主义哲学教材已超过300种，尽管书名有概论、新论、教程、纲要、新编、简编等字眼，但其编写内容、体系设计、章节顺序以及具体例子均大同小异，其中至少有2/3是抄袭中国人民大学教授李秀林等主编的《辩证唯物主义和历史唯物主义原理》教材。通过编写教材，诞生一系列的主编、副主编，诞生一系列的成果，也将诞生一些教授和副教授。这种对待学术的不严肃态度和漫不经心的行为对年轻教员产生了负面影响，以为搞学术就是那么回事，没有什么大不了的，无非是"剪刀加糨糊"。在这样的心态下，学术精品无疑是一种神话。

在学术的管理上，我们的制度似乎对教员缺乏一种宽容精神，这是全国高校普遍存在的问题，在军校当然也不例外。对于科研，尤其是人文类的科研，没有几年硬功夫是不可能出好成绩的，但我们所提倡的科研往往是命令式的，规定要在限期内完成多少著作，其学术质量可想而知。相比之下，国外似乎有一种宽容的学术氛围，如西方哲学家海德格尔在大学任职的最初十年只发表了两篇文章和几篇演讲，但是十年后他的《存在与时间》一经问世，就成为不朽之作。若在中国，恐怕就是另一个结局。笔者认为，我们的学术管理亦需要这种宽容的氛围，当然这有个前提，就是教员需要对学术有一种浓厚的兴趣，而不是以宽容来消解学术。

再则，个别院校只着重"大楼""草坪""大门"等门面式的硬件建设，缺乏对软件的重视，如学术信息不够畅通，学术文献缺乏，个别院校的图书（学术）资料仍然停留在 20 世纪 80 年代的水平，这客观上给教员的科研带来诸多不便（网络上学术上的东西毕竟有限），也势必影响教员科研的积极性。

3. 知识与能力不能有效地得到贯通和转化，造成人才使用的"瓶颈"现象。目前，多数军校教员的学历层次呈现出"中间大（以硕士研究生为主）、两头小（本科生和博士生）"的橄榄型结构，应该说这是一种较为理想的结构模式（当然地方重点院校基本上以博士为主），但现在存在的问题是高学历未必有高能力，或者说他们的能力尚处于潜在状态，不能尽快地将知识转化为能力（笔者绝无贬低高学历的意思）。问题的症结在于大部分高学历教员是从学校到学校，一直到研究生毕业，没有任何实践经验和社会阅历，特别是从地方高校引进的年轻教员，还普遍存在不懂军事、不了解部队的现象，知识和现实状况的脱节，造成人才使用上的"瓶颈"现象。若要突破此种限制，提高教员队伍的"解惑"能力，笔者认为，除了靠老教员的传、帮、带外，更要给年轻教员创造各种实习、实践、培训的机会，以缩短他们"知识变能力"的转换过程。

学校的竞争力最终来自教师的素质，一流的军校需要一流的教员。针对目前教员存在的问题，笔者认为，院校应始终以服务教学、提高教学质量为第一要务，以教员为中心谋发展，切实提高教员的地位：既要做好教员的政治思想工作，又要切实解决教员的后顾之忧，力争为教员提供一个"传道、授业、解惑"的理想环境，争取培养"大师"级的教员。唯其如此，我们的军校才会有竞争力，才能更好地服务于国防建设。

当前军校教学管理存在的问题浅析[①]

在军队体制、编制大调整的背景下,军队院校也进行了相应整编并取得了一定的进展。然而,毋庸讳言,目前军校教学管理中仍然存在不少问题,如军校定位问题、院校的长远规划问题、科研学术建设问题、院校的人文环境建设问题等等,均相对突出,应引起重视。

军队高校身兼两职,既要有常规大学的底蕴又需有军队的特质,理应受到重视。实际上,在国民高等教育中,无论数量还是投入,军校所占的比例都不算小,足见国家对军校的重视。随着近几年的改革、调整,军校建设日趋规范化、正常化,取得了有目共睹的成绩。但同时,由于军校仍然处于调整、转型期,也不可避免地存在着一些问题。本文仅就院校客观存在的主要问题进行论述、反思,以期对院校建设有所启示。

关于军校定位与特色问题。"铁打的营盘流水的兵",说明军队的流动性大,但是作为高等院校,必须有稳定的东西,否则就不足成其为院校。这个稳定的东西即是学校的主旋律或灵魂,此即谓院校特色问题;若要解决特色问题,势必首先要解决学院的"定位"问题。

---

① 原载《海军院校教育》2007年第1期;本文获该刊2007年度优秀论文一等奖。

在教育部的倡导下，近年来，地方高校开始探索自身的定位问题。如，清华大学定位于"综合性、研究型、开放式"的大学；北大定位于建设"国际公认的世界一流大学"；中山大学定位于"居于国内一流前列的，在国际上有广泛影响的高水平研究型、综合性大学"；山东大学定位于"国内外知名的高水平大学"……同样，军校亦须有自己的定位。但是，实际情况是，除了几所综合性的技术性院校如国防科技大学、空军工程大学、海军工程大学等定位较有特色外，其他的多定位于"建设成国内一流的军校"。定位于"建设成国内一流的军校"固然不错，然而，不少军校的定位仅仅停留在"口号宣传"上，实质上并没有真正弄清楚其位置，不少做法很大程度上是人云亦云，带有一定的盲目性。在这种盲目性的驱动下，不少军校走向了"求大（规模）""求高（高学历）""求综合（多学科）"的误区。他们认为学校有了博士点、硕士点，有了规模，有了"综合学科"，学院知名度自然就上去了。于是，不少院校都在为申博、申硕而努力，有的院校其学科实力根本达不到规定要求，但竟然也在积极地申硕、申博。亦因此，军校研究生的"含金量"大打折扣，得不到社会（地方）上的认可。笔者以为，此与院校"定位"不当不无干系。

客观地讲，与地方院校相比，"军校"本身就带有特色，但个别院校的办学模式却逐渐"褪色"，盲目地追求地方高校所谓的"大而全"（规模大，学科全）；甚至效法某些地方高校那种把经济效益摆在首位的做法，此种行为尤不可取。我们知道，高校尤其军校尤要重视特色，因为就实力而言，我们与地方重点院校在不少方面确实存在着较大的差距，即使同一般院校相比，我们在某些学科方面也显得后劲不足。因此，凸显特色就显得尤为重要。其实，国内外重点大学莫不把自己的特色作为品牌，特色是院校生存发展之根源，没有特色的院校是没有立足之地的。

当前，军队院校的调整力度较大，有些院校已经"转行"，有些移交地方。但就"在位"的某些军校而言，名称改了，但却没有明显的新"质"出现，似乎仍维持着"无特色"局面。笔者认为，当下院校的管理者的当务之急乃是：根据自身的特点与学校定位在办学特色上下功夫。具体而言，指挥学院要有"指挥"的特色，政治学院要有"政治"的内涵，技术学院要有"技术"的含量，综合性大学要有"大综合"的分量。当然这里的特色也不是凭空来物，而是建立在自我发展中的"人无我有，人有我优"的相对优势，只有了解自己，进行"自我定位"，才能建构、巩固自我特色。总之，大学要的不是盲目的求"大"，而首先要给自己定位，根据"定位"发展特色，拥有特色就有分量，有分量就有发展的广阔空间。

关于"非科班治校"与"政策稳定性"问题。毋庸置疑，院校的管理同基层部队管理有着明显的差别，因此就要求"管理者"必须懂得教学规律，否则院校的管理就可能多走弯路甚至走入误区。然而，我们军校目前的状况是，不少主官多为非科班出身。笔者并不持"非科班出身就一定办不好教育"之立场，相反，不少军事干部也能把军校治理得井井有条。笔者这里强调的是学校主官若缺乏学校管理经验，不了解教学规律，院校建设就难以较快地进入状态，甚至会错过学校发展的良机。在这个意义上，笔者以为，作为院校的领导者、决策者，最好懂教育；要尊重有教学管理经验人员的意见和建议，万不可仅凭个人之见一意孤行。顺便提及，目前流行的"专家治校"也未必尽善尽美，国内外重点高校亦对"专家治校"提出异议。鉴于此，我们最好采取"智囊团"治校（把既懂教育又有管理经验的专家学者集中起来，共同出谋划策），学院主官应广泛听取专家、教授的意见，综合比较，实行优选法，以避免因个人专业知识的欠缺而导致判断错误，进而为院校的长远发展制定切实可行的管理政策与实施方案。

军校需强调政策的稳定性和连续性。"铁打的营盘流水的兵"，军人职业的特殊性决定了人员具有较大的流动性，即使院校主官亦然，其任职时间长不过三五年，短则二三年。又由于不同主官办学风格、办学理念各异，人事的变动势必使得相关的政策、规章制度缺乏连续性和稳定性。无疑，缺乏制度稳定的学校就很难形成自己的办学理念，遑论特色。因此，院校在"自身定位"的基础上制定较长远的发展规划和目标，并力求形成相对稳定的制度，以此保持政策、管理措施的稳定性、持续性，否则根本不可能形成"特色"。

关于科研、学术问题。作为高等院校，无论是地方高校还是部队院校，无论是以应用型为主还是以研究型为主，都必须把学术放到首位；离开了学术，"大学"就不成其为大学。20世纪崛起的斯坦福大学的成功经验就在于对学术的重视，其校长在接受《文汇报》记者采访时明确表示："我们非常强调学术的出类拔萃"[①]。在学术品位的选择上，他们更是有独特的视角，20世纪50年代斯坦福崛起之初，其工程院院长就曾说过："与其追求一个稳定水平，还不如选择世界级水平。"[②] 反观我们的现状，则不免让人担忧。

就笔者所知，军事院校忽视学术的现象依然普遍存在，主要问题如下：

（1）对学术不甚重视，或者即使重视，也往往只重数量不重质量。他们往往将着眼点放在近期的某种任务上，因此这样的学术科研大多集中于"会议论文"与教材的编写上。如果说此种"原创论文"姑且还有一定的学术价值的话，那么教材的编写就有点让人"百思不得其解"，因为一些成熟的学科已经有很多权威教材可供选用，甚至同一类教材有几十上百种的版本，其内容亦大同小异，为什么我们还要重新"汇编"一些质量不高的二流、三流甚至不入流的教材呢？答案似乎很明确，就是为了完成所谓的"科研学术任务"而拼凑数量，为了年终

---

① 朱幸福：《斯坦福大学校长：我们非常强调学术出类拔萃》，《文汇报》2006年12月12日。
② 同上。

总结报告的"内容丰富",为了评定职称的方便;说穿了,这是一种急功近利的表现。

(2)缺乏良好的学术氛围。良好的学术氛围同领导者的认识水平和重视程度有着极其密切的关系。若领导能以长远的目光、理性的思维、宽容的心态对待年轻的科研工作者,并尽力培养良好的学术氛围,那么我们的科研学术就有可能有所突破,不至于长期处于死气沉沉的状态。如果我们以一种"急功近利"的方式对待科研学术,那简直是对学术的间接谋杀,因为作为"天下之公器"的学术本身是一种长期的艰苦工作,来不得半点虚假。关于学术研究的特点,约翰·沃克先生(1997年诺贝尔化学奖得主)有一个很好的概括,他认为:"科学研究需要很好的传统,需要慢慢积累,不能急功近利。要取得成果,良好的学术氛围至关重要。"[①] 当然,良好的学术氛围还需科研人员自身有良好的素养,比如协作互助精神、奉献精神、宽容精神等等。

(3)自主创新能力不强。这恰恰是前两个问题所导致的结果。学术贵在创新,没有创新的"科研"无异于简单的重复,不管这种重复多么完美,其价值也将大打折扣。创新就意味着科研人员需具备坚厚的理论基础和坚忍不拔的进取精神,需具备甘于寂寞、清贫的牺牲精神,更需具备超越前人、超越自我的怀疑精神。上述诸精神也是军校教员所缺乏的,尤其是怀疑精神,在军队院校里更是属于稀缺品。军人固然要"以服从命令为天职",但是在学术上就要敢于打破这个禁区,要敢于提倡超越精神;否则,我们的学术很难走出低谷,创新自然也就很难谈起。

关于大学的交流问题。大学院校应该具有宽广的胸怀,应该兼收并蓄。这里的"宽广",笔者主要定位于交流的层面。由于部队院校自身的特殊性,在很大程度上"我们"自我封闭在一个相对狭小的区

---

① 杨福家:《大学的使命与文化内涵》,《新华文摘》2007年第23期。

域里，即使在网络时代，与地方大学相比，我们似乎仍然有落伍之感。这种"落伍"若仅仅体现在"严格一日生活制度"的落实上，那么此恰恰体现了军人的本色，是我们值得骄傲的资本。然而遗憾的是，我们的落伍往往体现在学科专业建设、学术信息交流及知识领域的更新上，不消说，这种"落伍"对院校建设来说是一个硬伤。

目前，军队院校除国防大学、国防科技大学及几所综合性的重点院校外，其他院校都或多或少地存在着"自我封闭"的问题。且不说我们的大部分军校与国外没有什么交流，就国内而言，我们的交流、开放意识也明显不够，如军校与地方大学的交流不够，军校间缺乏必要的沟通，即使同一所院校内部学科间也缺乏沟通、交流。此状况不可避免地导致学员不同程度地患上"近视"病：学理工科的不懂人文，学人文的缺乏自然科学知识，学军事的缺乏政工素养，学政工的不懂军事等等。狭隘的视野将不可避免地导致封闭之心态，当然不利于学术的发展。

有些院校为了提高学员的综合素质，扩大交流，在周末开设各种"讲座课"，这无疑是一个好的信号。然而遗憾的是，讲学的教员几乎清一色的是本院教员，内容则是课堂上讲了若干年的"老皇历"，结果所谓的"素质课"不但不能引起学员的兴趣，不能提供新鲜的信息，反而成了学员"重复听课"的"周末负担"。笔者不否认，也有敢于挑战自我的教员，但是由于他们本身对所谓"新问题"一知半解，所以谈论的话题多流于"蜻蜓点水"，难以深入下去。因此，我们要"走出去，请进来"，把一些国内外的学术领头人请进来，丰富我们的世界，拓展我们的视野，开启我们的思维，让我们始终能与学术的最前沿保持密切的联系；若不然，学院内部的"自我消化和故步自封"，将会使我们成为新世纪的聋子、瞎子。

关于院校的"环境"建设问题。这里的环境建设是一个广泛的用法，不局限于自然环境。客观地讲，军校的自然环境或者说硬件方面都是过硬的,高楼、马路、操场、大门、多媒体教室比地方院校一点都不差,甚至还要好出许多;但我们军校却似乎仍然缺乏一流人才,尤其是"大师级"的人才。问题的症结在于我们偏重于外在环境的建设,忽略了软环境(指人文环境)的培育,缺乏对人才的理解、沟通和关爱。须知,大学的关键不在于硬件,恰恰在于人,在于一种和谐的人文环境。中科院院士、复旦大学原校长、英国诺丁汉大学校监杨福家先生认为:"大楼、大师、大爱是一流大学应有的条件。不仅有大楼,更重要的是要有大师,除了大师,还要有大爱,这个大爱就是一个环境,没有这个环境出不了人才,也出不了成果。"[1]无独有偶,2000年诺贝尔化学奖得主艾伦·麦克德尔米德也认为:"即使有风景如画的校园、汗牛充栋的图书馆、装备精良的实验室,但要是不能将最优秀的师资和一流的学生吸引到这些建筑物之中,那只能是金玉其表。因此,我一再强调——科学研究在于人,人是第一位的。"[2]当然,中国教育史上还有一个有力的例证——西南联大,近百年前的西南联大,其硬件建设何其差矣,但由于人才济济,反而创造了迄今仍不可逾越的"大学神话"[3]。可见,建立怎样的"人文环境"乃是军校亟待解决的重要问题之一。

关于激励机制问题。 在部队,我们鼓励人才的成长,鼓励"扛红旗,争第一"。比如我们一直把拿破仑的"不想当将军的士兵不是好士兵"作为鼓舞士气的箴言。然而在院校,在学术上,我们对此势必提出异议。套用拿破仑的箴言,笔者以为,"不想当教授的教员未必不是好教员,一心想当教授的教员也未必就是好教员"。众所周知,军校设立奖励的目的在于鼓励教员的奉献精神,激发教员的创造力,但是如果我们的导向出现偏差,如果教员的一切努力是为了获奖而获奖,进

---

[1] 杨福家:《大学的使命与文化内涵》,《新华文摘》2007年第23期。
[2] 同上。
[3] 详见本书第四编第二章"西南联大的治学之道"。

而把获奖作为晋升职称、职位的工具，那么这样的激励机制无疑是失败的。因为就实质而言，档次再高的激励充其量无非是激发"奉献精神"的一种手段而已。笔者当然不怀疑激励动机本身，国家设立了那么多的奖项，其初衷无疑是好的，并且在此激励机制下，也涌现出了一批优秀的学者。然而，如果我们过于强调物质奖励有时也会适得其反，诺贝尔物理学奖得主丁肇中先生在中央电视台的《大家》栏目中说过："为拿诺贝尔奖而工作是非常危险的。"真正的学者从来不是为奖励而工作的，无论你奖励他或者忽视他，均无关紧要，他始终把学术作为自己的生命来看待。在这一点上，甘于寂寞、淡泊名利的精神似乎更值得我们学习，学者的使命就是追求真理，而不是汲汲于名利。当把获奖（尤其是获奖后的利益回报）放到第一位去工作时，其负面作用可想而知。具有讽刺意味的是，在这种激励机制下，科研、学术成了晋级、提干、评功授奖的一种手段，甚至围绕"奖金"的争夺而导致的"学术腐败"和"人情不和"在一定程度上依然存在着。到底是我们的激励机制本身有问题还是我们在行使激励机制的环节出现了问题？如何运用好激励机制？这些问题皆值得我们认真反思。

关于教改中的形式主义问题。任何一种改革都应当是针对现存问题进行的调整与变革，它应落在实处，而不能仅仅停留在口头上、形式上。目前教学改革正在许多院校如火如荼地进行着，这表明了我们办好军校的决心，客观上也促进了教学质量、教学管理能力等的提升。但同时，我们的教改也存在着程度不一的形式主义。

我们知道，教学评估是作为一种检验教学质量的手段而设定的，当然有其积极意义。刘振天先生在《高校评估中的三个认识问题》中曾这样评论道："开展评估以来，我国高等学校普遍建立了科学定位意识、质量意识和特色意识，过去盲目攀比的现象有了非常大的改变。"[①]

---

① 刘振天：《高校评估中的三个认识问题》，《光明日报》2007年9月19日。

然而，我们在充分肯定教育评估工作取得成绩的同时，也要看到"评估"确实存在着某些不足。如，单就评估标准之达成言，就很难用"整齐划一"的模式来控制。然而，我们在进行评估时候，却往往采用简单的"量化"标准进行检测，这可能致使评估出现负面影响。又如，评估中需要教员建立各种各样的"资料档案"和各式"原始材料"，需要补充各种"多媒体"课件，一切都按规定的标准"整齐划一"（有些学科不能靠简单的表格来"量化"，亦无必要非得用"多媒体"来表现课程的与时俱进），甚至很多东西纯粹就是"应付"评估而生的"一次性"活动。自然，为了顺利过关，不可避免地滋生了一些"虚假"行为，使教员、学员心中产生了逆反心理。另，为了鼓励年轻教员的上进心，督促其教学质量的不断提高（当然也多为应对"评估"之需要），几乎每个学院都积极开展各式各样的教学观摩课比赛；虽然其出发点是好的，但结果并不理想，因为不少观摩课往往"蜕变"为脱离课堂实际的"表演"，并无多少实际意义。走笔至此，笔者再次强调自己的观点，笔者并不反对教学评估本身，只是希望"教学评估"一定要实事求是，因地制宜，绝不可以"形式主义"的方式干扰正常的教学秩序。

如何真正地把教学改革落到实处，避免、杜绝一切形式主义，仍是军校目前不可回避的重要问题，它值得每一个教育工作者关注。

高校学术建设问题再审视[①]

学术建设是院校得以生存和取得长足发展的关键因素,诸高校对此已达成共识,然亦有部分院校尤其军校仍然存在着某些误区。譬如,在诸如"学术建设的认知""学术环境的培育""学术评价""外部环境建设"及"师德建设"等方面均存在着这样那样的问题。充分认识诸问题并妥善解决之,对院校的自我提升大有裨益。

对于大学学术建设存在的问题,笔者曾在有关文章中提及[②]。然而,针对当前部分院校对学术建设存有之偏差及其学术管理相对混乱之现实,甚有必要对之进行一番沉思——此既为院校长远发展计,亦为学术之传承计。限于篇幅,本文对学术重要性不予展开,仅就现存学术建设存在的问题进行反思,以期引起人们对学术建设的关注。

一、在学术建设认识上存在着偏差。 当前不少大学包括军队院校,在学术建设的认识上存在着偏差,概括起来,有两种偏向。(1)表现为对学术研究重视不够。大学之所以为大,乃以学术为大,若大学无

[①] 本文原题为《军队院校学术建设问题再审视》,载《海军院校教育》2009年第1期,编入本书时稍作调整。

[②] 参见郭继民:《从管理的角度看军队院校建设》,原载《海军院校教育》2007年第3期,编入本书时,更名为《当前军校教学管理存在的问题浅析》。

学术之支撑,其存在之意义将大打折扣。自然,大学将教学工作置于第一位当然天经地义,但高校老师若缺少"学术"之滋养,缺乏对艰深问题及前沿问题的关注、追问和探究,教员势必蜕变为"工匠"式的传话筒,即便其授课形式上多么新奇,亦遮掩不住其内在的贫乏。换言之,学术亦是教学得以成功的必要保障,因为大学教育尤其"大学后"教育(如研究生教育)不再单纯是"固有信息"(书本知识)的灌输和传达,而更应该注重提高学生对问题(包括现实问题和理论问题)的探索、对知识的构造及反思的能力,此种能力之获得很大程度上来自教师长期学术研究之熏陶与历练。然而,当下不少院校把注意力集中于授课的形式上,热衷于带有表演性质的"观摩课"及各种级别的"授课比赛",浪费了教师大量宝贵的"学术时间"。各种"教学比赛"旨在提高教师授课技巧,但若无深厚学术功底作基础,再好的技巧亦无济于事,因为教学毕竟不是宣传,更非新闻报道。教学本质上甚至不是"知识的获得",而是一种运思、拓展与创新能力的习练。很明显,此种只关注表面形式而忽略深层含蕴的做法实不可取,长此以往,不但造就形式主义之习气,而且不利于教学的进一步提高。

(2)表现为学术科研的"异化"。有的院校表面看来也重视学术科研,但其重视之目的却非为"学术"本身之发展,而是为了某种资源的获得,姑称之为"学术科研"的异化。据报载[①],当下地方大学副教授的评选门槛日益增高[②],但这并非为学术发展计,乃是为了学校排名。因为教师论文发表数与高校排名有关,教师发表的文章愈多,学校排名就愈靠前,校领导政绩愈大。于是,此种情况下,部分高校教师就可能沦为科研奴隶。如为了完成"各种任务",硬性规定教师必须在限

---

① 王嘉荞:《论文发表层层加码,高校教师正沦为科研奴隶》,《文摘报》2008年7月18日第2版。

② 副教授门槛之所以变高,是由于各种学术考核"内卷"造成。在各种考评制度的"促逼"下,年轻教师几近疯狂地炮制并发表论文,于是参评副教授的门槛变高。

定时间内完成论文发表量，甚至不惜提供所谓的"特殊经费"（用来支付教师的版面费）。这种功利化的"学术建设"与追求真理的"自由学术"之精神格格不入：它不但亵渎了学术事业的神圣性，更挫伤教师从事学术的积极性、主动性。

二、缺乏良好的学术环境、学术氛围。就当下高校的学术氛围而言，与20世纪80年代相比，可谓"江河日下"。虽然当时的科研条件较差，甚至思想还没有完全摆脱"左"的影响，但至少各科研单位均能营造出一种和谐、向上的学术氛围，亦造就出一批颇有成就的专家学者。一所高校，无论是以教学为主还是以科研为主，皆须有一个良好的学术氛围（学术环境）；否则，既不能造就、培养有潜质的人才，亦不能吸引优秀人才共谋发展；即便靠优厚的物质条件招聘到优秀人才，但在一个缺乏合作、团结，缺乏学术使命感的圈子里，他们也很难做出大的成绩。

好的"学术氛围"是一种精神、物质的混合体，它能让"以学术为业者"生出一种"如坐春风"的感受，故很难用语言描述之。若强加概括，窃以为至少应包括以下诸点：学术研究的自由取向、学术表达的平等权利、学术研究的团队精神与协作精神、开放意识与超越意识、适当的学术激励机制以及相关部门的物质技术支持和精神信念支持。就当前状况而言，为数不少的院校仍没有营造出良好的学术氛围和学术环境。相反，不少院校更多的是将学术研究定位于"政治化"、任务化、强制化，尤其在军队院校和部分文科院校。教师固然要讲政治，但若将一切都贴上"讲政治"的标签，则未免是对政治的儿戏，更是对学术自由本质的束缚和践踏。这一则在于，若"专业领域的学术研究，都需要预先设定政治正确的标准，还有什么学术自由和创新可言？"[①] 二则在于，学术研究本身乃是传承人类精神文明的劳动，它

[①] 张玉洪：《学术研究不能自我设限》，《中国青年报》2008年7月15日3版。

在某种意义上带有超越之特质；更何况，一个问题的研究尤其是人文社科问题要靠一代人甚至几代人的薪火相传才有可能结出硕果，岂能硬性规定期限强制完成？这种"泛政治化""强制化"的倾向在部分著名学府亦不同程度地存在；至于笔者所倡导的团队精神、超越精神与自由氛围就更加缺乏，个别研究机构甚至还存在着漠视乃至干扰学术研究的现象，如各种无关紧要的会议、应酬占据了教师的大块宝贵时间，也许这种干扰是"无意识"的，但其结果却挫伤了教师科研的积极主动性。

三、学术评价失衡。目前，就中国的学术管理现状而言，由于受"技术理性"的影响，高校大多视数量化、程序化为圭臬来进行管理。这种管理在统计学上确实有方便之处，然而，将之运用于学术管理则极不相宜。具体说来，当下学术管理体制存在问题有三：(1) 评价体系的"数字一刀切"现象尤为突出。学术成果统计，重数量轻质量的现象在全国高校中普遍存在。审核者不看重学术成果自身的质量与分量，只注重完成任务的数量[①]，于是严肃的学术研究最终就蜕变成数"数"的游戏。鉴于此，不少教师为了完成"数字任务"往往采取一篇文章拆开发表，导致"成果一大堆"繁荣假象。(2) 评价手段和激励机制的失当。有效的激励机制确实能调动科研人员的积极性，然而若激励失当，其负面效应亦不容忽视。如有的院校为了提高学校"学术知名度"，于是制定了"优厚政策"，规定在某某级别的刊物上发表文章可以拿到"××万奖金"、获得"××待遇"。在这种"具体利益"的刺激下，诸如花钱买版面，甚至重金雇枪手的腐败现象也有所发生，此可谓激励措施失当之表现。(3) 学术评价中的行政因素"干扰"。不少高校（尤其军校）似乎均存在着此问题，其主要表现有：大凡有领导参与的课题申请，其通过率近乎百分之百，且经费数额可观、到账

---

① 因为数量比较直观，便于统计，一般科员即能胜任。

及时；大凡有领导参加的课题必定获奖，且获"大奖"（特等或一等奖）；大凡领导（尤其院级领导）署名的文章必定发表。笔者曾就某军事院校的学报（核心刊物）进行粗略统计，近乎三分之二的文章来自各级领导之手，其他则是几位博导，青年学人则近无立足之地。这种"官本位"下的"行政参与"极不利于学术发展。更有甚者，一些行政领导自身确无学术专长，但却可以凭"近水楼台先得月"之势而"著作等身"，作为下属的"评委"们也只能"顺水推舟"，奉送出种种廉价的荣誉，此举既浪费了宝贵的资源，亦败坏了学术风气，不可不刹。

四、外部环境的干扰。外部环境对学术的影响不可小觑，这里的外部环境主要指学术期刊杂志社及其他学术组织。就前者而言，不少学术杂志社实行版面费"制度"，且美其名曰"与国际接轨"，此举极大败坏了学术的纯粹性。且不言学术自身"乃天下之公器"的公益行为，况且期刊社本身已经有国家专门经费的支持，为何还要收取版面费？如果交版面费就能发论文，又当如何保证其质量——因为版面费已经把"创见"拒之门外？无疑，此举极大地挫伤了青年教师的学术研究热情。另外，诸多学术期刊的约定亦只从自身出发，没有体现出对作者的尊重。不少期刊规定作者遵守一稿一投，时效三月，但作者发出的稿子往往如石沉海，杳无消息；不少杂志社仍坚持要纸质文稿，要审稿费，其目的也许在于限制一稿多投，但此举颇不妥：一稿多投根源于杂志社对作者信息反馈的不及时和对作者的不尊重，靠纸质文稿和收审稿费难道真的能杜绝一稿多投？更何况对纸质的稿件的约定（在互联网技术盛行的今天）一年下来要造成多大的资源浪费？至于关系稿、人情稿、商业稿皆不同程度地存在，严重败坏了学术规范。

就学术组织而言，存在的主要问题是学术"纯粹性"的缺失。当下不少学术组织的目的并非纯粹为学术自身的发展着想，而是围绕着经济利益的获得与分配而用力。且不言诸多经济学家被企业所"俘获"，就是一些所谓的"正统文化组织"也日渐充当为他人摇旗呐喊的

"吹鼓手"角色，诸多研讨会上几乎清一色的对主办方的赞誉甚至"献媚"，毫无学术可言，而旗帜上标榜的"学术组织"不过是掩人耳目的招牌而已。自然，平心而论，不少学术组织确实存在着经费不足等种种现实；但是即便如此，也不应以学术良心、学术尊严为代价去换取廉价的利益并借此获得苟延残喘的生存机会。

五、教师自身存在的问题。 当下学术环境固然存在着种种不如意，但就科研工作者（教师）自身方面来看，亦存在着种种不足。归纳起来，大致有以下几点。（1）学术目的不甚明确。曾有言曰，"学术乃天下之公器也"，此语可谓一语中的。学术并非私人之事，虽然就研究主体而言可能是私人行为，而学术本身乃关乎群体、民族乃至整个人类之命运。学术事业应有"为天地立心，为生民立命"之担当感和责任感，故而从事学术研究者当有敬畏之心，须用敬畏生命的态度来对待学术。然而反观当下，学术目的已严重"异化"，并蜕变为职称、工资、职务、利益的敲门砖。孔子在《论语》中曾有"为人之学"与"为己之学"之分，君子之学当为充实、修养自我，而非炫耀于人，但遗憾的是当下不少学人将学术作为炫耀自我的一种资本和手段，将"为己之学"蜕变为"为人之学"。学术目的不明，斯为学术之大不幸矣！

（2）学术品位有待提高。学术品位是衡量学术内涵、学术品质的核心要素，至于怎样定义学术品位也许尚无固定标准，但学术品位至少应涵盖学术选题、研究方法、学术目的、学术态度等内容，是诸内容的有机统一。当下不少科研工作者学术品位不高，其主要表现有：选题缺乏前瞻性和连续性，缺乏责任感和使命感，总围绕眼前利益出发，热衷于"见效快、收益高"的"宣传性"解读（此处就人文社科而言）和"听命式"写作；研究方法陈旧，人云亦云，不能打破常规，往往将本富有创造性的学术研究"蜕变"为按部就班的"程式化"工作；学术积累普遍单薄，既缺乏应有的深度，亦缺乏必要的广度，结果只能造成低层次的话语重复；对学术的态度上，缺乏"冷板凳精神",往往耐不住寂寞,急于事功,正所谓"欲速则不达",虽然诸公也发表了不少"核心期刊"甚至"鸿篇巨制",但多是"学术垃圾",既浪费个人精力又浪费学术资源。如此等等,不一而足。

提高学术品位绝非一朝一夕可成,因为学术品位乃是关乎学人品质在内的综合素养之集成。清华大学的刘兵教授与上海交通大学的江晓原教授在一次学术演讲时亦提到学术品位问题,他坦然承认,即使"优秀博士生至少也需要一年的时间来提升学术品位(仅仅是理念上的转变)"[①],且此提升还须在名师指点下方可能完成。可想而知,非以学术为"主业"的军校教师欲提升学术品位,并将这种理念内化为自身之品质,尤须痛下功夫。

(3)学术道德和学术规范有待进一步规范。学术道德和学术规范是每一个学人的道德底线,一个视学术为生命之人绝不屑于剽窃、抄袭他人成果,学人的学术良心不允许那样做。然而,当下种种不道德的现象却时有发生:抄袭者有之,引用别人不注明出处的(剽窃)亦有之;搭便车署名的有之,以文章行贿上司的亦有之;为使数据符合结论而造假者有之,为使成果显赫(指数量)而将一篇文章拆发者亦有之;为发文章请客送礼者有之,私自将正规杂志改头换面将自己"作品"移花接木置入刊物的亦有之……此现象从硕士、博士到硕导、博导乃至院士,均时有发生,知识分子历来作为社会的良心,出现此种行为,实在令人汗颜。学术研究追求的乃一"真"字,而从事学术之人却以"假"对待之,如此的反差,岂非天大的讽刺?

---

① 胡显章等主编:《大学理念与人文精神》,清华大学出版社2006年版,第52页。

参考文献

《礼记》,北京:中华书局,2007年。

《四书》,长春:吉林文史出版社,2004年。

《金刚经》,太原:山西古籍出版社,1999年。

《楞严经》,北京:中国社会科学出版社,2003年。

《马克思恩格斯选集》(第一卷),北京:人民出版社,1995年。

《马克思恩格斯选集》(第三卷),北京:人民出版社,1995年。

《马克思恩格斯选集》(第四卷),北京:人民出版社,1975年。

(战国)庄子:《南华经》,合肥:安徽人民出版社,2001年。

(西汉)司马迁:《史记》,长沙:岳麓书社,1986年。

(唐)慧能:《坛经》,太原:山西古籍出版社,1999年。

(宋)朱熹:《四书章句集注》,北京:中华书局,1983年。

(宋)吕祖谦编:《朱子近思录》,上海:上海古籍出版社,2000年。

(明)王阳明:《传习录》,南京:江苏古籍出版社,2001年。

(清)黄宗羲:《明夷待访录》,北京:中华书局,1955年。

(清)吴楚材、吴调侯:《古文观止》,合肥:安徽人民出版社,1987年。

蔡仁厚:《牟宗三先生年谱》,台北:联经出版事业股份有限公司,2003年。

蔡元培:《蔡子民先生言行录》,济南:山东人民出版社,1998年。

陈启福主编:《儒道佛名言辞典》,郑州:河南出版社,1991年。

邓晓芒:《冥河的摆渡者》,武汉:武汉大学出版社,2007年。

邓勇主编:《科学的思维》,北京:科学出版社,2007年。

方东美:《方东美先生演讲集》,北京:中华书局,2012年。

冯友兰:《中国哲学简史》,北京:北京大学出版社,1985年。

傅雷:《傅雷家书》,北京:生活·读书·新知三联书店,1995年。

顾明远:《文化研究与比较教育》,《比较教育研究》2004年第1期。

洪汉鼎:《现象学十四讲》,北京:人民出版社,2008年。

洪谦:《西方现代资产阶级哲学论著选辑》,北京:商务印书馆,1964年。

金耀基:《大学之理念》,北京:生活·读书·新知三联书店,2001年。

匡亚明:《孔子评传》,济南:齐鲁书社,1985年。

赖永海编:《佛教十三经》,北京:中华书局,2010年。

李刚主编:《佛教大德谈佛法》,北京:宗教文化出版社,2002年。

李双碧编:《为学慧言》,贵阳:贵州人民出版社,1994年。

李泽厚:《中国古代思想史论》,天津:天津社会科学院出版社,2003年。

梁启超:《拈花笑佛》,西安:陕西师范大学出版社,2007年。

梁漱溟:《梁漱溟集》,北京:群言出版社,1993年。

梁漱溟:《乡村建设理论》,北京:中华书局,2018年。

刘献君主编:《发达国家博士生教育中的创新人才培养》,武汉:华中科技大学出版社,2010年。

马一浮:《尔雅台答问》,南京:江苏教育出版社,2005年。

毛礼锐:《中国教育史简编》,北京:教育科学出版社,1984年。

孟承宪:《大学教育》,上海:商务印书馆,1939年。

牟宗三:《生命的学问》,桂林:广西师范大学出版社,2005年。

牟宗三：《中西哲学之会通十四讲》，上海：上海古籍出版社，2008年。

南怀瑾：《亦新亦旧的一代》，上海：复旦大学出版社，1995年。

彭越、陈立胜：《西方哲学初步》，广州：广东人民出版社，1999年。

释延佛编：《禅宗智慧》，北京：中国致公出版社，2008年。

宋崇实主编：《中国文化精华全集》[宗教卷（第三卷）]，北京：中国国际广播出版社，1992年。

外国教育丛书编辑组：《高等教育与社会发展》，北京：人民教育出版社，1980年。

王国维：《王国维遗书》（第3卷），上海：上海古籍出版社，1983年。

王亚南主编：《资产阶级古典政治经济学选辑》，北京：商务印书馆，1979年。

韦政通：《韦政通八十前后演讲录》，武汉：华中师大出版社，2009年。

熊十力：《十力语要》，北京：中华书局，1996年。

许国志、陈太一主编：《院士谈教育》，福州：福建教育出版社，2002年。

杨福家：《从复旦到诺丁汉》，上海：上海交通大学出版社，2013年。

杨适等：《中西人论及其比较》，北京：东方出版社，1992年。

杨振宁：《科学、教育与中国现代化》，北京：人民日报出版社，1987年。

杨振宁：《曙光集》，北京：生活·读书·新知三联书店，2018年。

张岱年、方克立主编：《中国文化概论》，北京：北京师范大学出版社，1994年。

赵敦华：《现代西方哲学新编》，北京：北京大学出版社，2001年。

赵中立、许良英编译：《纪念爱因斯坦译文集》，上海：上海科学技术出版社，1979年。

朱封鳌：《天台宗概说》，成都：巴蜀书社，2004 年。

〔古希腊〕柏拉图：《柏拉图对话集》，王太庆译，北京：商务印书馆，2012 年。

〔古希腊〕亚里士多德：《形而上学》，陈一楼译，北京：中国社会出版社，1999 年。

〔德〕彼得·贝拉格：《威廉·冯·洪堡传》，袁杰译，北京：商务印书馆，1994 年。

〔德〕费希特：《论学者的使命》，梁志学、沈真译，北京：商务印书馆，2008 年。

〔德〕海德格尔：《海德格尔选集》（上下），孙周兴译，上海：上海三联书店，1996 年。

〔德〕海德格尔：《形而上学导论》，熊伟、王庆节译，北京：商务印书馆，2012 年。

〔德〕赫尔巴特：《赫尔巴特文集》（第 4 卷），李其龙、郭官义编译，杭州：浙江教育出版社，2002 年。

〔德〕黑格尔：《小逻辑》，贺麟译，北京：商务印书馆，2004 年。

〔德〕康德：《纯然理性界限内的宗教》，李秋零译，北京：中国人民大学出版社，2012 年。

〔德〕康德：《道德形上学探本》，唐钺译，北京：商务印书馆，2012 年。

〔德〕康德：《康德教育哲学文集（注释版）》，李秋零译，北京：中国人民大学出版社，2016 年。

〔德〕康德：《历史理性批判文集》，何兆武译，北京：商务印书馆，2017 年。

〔德〕康德：《判断力批判》，李秋零译，北京：中国人民大学出版社，2017 年。

〔德〕伊丽莎白·海森伯：《一个非政治家的政治生活：回忆维尔

纳·海森伯》，王福山译，上海：复旦大学出版社，1987年。

〔法〕卢梭：《论人类不平等的起源和基础》，高煜译，高毅校，桂林：广西师范大学出版社，2002年。

〔美〕A. 威尔森：《美国道德教育危机的教训》，《国外社会科学》2000年第2期。

〔美〕艾利斯·卡拉普赖斯编：《新爱因斯坦语录》（上），范岱年译，上海：上海科技出版社，2008年。

〔美〕爱因斯坦：《爱因斯坦文集》（第三卷），许良英等编译，北京：商务印书馆，1979年。

〔美〕爱因斯坦等：《物理学的进化》，周肇威译，上海：上海科技出版社，1979年。

〔美〕伯顿·克拉克主编：《研究生教育的科学研究基础》，王承绪译，杭州：浙江教育出版社，2001年。

〔美〕丹尼尔·贝尔：《资本主义文化矛盾》，赵一凡等译，北京：生活·读书·新知三联书店，1989年。

〔美〕德里克·博克：《大学的未来》，曲强译，北京：中国人民大学出版社，2017年。

〔美〕杜威：《我的教育信条》，彭正梅译，上海：上海人民出版社，2011年。

〔美〕弗兰克·H. T. 罗德斯：《创造未来：美国大学的作用》，王晓阳、蓝劲松等译，北京：清华大学出版社，2007年。

〔美〕库恩：《科学革命的结构》，金吾伦、胡新和译，北京：北京大学出版社，2003年。

〔美〕麦克斯·泰格马克：《生命3.0》，汪捷舒译，杭州：浙江教育出版社，2018年。

〔美〕詹姆斯·杜德斯达：《21世纪的大学》，刘彤主译，北京：北京大学出版社，2007年。

〔苏联〕叶·谢·利希滕施泰因主编:《科学家名言集》,印佳翔等译,上海:上海科学技术出版社,1986年。

〔英〕波普尔:《猜想与反驳》,傅季重等译,上海:上海译文出版社,1986年。

〔英〕伯特兰·罗素:《罗素自选文集》,戴玉庆译,北京:商务印书馆,2012年。

〔英〕大卫·帕尔菲曼编:《高等教育何以为"高"》,冯青来译,北京:北京大学出版社,2011年。

〔英〕怀特海:《教育的目的》,庄莲平、王立中译,上海:文汇出版社,2013年。

〔英〕肯·罗宾逊:《让思维自由起来》,石孟磊译,北京:东方出版社,2010年。

〔英〕以赛亚·伯林:《观念的力量》,胡自信、魏钊凌译,南京:译林出版社,2019年。

后　记

　　从没奢望能出版一部关于"高等教育"的专著。

　　对高等教育的关注缘于十八年前（2005年）的读博阶段。彼时，导师何中华先生曾撰写数篇反思大学教育的文章，对我触动颇深，于是亦步亦趋地开始了教育问题的"业余研究"。知情的朋友多对此不解：作为一名由工科转入"中国哲学"领域的博士生，专业基础本来就弱，此时当亟需"恶补"古代经典，哪有闲工夫关注与专业无关的"教育研究"？况且，即便搞出所谓的成果，也无助于专业的"中（终）期考评"。许是"爱折腾"的天性和"好奇心"使然，加之那时头脑反应快些，以为有点"小聪明"——至少从哲学的角度思考教育问题，应该"与众不同"吧——故每有所感，即能"快速"成文；读博三年，仅关于教育的论文倒也发表了七篇。值得一提的是，2007年度竟在《中国地质大学学报》上发表两篇。据当时的值班编辑刘传红老师（现为该学报主编）告知，学报一年内发表两篇外校作者的文章是打破惯例的。博士毕业后，我对高等教育始终有所关注，自己本来就是高校（军校）老师，故每当有"撩拨"心头的教育问题映现脑际，常夜不成寐，辗转反侧，必思之成文而后快。我深知，自己的思考并不能解决现存的实质性问题，但通过思考至少能加深自己的认识，幸运的话，拙见也许能给同行带来某些启迪，此足以让人欣慰了。

　　这个过程竟然持续了十八年。

常忆起三十年前"站火车"的经历。从北方老家去南方求学，需在郑州换乘；因车票紧缺时常买不上坐票，故登上"绿皮车"要站立十数小时。乘车时，常见一现象：刚上车时人极拥挤且"毫无章法"；然而，当列车行驶一段时间后，拥挤的人慢慢找到"自己的位置"：座位下、过道中、厕所边……人还是那些人，然却似乎有"一只看不见的手"，自发地调整着秩序，车厢竟然显得宽松了许多。若以系统论观之，此过程大略可描述为"从混沌到有序"。反观十八年来积累下的教育论文，亦有同感。盖文章因问题而发，问题又随时而变，故积攒的文章貌似"拥挤的旅客"，杂乱无章——其中还不乏重复的环节；但是随着时间的流逝与自己对教育问题的持续关注，十八年后，那些被自己关注的问题似乎经历了"由混沌到有序"的"自动"归置：列出标题，稍加"排序"，竟然也有了"系统"的样子；又加上主观能动之作为，譬如，后期增补了《康德的理性教育观》《教育的节奏》等文，从而使其无论在形式还是内容上皆具备了一本专著所应有的"系统相"。

仅有"系统相"当然是远远不够的！一本著作的问世当然需要缘分的，"内缘""外缘"皆不可少。"内缘"即是作品的"品质"，无品质的作品断然不值得出版。笔者向来缺乏自信，尤其是跨学科的"产品"。然而，由于本书中九成以上的文章已被学术刊物发表，它多少给予我这个"外行人"一些慰藉——所以我要感谢《学位与研究生教育》《中国大学教学》《中国地质大学学报》《中国教育报》《中国石油大学学报》等报刊的诸编辑师友的鼓励与支持；部分文章刊发后，又陆续被《教育科学文摘》《新华文摘》以及教育部、部分高校等相关网站转载与关注。又，十年前发表的拙文《研究生学术问题发凡》（2012年）被中国矿业大学编入《研究生导师手册》（虽然我从未当过导师），至于《关于教与学的形上之思》《教师之"说"》等文则有幸被教育培训部门进行专题研讨，甚至至今仍被一些高校收录……此不免加固了笔者的信心。姑以"王婆"的身份斗胆说一句：呈现于诸君面前、所谓的"教育著作"多少还是有些品质的——此为本著诞生之"内缘"。

至于"外缘"，首先受到中山大学南方学院的"博士基金"之驱动。由于自身已脱离体制，未免有马放南山的懈怠感，甚至欲放下从事二十多年的学术研究。既然重新入职，仍是"打工人"，故须守学校的规矩、规定，何况校方还提供了促进教师成长的"资助"，于是始有"成书"的念头。"念头"一起，加之各种"增上缘"先后成熟：先是初稿通过商务印书馆的审核，后又陆续得到南方学院校长喻世友、副校长黄静波、马院院长王丽荣女士的大力支持，得到马院办公室主任杨小松、财务处曾静诸位师友的热情帮助（向他们致谢），于是出版合同得以签订，实质性的工作亦随之得以展开。

付梓之际，感谢刘永忠、何中华、郭齐勇、韩水法诸恩师，他们在我求学、治学的不同阶段，皆对我产生潜移默化之影响；感谢家人默默的付出，他们的理解、支持，乃是我从事学术工作的前提。

本书文稿的编辑、修改、校订及版面设计等一系列琐碎而繁重的工作，皆有赖王璐女士的辛勤劳作。事实上，本书的申报也是在王女士的"牵引"下进行的。向她致敬！

书将付印、米已成粥，个中缺憾亦无法弥补，新的想法亦无法及时"融入"；但转念一想，世上本无圆满事，书中的缺憾或问题，也许将成为激发读者的"引子"。这样一想，又暂觉心安。

是为记。

癸卯孟夏于广州